汇添富·世界资本经典译丛

光速交易

超快算法如何变革金融市场

唐纳德·麦肯齐 著
(Donald MacKenzie)

朱小超 译

上海财经大学出版社
上海学术·经济学出版中心

图书在版编目(CIP)数据

光速交易:超快算法如何变革金融市场 / (英) 唐纳德·麦肯齐(Donald MacKenzie)著;朱小超译. -- 上海:上海财经大学出版社, 2025.8. -- (汇添富·世界资本经典译丛). -- ISBN 978-7-5642-4666-2

Ⅰ. F830.9

中国国家版本馆 CIP 数据核字第 2025YX2081 号

□ 责任编辑　姚　玮
□ 封面设计　贺加贝

光速交易
超快算法如何变革金融市场

唐纳德·麦肯齐　著
(Donald MacKenzie)

朱小超　　　译

上海财经大学出版社出版发行
(上海市中山北一路 369 号　邮编 200083)
网　　址:http://www.sufep.com
电子邮箱:webmaster@sufep.com
全国新华书店经销
上海叶大印务发展有限公司印刷装订
2025 年 8 月第 1 版　2025 年 8 月第 1 次印刷

787mm×1092mm　1/16　15.5 印张(插页:2)　253 千字
定价:79.00 元

图字:09-2025-0508 号

TRADING AT THE SPEED OF LIGHT

HOW ULTRAFAST ALGORITHMS ARE TRANSFORMING FINANCIAL MARKETS

Donald MacKenzie

Copyright © 2021 by Princeton University Press.

All rights reserved. No part of this book may be reproduced or transmitted in any form or by any means, electronic or mechanical, including photocopying, recording or by any information storage and retrieval system, without permission in writing from the publisher.

CHINESE SIMPLIFIED language edition published by SHANGHAI UNIVERSITY OF FINANCE AND ECONOMICS PRESS, Copyright © 2025.

2025 年中文版专有出版权属上海财经大学出版社

版权所有　翻版必究

总 序

书犹药也,善读之可以医愚。投资行业从不乏聪敏之人,但是增智开慧乃至明心见性才是成长为优秀投资人的不二法门,读书无疑是学习提升的最佳方式。

常有人说投资是终身职业,但我认为投资更需要终身学习。很多人投资入门多年,依然不得其道;终日逡巡于"牛拉车不动,是打车还是打牛"的困境,不得要领。从业多年,我接触过太多这样的投资人士,个中缘由不尽相同,但有一点却非常普遍:或是长期疏于学习,或是踏入"学而不思则罔"的陷阱。

我认为,学习大致有三个层次,亦是三重境界:

第一重是增加知识,拓展基础的能力圈。着眼点是扩大个人对于客观世界的认知积累,这是大多数人的学习常态,这一重固然重要却不是学习的本质。

第二重是提高逻辑,改进个人的认知框架。达到这一境界,已经可以将刻板知识灵活运用,但仍然仅可解释过去却无法指向未来。

第三重是强化洞见,思考从个人出发,无视繁复的信息噪声干扰,穿透过去、现在和未来,最终开始正确地指导现实世界。在这一境界,学习已不只是追求知识,更是追求"知识的知识"。这是无数积累之后的茅塞顿开,更是质量互变之际的醍醐灌顶,不断思考感悟尤为重要。

书籍浩如烟海,书中智慧灿若繁星,而若能由自己抽丝剥茧得到"知识的知识",将会终身受益。二十多年前,我还是一名上海财经大学的普通学生,对投资有着浓厚的兴趣,可惜国内的投资业刚刚起步,相关资料远没有今天互联网时代这样发达,此时财大的图书馆像是一个巨大的宝库,收藏着大量有关投资的英文原版书籍。我一头扎进了书丛,如饥似渴地阅读了许多经典,通过这一扇扇大门,我对西方资本市场发展窥斑见豹,其中提炼出的有关投资理念、流程、方法的内容潜移默化地影响并塑造了日后的我。时至今日,常有关心汇添富的朋友问起,为什么根植于国内市场的汇添富,投资原则和方法与外资机构如此类似?我想多少应该与我当年的这段经历有关。

今天,我依然非常感恩这段时光,也深深地明白:那些看过的书、走过的路对一个人的人生轨迹会产生多大的影响,特别是在以人才为核心的基金投资行业。今年恰逢中国基金行业二十周年,二十年斗转星移,正是各路英杰风雨兼程、夙兴夜寐才有了今天的局面,汇添富基金是见证者,也有幸参与其中。这些年,我总试图在汇添富重现当年我学生时的氛围,鼓励同事们有空多读书、读好书、好读书。在此,奉上"汇添富·世界资本经典译丛"以飨读者,希望大家能够如当年懵懂的我一般幸运:无论外界如何变化,我们都可以不断提升进化自己。

是以为序。

张 晖

汇添富基金管理股份有限公司总经理

2018年12月

致 谢

我由衷感激所有为本书接受访谈的朋友们,其中不少人更是多次与我促膝长谈。虽然大多数受访者希望保持匿名,但他们的真知灼见为本书的研究奠定了坚实的基础。特别感谢乔治·勒纳(George Lerner)和珍·切尔林斯基·惠特莫尔(Jean Czerlinski Whitmore),他们为我引荐了多位关键的访谈对象。泰勒·斯皮尔斯(Taylor Spears)精心绘制了图1.3、图1.4和图4.1中的一些内容。弗兰西斯·伯吉斯(Frances Burgess)不厌其烦地处理了各章节的多个修改版本,并整理了参考文献的目录。埃斯耶·斯塔普尔顿(Esje Stapleton)和尼尔·马钱特(Neil Marchant)共同完成了数百份访谈录音的文字转写,他们出色的工作为本研究提供了重要保障。迪伦·卡萨尔(Dylan Cassar)、阿尔扬·范德海德(Arjen van der Heide)、朱利叶斯·科布(Julius Kob)和亚历克·罗斯(Alec Ross)为本书的章节框架与图表制作给予了极大的帮助。本研究获得了英国经济与社会研究理事会(项目编号ES/R003173/1)和欧洲研究理事会的资助(项目编号291733,项目名称《金融市场的评估实践》),前期田野调查也得到英国经济与社会研究理事会支持(项目编号RES-062-23-1958)。虽然文责自负,但普林斯顿大学出版社的匿名评审人与利奥·梅拉梅德(Leo Melamed)、格雷格·劳克林(Greg Laughlin)、迈克·佩尔西科(Mike Persico)、亚历克斯·皮洛索夫(Alex Pilosov)以及斯特凡·泰奇(Stéphane Tyě)等人士都提出了宝贵建议,在此一并致谢。

在撰写本书的过程中，我始终考虑普通读者的阅读体验，因此行文较学术著作更为平易近人。与高频交易直接相关的主要学术文献综述已列入附录，相信学界同仁能理解这一编排是出于文体考虑，而非忽视学术传承。这本书所归属的学术领域是"金融的社会研究"，也就是说，它通过更广泛的社会科学学科来研究金融市场，而不是经济学——本书采用的是社会学以及科学与技术的社会研究方法。这是一个友好且协作氛围浓厚的学术领域，这无疑是一种幸运。

多年来，彼得·多尔蒂(Peter Dougherty)一直鼓励我为普林斯顿大学出版社著书。在最终成书的过程中，萨拉·卡罗(Sarah Caro)、汉娜·保罗(Hannah Paul)和娜塔莉·班(Natalie Baan)以专业的眼光高效地推进出版流程。娜塔莉允许我多次修正插图错误，非常宽容。史蒂文·克劳斯(Steven Krauss)的编辑工作充满人文关怀。我的大多数著作一直由莫伊拉·福里斯特(Moyra Forrest)编制索引，此次再度合作令人感动。

研究期间，我曾在学术期刊和《伦敦书评》发表过高频交易相关文章，本书部分内容即基于这些成果，特别是麦肯齐(MacKenzie, 2015, 2017a&b, 2018a&b, 2019a,b,c,d&e)、麦肯齐与帕尔多-格拉(MacKenzie & Pardo-Guerra, 2014)以及麦肯齐、哈迪、罗默斯柯臣和范德海德(MacKenzie, Hardie, Rommerskirchen & van der Heide, 2020)等作品。感谢版权方及合著者的授权使用。

唐纳德·麦肯齐

(Donald Mackenzie)

目 录

第 1 章　概述 /1

第 2 章　登峰塔顶 /30

第 3 章　"我们会向你展示订单簿,为什么他们不呢?" /62

第 4 章　交易商、客户与市场结构的关系 /99

第 5 章　"我不仅会丢掉工作,还会丢掉双腿!" /127

第 6 章　高频交易算法如何互动,交易所怎样施加影响 /162

第 7 章　结论 /193

附录:高频交易文献综述 /221

参考文献 /225

第1章 概　述

沿着百老汇大街走向曼哈顿南端,你会看到纽约证券交易所(New York Stock Exchange,简称纽交所)雄伟的新古典主义外观、警局围栏以及平日里前来拍照的游客。整个20世纪,这座著名的建筑都挤满了交易员,堪称"金融"领域的缩影。往南再走几分钟,你很可能不经意间路过百老汇大街50号。大楼正面很漂亮,内部也进行了翻新,除此之外,它看上去只是一座普通的曼哈顿办公楼(见图1.1)。1993年,一位《纽约时报》(*Wall Street Journal*)记者注意到这条破败失修的街道,并将此处视作市中心衰落的见证。[1]回望过去,从20世纪90年代一直到21世纪初,发生在百老汇大街50号的事情远比其他地方对世界金融市场的影响重大。然而,如今只能从一处残留的痕迹看见那些影响:在一个商店门头上方的石雕镶板上刻着"Island"字迹[2](尽管该地区在翻新,但这家店已空置多年)。

Island于1996年推出,是一个专门用于交易美国股票的电子平台。虽然它并非首个此类平台,但之前的电子交易平台无一能够像它一样彻底改变金融体系。一些平台破产,一些被纳入现有交易方式,还有一些虽取得一定成功,却未

---

[1] 参见Pinder(1993)。
[2] 店面背后是一个由Island设立的电视工作室,用于雅虎金融的网络广播(受访者B. W.)。这些面板看起来像混凝土,但"实际上是涂漆的泡沫。你可以用一只手轻松拿起。它被粘在外墙上"(Josh Levine于2012年9月1日给作者的电子邮件)。

能跻身核心位置。Island 则不同,其计算机系统位于百老汇大街 50 号的地下室,几乎完全由廉价设备组成,这些设备在普通电脑商店即可购得。但是,以 20 世纪 90 年代的标准来看,这套系统的运行速度极为惊人。据受访者 AF 描述,当系统同时收到以相同价格买入和卖出的指令时,仅需几毫秒(千分之一秒)即可完成交易,速度是当时主流电子交易系统机构网络公司极讯(Instinet)的一千倍。对人类而言,Island 的交易几乎是瞬间完成的。

注:图片来源于作者。

图 1.1　百老汇大街 50 号

与 Island 的速度一样重要的是,交易所开始利用它进行交易。交易所实现交易自动化的努力早已有之,但进展并不顺利。自动交易系统难以与交易所系统无缝对接,原因是在 20 世纪 80—90 年代,这些系统通常是基于交易员是人而非机器的假设而设计。实际上,早期交易所电子交易系统管理者常禁止交易员运用机械设备,以保护用户免于"不公平"的自动化竞争。然而在办公室的私密空间,交易员不仅找到了规避禁令的方法,甚至组建机械设备来敲击专为用户设计的终端按键(图1.2显示了一个这样的设备),尽管这种做法相当麻烦。[1]相比之下,Island从一开始就使用机器设备。其核心是一套"订单簿":每只股票都有一个电子文档,内附该只股票的买卖价格。每次Island的计算机系统执行交易,收到买价、卖价或取消订单的指令,都会通过连续数据馈送的方式发送一条电子消息,交易员的计算机可以使用该数据源来修正Island订单簿的最新电子镜像。这些计算机以快速、简洁、标准化的电子格式发送Island的买价和卖价,操作简单。

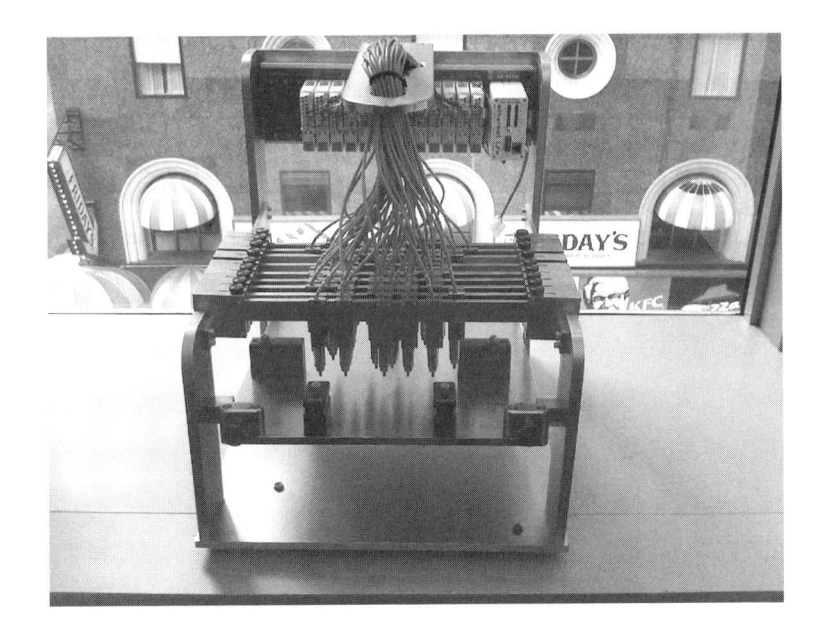

注:照片由受访者F.L.提供。

图1.2 雷曼兄弟集团(Lehman Brothers)的咔哒机(Clackatron)(约2002年),用于敲击电子经纪服务(Electronic Broking Services)外汇交易键盘

随着利用Island平台进行交易的机器速度越来越快,当订单需要通过数百英里的光纤光缆传输到曼哈顿下城时,延迟问题变得不可避免且越发显著。2006年,堪萨斯城高频交易公司Tradebot(即交易机器人)的创始人戴夫·卡明斯(Dave Cummings)告诉《华尔街日报》,他注意到信号从堪萨斯城传输到百老汇大

---

〔1〕 另一个早期的机器人设备由Timber Hill(主要是一家期权交易公司)设计,用于自动在纳斯达克发布买卖价格,以规避计算机直连纳斯达克系统的禁令,参见Steiner(2012:11—17)。关于纳斯达克规则的具体理由,参见p77脚注[1]。

街50号需要10毫秒,这导致他的公司处于不利地位:"我们因为其他人的光速而被排除在外。"(Lucchetti,2006)大约从2002年起,Island平台上的交易公司开始将机器迁移到百老汇大街50号。最初,这种合作是非正式的,由大楼内一家提供网络服务的公司托管他们的计算机服务器。随后,众多公司与Island达成正式的付费合作,将服务器安置在大楼地下室的Island计算机机房内,紧邻Island的核心系统——"撮合引擎",这是一套用于管理订单簿和执行交易的系统。

在百老汇大街50号及其附近涌现的景象("涌现"一词颇为恰当,因为这并非有意规划的结果)正是本书的主题:高频交易(high-frequency trading)。这种交易行为的出现早于其名称的确立。据笔者所知,"高频交易"一词最早于21世纪初由芝加哥"城堡投资"(Citadel)对冲基金公司提出。高频交易是一种"自营"的自动化交易,其速度远超人工交易的极限,构成了其盈利的核心能力。[1]自营交易的目标不是为他人执行交易以收取中介费用,而是通过直接交易获利。尽管高频交易公司雇用员工来负责设计和监督交易算法,并且称他们为交易员,但实际的交易过程完全由计算机算法执行。交易算法虽由人类编写,在交易日内偶尔也会调整参数(较之于高频交易早期,这种情况如今已大为减少),但最终并非由人做出买卖决策,而是由算法做出。

高频交易算法既可相互交易,也可与其他类型的算法进行交易。例如,由机构投资者及其代理人(如银行或其他交易员)所采用的"执行算法",为投资者将大额股票订单或其他金融工具拆分为更小的不起眼"子订单"。[2]高频交易公司的算法还可与人工订单交互,比如被市场参与者称为"散户"(即个人投资者)所下的订单。然而,只有少量散户订单最终在纽约证券交易所等地完成交易。大多数是由"批发商"(通常是高频交易公司的分支机构)直接执行,他们支付费用给与散户做交易的交易员,向后者发送订单。[3]

---

[1] 这一定义反映了与受访者BU的有益讨论。
[2] 另一类重要算法是统计套利者使用的算法,他们寻求从价格变动的模式中获利,这些模式的时间尺度(分钟、小时、天甚至更长)比高频交易关注的短期变动更长。统计套利在20世纪80年代首次大规模出现,最初的买卖并未完全自动化,而如今基本已实现自动化。Greg Zuckerman(2019)的新书生动描绘了一家最著名的统计套利公司——文艺复兴科技公司。
[3] 正如Weisberger(2016)所解释的,散户经纪商的标准程序是将"可立即执行"的订单发送给批发商,而仅将少数不可立即执行的订单提交到交易所。美国证券交易委员会规定禁止批发商以比任何交易所的最佳买卖价格更差的价格执行订单,而批发商通常提供所谓的价格改进,即比交易所更好的价格。高频交易公司愿意付费,以这种方式直接与散户订单交易,因为它的风险水平低于在交易所交易。用第6章的术语来说,散户订单流很少"碾压"或"狙击"高频交易算法。因此,与散户交易虽然利润不高,但相对可靠。

总的来说,高频交易公司的成交量巨大。例如,在第 4 章中将看到在 2015 年短短两个多月的时间里,8 家高频交易公司共成交了总价值约 7 万亿美元的美国国债(国债是美国的主权债务证券)。如今大部分交易都采用匿名方式,导致多数情况高频交易数量难以确认。但观察人员估计,高频交易占世界最重要市场全部交易量的一半左右(Meyer & Bullock,2017;Meyer, Bullock & Rennison, 2018)。

负责这些大规模交易的高频交易公司通常成立时间不长,规模较小。只有少数成立于 2000 年之前,但即使只有几十名员工的高频交易公司也能成为重要的参与者。富途(Virtu)就是一家这样的高频交易公司,它的总部距离百老汇大街 50 号只有几个街区。富途的主要活动是"做市"(market-making),即持续出价以购买股票或其他金融工具,或者以略高的卖价将之出售。它利用 36 个国家和地区的 2.5 万余种金融工具执行这种操作。例如,它负责大约 1/5 的美国股票交易。[1] 受访者告诉笔者,富途的市场主导地位在提升,雇用了接近 150 名员工——由于收购了两家劳动密集型业务的公司,其员工数量最近有所增加。[2]

在特定的金融交易市场,员工规模不大的高频交易公司影响力却并不小。2019 年,一位受访者告诉笔者,他在欧洲的小型高频交易公司完成了印度 5%的股票交易。一些大银行曾经活跃于高频交易市场,但他们的努力并未获得全面成功;在一个庞大的官僚组织中,快速开发所需的高度专业化软件系统困难重重。这些银行仍利用某些特定类别的金融工具从事做市活动,缓慢的交易系统也达不到高频交易标准。在 2008 年金融危机后,银行自营交易受到限制,导致尝试其他高频交易战略的努力也被迫终止。

笔者参访过不同的高频交易公司,有些办公室位于不起眼甚至破旧的大楼中,有些办公室可让人欣赏密歇根湖、曼哈顿或大伦敦的壮丽景色。共同之处是,这些公司的装饰一律不事张扬。有一次,去一家高频交易公司的新办公室拜访,公司管理者正准备去悬挂一些艺术收藏品。这些藏品的包装还没拆开,也没有标签,不过据说非常精美。可见收藏者颇有品位,公司也很成功。不过更为常见的是,高频交易公司的经营场地会被普通互联网公司所取代,后者通常展现出

---

[1] Virtu Financial(2019:23);Stafford & Bullock(2017);Stafford(2019b).
[2] 截至 2013 年 12 月底,Virtu 的员工人数为 151 人(Virtu Financial,2014:5)。

一种软件初创公司所具有的轻松感。高频交易公司的员工大多很年轻,交易员这类岗位以男性为主。办公室厨房常备有多盒早餐麦片,这是典型的年轻男性食品。不过令人开心的是,那些曾经破坏交易大厅氛围、具有性别歧视内容的贴图已被撤走。高频交易公司里穿西装的人很少。作为访客,笔者是唯一打领带的人,也因此被批评穿着太过正式。过去常在银行交易大厅听到的喊叫声和咒骂声,在高频交易公司中鲜少见到,也许这是因为笔者来参观的缘故。不过受访者指出,那种行为现在确实少见,笔者只到访过美国和欧洲的高频交易公司,所述也仅能代表这些地区的公司。这些公司中,白人面孔占主导地位,偶尔也能看到一些南亚或中国人面孔,但非洲裔美国人很少。下面笔者将对此展开讨论。

笔者的访谈对象就职于内部组织架构各不相同的高频交易公司。有些高频交易公司作为一般公司运作,却没有传统的个人收入,即交易员的盈亏决定他们的奖金。有的公司有一个电子化的"信号库",这是一种对高频交易算法有用的电子数据模式汇编,对所有交易员和软件开发人员开放使用权限。然而,兰格(Lange,2016)发现,有些高频交易公司有意设置沟通障碍,将公司划分为不同的团队。例如,有一家公司在交易员团队之间安插了一列行政人员,对前者形成物理分隔,并在主要办公区域甚至两列团队之间播放白噪音,以减少一个团队窃听另一个团队谈话的可能性。另一家公司则用白色窗帘将狭长的交易室隔开,防止团队之间相互窥探。有一位年轻的交易员(受访者 AC)说:"你……可能会因为与隔壁办公室不该说话的人交谈而遇到麻烦。"[1]

然而,高频交易活动并不是在这些办公室展开。相反,它发生在交易所的计算机数据中心以及其他交易平台,比如交易所和高频交易公司的计算机系统,还包括银行和通信供应商等其他算法交易商的系统。[2] 交易所的数据中心通常不会放置在市中心,而是放在房地产价格较为便宜的郊区。对高频交易至关重要的数据中心多是大型建筑物,看起来像郊区的仓库,窗户很少。数以万计的计算机服务器将数据中心塞满,通常被置于铁丝网笼形的机架上。有些网笼之间设有不透明的隔断,因此交易公司看不到竞争对手在用设备。服务器通过连绵

---

〔1〕 在划分部门运营的公司中,交易团队通常欢迎这种分离,不希望其他人(即使是同一公司内的)从"他们的"想法中获利。其他严格划分部门的原因包括避免因团队模仿彼此交易而导致的风险集中,并说服交易所和监管机构允许一个团队的算法与另一个团队的算法交易。这种情况很容易意外发生,而这种自我交易通常不受欢迎,因为它可能被用来制造操纵性的"虚假价格"。

〔2〕 并非所有电子交易场所都是注册交易所。例如,Island 从未注册为交易所。除了本书需要区分差异的部分,为简洁起见,笔者将所有与交易所类似的地方统称为"交易所"。

不断的光缆相接,而光缆通常置于机架上方。这些服务器消耗大量电力,散发巨大的热量,因此必须配备强大的冷却系统。在这些数据中心内通常人影难觅,只能看到少量安保和维护人员,还有偶尔出现的交易所、贸易公司或通信供应商的工程师,他们前来解决故障或安装新设备。

全球二十多个数据中心承载着世界上绝大部分的金融交易和高频交易。如图1.3所示,大多数美国股票交易发生在新泽西州北部的四个数据中心,其中一个属于现在的纽约证券交易所母公司——"洲际交易所"(Intercontinental Exchange)。另一个由美国股票交易平台纳斯达克租赁,它是纽交所最主要的传统竞争对手;另外两个数据中心(NY4和NY5)托管了多个交易平台系统,包括美国第三大证券交易所——芝加哥期权交易所。NY4和NY5相距很近,实际上被作为一个数据中心来运营。因此,市场参与者常将纽交所数据中心、纳斯达克数据中心和NY4&5称为"股票三角"。

注:纳斯达克(Nasdaq)和纽约证券交易所的数据中心托管这两家集团运营的股票交易所;NY4和NY5实际为单一数据中心,托管由第三家交易所集团,即芝加哥期权交易所(Chicago Board Options Exchange)运营的股票交易(本图及其他地图给出的仅为大概位置)。

图1.3 新泽西州的"股票三角"

所有最重要的美国股票都在这些数据中心进行交易。在一个股票交易数据中心进行的自动交易会成为其他数据中心股票交易算法的重要数据来源:市场从业者称之为高级别"信号"。这种信号是一种告知算法进行交易的数据模式,例如,提示算法对股票出价购买或报价出售,或者取消现有买价和卖价。高频交易算法所使用的信号通常是一种非常短暂的信息模式:在2008—2009年间,其持续时间通常"不到三四秒"(Brogaard, Hendershott & Riordan, 2014:2302)。到2015年,信号持续时间缩短至10微秒内,也就是千万分之一秒(Aquilina, Budish & O'Neill, 2020:55)。此类信号的另一个来源(对美国股票交易的算法极为重要)是股指期货市场中的最新变化("期货"是一种在交易所交易的标准化合约,经济上类似于一方承诺在给定日期以合同签订价格购买另一方承诺出售的标的资产),如图1.4所示。该市场不在新泽西,而是位于芝加哥郊区的数据中心。芝加哥股指期货的价格变动往往比新泽西数据中心略快一点,我们将在第2章中讨论其中的原因。

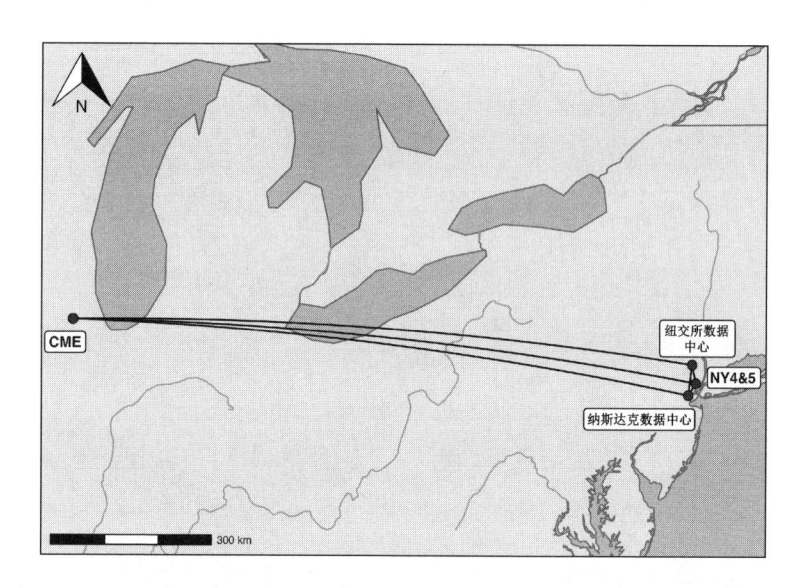

注:"CME"是芝加哥商业交易所(Chicago Mercantile Exchange)的主要数据中心英文首字母缩写。

图1.4 从芝加哥到新泽西股票交易数据中心的测地线

研究之初,笔者预想高频交易算法指导交易的数据模式会非常复杂,相关人员必须使用复杂的机器学习来发现这些模式。尽管机器学习确实在交易中发挥了作用(第6章将提供相关案例),但其重要性并未达到笔者最初的预期。高频交易最关键的信号是前文讨论的那种相对简单的数据模式,这些模式通常源于交易的组织和监管方式(详见后续章节)。这些模式是本行业的常识,这意味着算法对股指期货价格变动等信号的响应速度直接决定了算法交易的盈亏。

高频交易速度极快,而且必须保持高速(我们将在下一节中探讨其速度),因此数据中心之间的信号传输速度至关重要,这使得测地线成为通信供应商建设的重点区域。测地线,或称大圆弧,是地球表面上两点间的最短路径。早期主要使用光纤光缆,而现在则更多采用无线连接方式。该系统由数据中心内数万台机器构成(数据中心位置见图1.3和图1.4),并由这些数据中心之间通过测地线的通信网络连接而成。大量电子消息(其中最关键的是报告交易所订单簿变化的消息)在这个系统中流动。市场数据处理公司Exegy在NY4持续监测流经其设备的消息数量,截至本书撰写时,其系统记录的消息突发量峰值出现在2018年7月19日下午2点39分,每秒达到1.053亿条。[1]

自动交易的核心系统可以在几乎没有人工干预的情况下持续运行。这一点在2020年3月尤为明显,因西方国家开始实施封锁措施,金融市场终于意识到冠状病毒传播的严重性。在此期间,市场经历了剧烈波动,巨额交易频繁发生,重要市场遭受严重冲击,包括传统上被认为最安全的美国国债。4月份,由于石油需求下降和储存困难,石油期货价格甚至一度转为负值。尽管如此,"市场的通道仍然保持稳定"(Osipovich,2020)。自动化基础设施的主要故障并未加剧市场动荡。虽然自动交易确实存在风险(见第7章),但其稳健的作用同样值得认可。

"物质"政治经济学

本书属于"金融的社会研究",这是金融研究的一个统称,其研究者包括但不限于经济学领域,还涉及更为广泛的社会科学学科,如人类学、社会学、政治学和科学技术研究等。在过去的20年中,这一领域发展迅速,针对高频交易的研究也取得了显著进展。尽管笔者的研究建立在许多同行前期工作的基础上,但本

---

[1] 这次爆发发生在证券信息处理器(Securities Information Processor)数据流上(即官方"综合行情带")。这些数据流涵盖股票和期权,而后者的性质产生了非常大的消息量。Exegy测量的美国股票交易所和期货交易所直接数据流的峰值速率为2019年5月30日下午3点,达到每秒4170万条消息,参见 https://www.marketdatapeaks.net/rates/usa/,访问于2020年5月19日。

书的读者群并非主要面向专家群体,因此在书末的附录中笔者将附上高频交易的相关文献综述,包括经济学家的研究成果。不过,笔者确实需要解释一下本书分析高频交易所采用的方法,即"物质政治经济学"(Material Political Economy)。这一方法是一个整体思想,而非三个独立的概念。三者同等重要,请允许笔者逐一对"物质""政治"和"经济"进行阐释。

"物质"是本书的核心特征之一。上一节已经初步勾勒了现今美股交易在物质层面的架构。后续章节(特别是第 5 章)将在深度和广度上进一步探讨本书的主题,同时在笔者的研究数据允许的范围内,重点分析高频交易的物质性。人类的身体是物质世界的一部分。如果你对人的身体是否由物质构成存有疑问,等到逐渐衰老时你就会有所体会。正如博尔奇、汉森和兰格所探讨的那样,人体的物质性对高频交易至关重要(Borch, Hansen & Lange, 2015)。请思考以下问题:鉴于高频交易极其迅速,人的眼睛和大脑能处理哪些信息?类似于一位受访交易员 OG 提到的"如厕测试",你是否能在如厕时,放心让算法在无人监督的情况下运行?你要如何保持长时间的专注和清醒,尤其是在夜间金融市场活动较少的时候?

在接下来的章节中还可以看到,非人类形式的物质性比人体物质性更为显著。高频交易是通过交易公司的计算机服务器等机器设备与其他机器进行交易:计算机系统是现代交易所的核心。机器的特性及其随时间变化的方式对高频交易来说非常重要。不过,物质性并不仅指代实体。对高频交易来说,与光缆和硅芯片相比,光和其他形式的电磁辐射同等重要。本书标题中提到的光速指的就是高频交易的需求,即要以尽可能快的速度传输数据和买卖订单。

在笔者看来,高频交易的重要性是"爱因斯坦式的"(Einsteinian)。提到这位著名物理学家的名字,并非暗示要借用他的相对论来理解本书所涵盖的高频交易。笔者认为相对论除了适用于某些有限的方面,在其他层面实无必要。[1]其实,笔者援引的是物理学史学家彼得·加里森(Peter Galison)所描绘的爱因

---

[1] 最重要的假设是真空中的光速是一个固定常数,且没有任何信号可以超过这个速度。目前,应用狭义相对论的需求受到限制,因为高频交易的数据中心都位于地球这个唯一且(对于大多数实际目的而言)固定的位置(参见 Einstein, 1920,特别是第 2 章;另见 Angel, 2011)。然而,如果像低地球轨道卫星群开始用于高频交易的远程数据传输(MacKenzie, 2019c),它们的时钟将需要调整以考虑卫星速度的狭义相对论效应。如果高频交易继续以现有的方式加速,Laughlin, Aguirre & Grundfest(2014:284)指出,广义相对论的效应——"时钟在引力场中的不同位置以不同速率运行",可能最终也需要在地面高频交易中考虑。

斯坦:他不仅是一位理论物理学家,还是瑞士伯尔尼专利局的一名检查员,熟悉测量技术和实际应用。由于研究如何确保不同空间位置的时钟同步问题,爱因斯坦被加里森(Galison,2003:255)称为"专利官员—科学家"。值得注意的是,高频交易中的时钟同步问题与19世纪末20世纪初铁路网络中的时钟同步问题一样重要。高频交易受访者CQ告诉笔者,他所在公司的交易一直深受同步失败的困扰。加里森认为,爱因斯坦对诸如同步之类实际技术问题的思考是他发展狭义相对论的背景,其著名的假设是传播速度最快的信号是真空中的光。

速度的限制制约了高频交易所能采用的材料。在高频交易早期,数据中心之间主要通过光纤光缆中的激光所产生的光脉冲进行数据传输,但这只能达到爱因斯坦最大信号速度的2/3左右(如第5章所述),原因在于光缆中的光脉冲被光纤制造材料所减缓,后者是一种特殊材质的玻璃。相比之下,穿过地球大气层的无线信号在真空中的传播则接近光速。然而,用于高频交易的无线传输技术需要高规格定制的射频和特别定位的天线(见第5章),因此与常用的光纤光缆相比,其成本要高得多。一位受访者也谈到"射频市场"的困局:高频交易公司实际上别无选择,只能使用通过大气传输的信号。

衡量高频交易速度的一种方法是公司系统的响应时间:从接收"信号"(告知算法进行交易的数据模式)到做出响应(发送或取消订单)之间的时间延迟。2019年3月,一位受访者告诉笔者,他听说过快达42纳秒的响应时间。[1] 不过,他的系统并未达到这一速度。1纳秒是十亿分之一秒,在1纳秒内,即使是真空中的光或大气中的无线信号,其传播距离也不过30厘米左右(约1英尺)。

纳秒在高频交易中的重要性使后者更趋爱因斯坦化:对于高频交易而言,没有信号在真空中的传播可以超过光速,这不仅是理论限制,也是实际局限。即使信号仅在1米的距离中传输,其所耗费的时间在经济上也会产生重要影响,这使得高频交易对技术设备的精确位置、光纤光缆或无线连接与数据中心间测地线的距离等特别敏感。[2] 因此,高频交易的物质性首先是一种空间物质性。这很

---

[1] 2018年9月,在另一位受访者提供的幻灯片上看到,期货交易所Eurex的一份技术报告显示,Eurex测量到的响应时间最快为84纳秒。截至本书写作时,这是公开记录中最快的速度。然而,笔者的受访者提到的42纳秒(针对芝加哥商业交易所数据中心内的交易公司系统,见第2章)是完全可信的,尽管测量如此短时间间隔的技术难度相当大。

[2] 通过地球内部而非表面的直接传输会稍微快一些。Laughlin et al. (2014:296)计算出,在关键的芝加哥—新泽西链路上可以节省约3微秒。然而,实现这种传输可能在技术上极具挑战性且非常昂贵。

容易令人联想到今天的后现代性,即时间和空间存在共同压缩的趋势。[1]然而,在爱因斯坦的世界中,时间压缩,空间则扩展。

就职于高频交易公司的计算机专家必须在思维和实践中秉持物质主义的观点。笔者曾去阿姆斯特丹参加一场交易员会议,在休息时间与一位专家喝咖啡闲聊时,他说他不得不摒弃以往对计算机学习过程中耳濡目染的态度。正如他所接受的计算机内隐教育那样,他无法从运行算法的计算机应具备的物理硬件特征中抽象出来。从高频交易的角度来看,计算机不是抽象的信息处理器,而是由塑料、金属和硅等材料构成的组合,电子信号流经其中,而如何让信号流动得更快则是一个至关重要的实际问题。笔者在本书中使用"算法"这一术语,并不是指它在计算机科学中的普遍意义,即一个以有限数量的精确且无歧义的步骤实现某个目标或解决某个问题的"配方",并且抽象到可以在不同编程语言和机器上实现的程度。相反,关注的是受访者的主要观点,即算法是用特定编程语言编写的、在特定物理硬件上运行并对其他系统产生实质性影响的配方。[2]

开始研究高频交易时,笔者并未考虑到物质政治经济学的概念,这一概念是随着实地调查的开展而逐渐形成的。对笔者个人而言,这是一种有效构建研究并取得成果的方法。然而,笔者无意划分"物质"与"非物质"现象之间的本体论界限,也并非建议人们仅关注经济生活的物质性而排除其他视角。笔者也不认为"物质政治经济学"使其他经济现象的研究方法变得多余,例如,"文化经济学"(du Gay & Pryke, 2002)、"文化政治经济学"(Jessop, 2009)或政治学者所探讨的"国际政治经济学"。即使是像高频交易这种典型的物质型业务,也会受到通常被视为"非物质"因素的影响,如信念、隐喻、认知权威和合法性等。事实上,所有这些因素最终都可归结为物质现象,例如,纸质或其他媒体中的文字或图像以及其他物理载体;能够编码语音的声波;甚至包括人类大脑中神经活动的物质模式。不过,尽管"文化"的物质性有时确实重要,但据此片面地认为仅需要关注文化,则值得商榷。

我们来讨论合法性问题,高频交易历来与现有交易存在系统性冲突。例如,

---

[1] 后现代性中空间与时间压缩的经典讨论见哈维的著作(Harvey, 1989)。祖克和格罗特借鉴了高频交易文献,提出全球金融的"微观地理学"(Zook & Grote, 2017)。本书第5章更字面化地使用这一概念,并通过"光缆"展开讨论,详见该章。

[2] 高频交易公司的算法是其更大系统的一部分,这使得明确识别该系统的哪些方面构成高频交易算法变得困难,这也是欧洲尝试监管高频交易算法时的主要实际难题,参见Coombs(2016)。

第 3 章中提到的 20 世纪 90 年代纳斯达克丑闻,为高频交易的兴起创造了重要机会。同样,正如第 6 章所描述的那样,高频交易的一个关键内部分歧是"做市"策略(如前文所述,在其他人可以执行的订单簿中不断发布买价和报价)和"流动性"策略(即执行订单簿中已有订单)。做市策略维持了市场中人类传统角色的合法性,笔者的一些受访者认为它是一种比获取流动性更具道德意义的经济活动。当然,这种可取性在多大程度上塑造了特定的交易形式,而非仅仅被援引以证明后者的合理性,值得进一步探讨。一家高频交易公司的领导人向笔者强调其公司的交易活动属于做市行为,而另一位最近离职的受访者则称其为"合法化"而非完全真实的举动。然而,尽管合法性的作用往往模棱两可,但这并不意味着应被忽视。人类活动的物质性与信仰、权威的获得或丧失等问题密不可分,对此视而不见等于束缚了对未知的探究活动。

物质"政治"经济学

高频交易的物质性至关重要。尽管如此,笔者所采用的方法在很大程度上归功于行动者网络理论,该理论近年来将物质性置于社会科学的研究核心。[1]马克思主义最初主张彻底的唯物主义,例如,马克思的《资本论》(Marx,1976)第一卷中关于机器的唯物主义论述令人难忘。但是随着 20 世纪的实践发展,更具哲学导向的西方马克思主义的兴起弱化了这种观点。[2]约翰·劳(John Law)和安玛丽·摩尔(Annemarie Mol)(2008)讨论了所谓的"物质政治",为行动者网络理论做出了精彩的贡献。这个概念本质简单,而且已有前期研究成果。我们将在第 7 章开头看到历史学家马克·布洛赫(Marc Bloch)在 20 世纪 30 年代进行的研究,但这也是基于摩尔和劳的扎实研究。正如他们所说,以不同的方式安排物质世界是可能的,至少有时哪一种方式可以实现的讨论蕴藏着政治意义。正如历史学家露丝·施瓦茨·考恩(Ruth Schwartz Cowan,1983)引用诗人罗伯特·弗罗斯特(Robert Frost)的诗句所言,在技术发展中存在"未选之路":本可以开发但没有开发的技术,不一定是因为效率不如替代方案有效,而是事关阶

---

[1] 关于行动者网络理论的最佳介绍可能是 Latour(2005),而将这一视角扩展到经济生活研究的学者是 Michel Callon,最著名的见 Callon(1998)的导论章节。
[2] 笔者将《资本论》第一卷称为物质政治经济学,参见 MacKenzie(1984)。然而,值得注意的是,笔者认为物质政治经济学是社会学家所称的中观层面方法,而马克思主义传统上强调宏观层面的生产方式,如封建主义和资本主义。关于物质性的更广泛文献,参见 Dourish(2017,特别是第 2 章)。Dourish 的著作是对该方面文献的有益贡献。

级、性别、种族和国家权力等多种相关原因。[1]

"物质政治"是高频交易的关键维度之一。如前文所述,高频交易的发展历程体现了现任—挑战者(incumbent-challenger)冲突的特征。在这些冲突中,高频交易公司历来扮演挑战者的角色,其中一些冲突时至今日仍在持续。这种冲突受到社会学场域理论的关注。笔者在其他场合说过,行动者网络理论的物质性需要场域理论的补充,尽管两者偶尔会发生激烈的冲突。[2]金融业中现任—挑战者冲突体现在多个维度,但交易的物质安排显然是维度之一。第6章中,我们将讨论也被称为"最后观望"的物质程序,它保护外汇交易中的老牌企业免受高频交易公司更为快速的系统所影响。

前文已经提到,"做市"和"流动性"算法之间的鸿沟助长了当今高频交易的大部分物质政治。在大多数世界领先的电子市场中,流动性算法执行的现有交易报价通常是由高频交易做市算法提交的,因此极有可能,流动性算法者所获利润很大一部分以牺牲后者为代价。第6章讨论了交易小组和整个公司在做市或流动性专业度上所存在的差异,交易的物质安排可能会向其中之一有所倾斜。这些安排也是物质政治的一种形式。

更为常见的是,高频交易公司即使规模很小,而且受到创始人密切掌管,也无法免受内部不和谐因素和办公室政治的影响。例如,即使在交易小组划分严密的高频交易公司,通常也有一个共同的技术和通信基础设施,以及如何在各组之间共享该基础设施的访问权限,这在受访者DC所说的"一种政治动态"中有所体现。当他的公司开始租用无线宽带时,"这是关于谁可以使用那条线路的政治问题……容量非常有限,人们因它而争吵"。由于分区公司的交易小组有自己独特的处理高频交易的方法,因而这类公司的整体交易活动有时可能会受到这类斗争的严重影响。

当然,"政治"和"政治相关"是具有弹性的词语。在本书中,笔者主要将它们用于广义的现象,这种现象影响行动者的权力和地位、他们享有或未能获得的地位和尊重、他们的经济资源以及其他因素。然而,狭义层面的政党、国会议员、国会委员会等因素,尤其是政治制度与金融监管之间的相互作用,也影响着高频交易的发展。在写狭义的政治时,为清楚起见,笔者有时会使用普通术语"政治系

---

[1] 有关这方面的实证研究文集,参见 MacKenzie & Wajcman(1985, 1999)。
[2] MacKenzie(2019d)。

统",尽管"系统"再次暗示了一种缺席的连贯性。政治制度和金融监管的相互作用有多种形式,如不同政党对监管所持的典型态度差异。例如,在美国,民主党人普遍倾向于更严格的监管形式,而共和党人往往有放松监管的冲动。此外,政客经常受到金融部门利益的游说,来自金融部门的资金可以成为对政客的竞选捐款的重要组成部分(在第2章中有一个例子及其后果)。

然而,不应夸大金融监管与政治制度之间的紧密联系,同样,也应注意到社会学的场域理论与后者的关联。"政治"和"监管"(实际上,也可延伸到"交换"和"交易")都是社会学家皮埃尔·布迪厄和尼尔·弗利格斯坦所说的"场域",或是芝加哥社会学家安德鲁·阿博特所言的"生态"。换句话说,它们是社会和经济生活的特定领域,其特点是不同定位的参与者竞争和合作以获得通常专属于该场域或生态的回报,例如,对政客的主要回报是选票。场域的特点通常是看上去合法的行为形式,有时对于行为者该做和不该做的事情有明确的规定,我们不应该期望达成共识。规定通常使某些参与者优先于其他参与者,而竞争常采取的一种形式,就是令挑战者去改变一个领域的规范和规定。[1]

总之,尽管不同场域的具体动态、规范和规定以及所涉回报不同,但一个场域的发展会以重要的方式影响相邻场域。阿博特(Abbott, 2005)所称的"纽带"(hinges)是其中一种方式:在多个场域或多个生态系统中产生回报的过程。[2]不过,阿博特指出,政治系统不同于其他场域或生态,在这些场域中越发重要的问题,比如19世纪医学许可贸易的组织和监管,只是零星地凸显在政治系统中,因为大多时候追求它们所获的直接政治回报很少。因此,纽带虽然将狭义的政治场域与金融场域或者阿博特所说的行业生态联系起来,但往往是短暂和偶然的,甚至略显怪异。然而,这并不意味着它们不重要。在第2章中,我们将看到

---

[1] 参见 Bourdieu(1984, 1996, 1997)、Fligstein(2001)、Fligstein & McAdam(2012)、Kluttz & Fligstein(2016)以及 Abbott(2005 & n.d.)。克鲁茨和弗利格斯坦将"场域"定义为一个结构化的中观层面领域,参与者在此相互定位。中观层面领域不涵盖整个社会,但比小群体互动更广泛。这里有"某种利害关系"(通常是领域特定的)、资源的不平等获取、"游戏规则"以及结构上更有利(和不利)的位置。这里有合作和竞争,有时还有冲突,后者潜在地涉及对游戏规则的挑战(Kluttz & Fligstein, 2016:185)。阿博特的"生态学"同样类似于场域,是"一组社会关系……最好理解为多个元素之间的相互作用……彼此约束或竞争",就像场域中的行动者一样(Abbott, 2005:248)。虽然与Fligstein 的场域不同,阿博特的生态学定义并没有明确指向中观层面,但他的所有实例几乎都与中观层面相关,而且 Abbott(n.d.)虽然与布迪厄的场域理论保持距离,但阿博特的"链接生态学"与弗利格斯坦和麦克亚当的"场域……嵌入场域系统中"(Kluttz & Fligstein, 2016:186)之间似乎没有深刻的区别。MacKenzie(2018b)从更明确的场域/生态学视角分析了高频交易的发展,特别是美国股票市场中的高频交易。

[2] 关于阿博特"链接生态学"在金融监管中的应用,参见 Seabrooke & Tsingou(2009)以及du Gay, Millo & Tuck(2012:1090-1093)。

20世纪70年代这种独特的纽带的持久影响,如何深刻地塑造了美国的自动化交易。

物质政治"经济学"

但是,为什么我们需要第三个词"经济"?与金融有关的一切不都是不言而喻的经济问题吗?之所以强调金融的经济层面(实际上是货币),是因为它们在本书所属的社会科学专业领域中往往没有得到足够的重视。再次强调,该领域涉及金融研究的应用,不是经济学,也不是个人主义的"行为金融学",而是更广泛的社会科学学科,如人类学和社会学。这一专业领域于20世纪90年代后期首次形成,可以理解的是,在其早期它更关注这些学科的其他方面,而不是关注赚钱。赚钱也许被隐性地视为现有学术研究尤其是经济学的领域。笔者无意批评同事,因为那时候笔者的工作和其他人一样。有些人,尤其是奥利弗·戈德肖(Olivier Godechot),确实非常关注赚钱(Godechot,2007)。

笔者认为"普通"的金融政治经济学长期以来都受到忽视,它以不显眼的方式赚着相当数量、虽少却源源不断的钱。[1]就像二十年前的笔者那样,当一个人刚接触金融研究,很容易将注意力集中在引人注目的金融事件上,如巨大的金融危机、巨额资金的产生或损失等,反而忽略那些平淡无奇的事情。因此,对笔者来说,研究高频交易的一个附带的意外好处是,它的发展常能让人了解以往普通的赚钱方式。人们在过去和现在能够赚钱,得益于在从业者所谓的"市场结构"中占据有利位置。市场结构意味着组织市场的方式,特别是制定正式和非正式游戏规则,以决定哪些人或物可以相互交易,需遵照哪些条件;信息如何流动;信息流动到哪里会遭遇阻碍;等等。[2]正是因为高频交易的兴起涉及对市场

---

[1] 笔者所说的金融的"日常"政治经济学不同于霍布森和西布鲁克倡导的"日常国际政治经济学",后者关注的是"底层90%"的行动(2007:12)。笔者关注的交易员和交易商等是精英行动者。与霍布森和西布鲁克的观点不同,笔者的论点是,这些精英行动者的日常行为及其经济后果往往被忽视。关于经济生活日常方面的有益讨论,参见 Neyland, Ehrenstein & Milyaeva(2018)以及《文化经济学期刊》(Journal of Cultural Economy)2018年10月特刊中的其他论文。值得注意的是,"日常"一词的原始用法是指物质世界现象,而非精神领域。如果这一含义在今天仍保留在习惯用法中(实际上并未保留),那么笔者所采取的整个视角可以简单地称为"日常政治经济学",尽管这可能不会有助于提升本书的销量。

[2] 参与者所说的"市场结构"类似于金融经济学家(Garman,1976)所称的"市场微观结构",即"投资者潜在需求最终转化为价格和交易量的过程"(Madhavan,2000:205)。第3章开头简要提及这一研究领域。经济学中关于金融市场微观结构的文献很有价值,但大多是"去政治化的":尽管贡献者意识到市场结构常常存在激烈冲突,但这种特别是在政治方面的冲突,很少成为他们分析的重点。例外是,包括经济学家安杰洛·里瓦及其同事对法国金融市场结构变化的历史研究(Hautcoeur & Riva,2012)。

结构等方面的挑战,从而使上述问题引人关注。尽管笔者没有察觉到社会学场域理论对实践者运用市场结构这一概念产生了影响,但将市场结构视为构成金融体系各个领域的核心是完全合理的。

让笔者举一个市场结构普通但重要的例子。正如笔者已经提到的,Island平台上的交易以及当今大多数最重要的电子市场上的交易都是有组织地围绕"订单簿"而展开的,即股票买入和卖出或其他正处于交易之中但尚未执行的金融工具的出价清单(为人眼设计的订单簿可视化呈现,请参见图1.5)。在Island平台以及在这些章节中讨论的大多数其他电子市场中,作为一种电子媒介,订单簿对在这些市场上进行交易的人和机器都是可见的。然而,情况也并非总是如此。正如将在第3章中描述的那样,直到21世纪初,纽约证券交易所的股票订单簿很大程度上是指定的"专家经纪人"(即协调该股票交易的交易员)所私有的。事实上,纽约证券交易所的订单簿最初像是一本书,由专家经纪人或其职员手写的订单预印表格组成。纽约证券交易所于1991年6月推出的一项规定要求专家经纪人"在被问询时,应以非正式的形式与其他场内交易者分享账簿的一般信息"(Harris & Panchapagesan, 2005:26)。在此之前,至少在原则上订单簿只有专家经纪人、他们的职员和纽交所的官员才能访问。

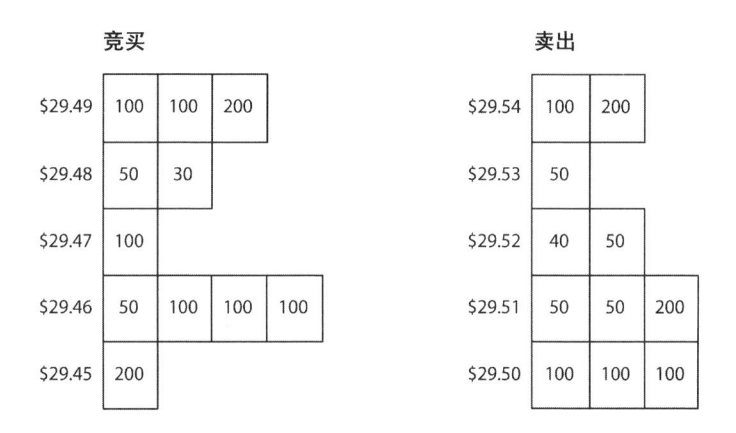

竞买				卖出			
$29.49	100	100	200	$29.54	100	200	
$29.48	50	30		$29.53	50		
$29.47	100			$29.52	40	50	
$29.46	50	100	100	100	$29.51	50	50	200
$29.45	200			$29.50	100	100	100

资料来源:作者的访谈及交易观察。

图1.5 订单簿

无论是手写还是电子形式,订单簿通常包含对交易非常有用的信息。例如,如果订单簿中的买盘多于卖盘,则有理由预测价格即将上涨。买盘与卖盘之间的平衡、这种平衡的变化方式以及交易执行的顺序,构成了高频交易的关键"信号"类别。因此,什么人或物可以访问订单簿这一看似简单的问题,实际上关系到一定的经济后果。此外,访问本质上是一个物质过程,即哪些数据在何时流向哪些计算机系统;对人类交易者而言,则意味着他们能看到多少内容。正如第3章所述,当纽约股票交易所的订单簿还是手写记录时,交易所内的经纪人可能偶尔会窥见订单簿的内容,因为专家经纪人或职员需要打开它来记录经纪人的订单。金融市场中的经纪人是指代表客户执行交易(这是纽约证券交易所使用该术语的主要含义)或安排他人之间交易的中间人。

在20世纪90年代早期,社会学家米切尔·阿博拉菲亚(Mitchel Abolafia)对纽约证券交易所开展的开创性人种学研究指出,一些现象制约了交易所专家经纪人在交易中核心角色的发挥。对于笔者这样的金融社会研究学者来说,这种现象并不陌生,它们包括纽交所的正式规则及其对专家经纪人交易的监控、非正式的交易大厅文化以及交易员的制衡力量(Abolafia,1996;另见 Mattli,2019)。然而,这一结论需要结合现实来综合考虑,纽约证券交易所的市场结构确实为它的专家经纪人提供了信息优势。哈里斯(Harris)和潘查帕格桑(Panchapagesan)研究了纽约证券交易所3个月异常详细的数据(从1990年11月至1991年1月,在阿博拉菲亚的观察期内),结果表明订单簿的内容可以预测价格变动。他们得出的结论是,专家经纪人"以有利于他们的方式使用这些信息"(2005:25)。然而,他们的数据并未能确定"这种优势是否会产生可观的交易利润"(2005:27),或者这种利润是否超过了专家经纪人持续"做市"所固有的风险,即在买家很少的情况下仍然出价买入,在卖家很少的情况下仍然报价出售。

高频交易的兴起侵蚀或消除了各种旧的市场结构,例如,纽约证券交易所的交易室,并创造了一套不同的实用政治经济体系。简而言之,这种转变已经从以谁可以看到订单簿(或其他先前存在的市场结构中的松散等同物)为中心的结构,转变为以何时能"看到"订单簿对赚钱至关重要的结构。所有人都可以通过电子方式看到订单簿,但是他们系统接收、处理和响应订单更新所需的时间是决定一家贸易公司赚钱还是亏钱的关键因素。即使在今天,订单簿的可见性也有例外,其中包括称为"暗池"的交易场所。[1]如果一个暗池有订单簿——并不是所有的暗池都有,参与者其实看不到。笔者在一篇公开发表的文章(MacKenzie,

---

〔1〕 另一个例外是,大多数交易所允许参与者提交"隐藏"订单(不在订单簿中显示)或"冰山"订单(仅显示部分内容)。交易所的撮合引擎通常会将隐藏订单排在可见订单之后等待执行。

2019d)中提到过暗池,但本书不会讨论它们,以免内容过于复杂。

在高频交易中,赚钱与亏钱之间的差距很小。高频交易的利润通常较低,因为从单笔交易中赚取的利润往往微乎其微。拉夫林根据本章前面讨论的高频交易公司富途首次公开发行股票时发布的文件,估计富途平均每笔交易的收入为0.5美元(Laughlin,2014)。他由此推算,如果这是整个高频交易行业的典型情况,那么高频交易公司每年在美股交易中获得的总收入约为25亿美元。相比之下,投资银行高盛2013年的总收入为342亿美元(Goldman Sachs,2014:1)。每股赚取1/4美分已经很少,但如果考虑到高频交易公司的巨额开支,这一利润就显得更加微薄。

例如,富途2013年6.24亿美元的交易收入需要与4.77亿美元的运营费用相对应,其中包括1.95亿美元的经纪人、交易所和清算等费用,以及6 500万美元的技术和通信链接费用(Virtu Financial,2014:73)。笔者发现很难让高频交易的受访者自由谈论扣除费用和其他开支后的盈利能力。这是一个敏感的话题,因为高频交易公司的财务表现往往不佳。笔者的印象是,他们失败的最常见表现并非交易中的损失,而是交易收入被支出所淹没。然而,受访者中似乎存在一些共识,即每股交易赚0.05~0.1美分(或其他资产类别的大致等值)是扣除支出后的健康利润率。即使这是一个低估的数字(也可能不是),但它确实表明,尽管巨额交易中的正常微小利润确实增加了高频交易的利润[1],但高频交易成功与否的经济差异很小:无法获得超过公司支出的收入。

第5章将讨论高频交易公司投入大量资金的技术和通信链路,第6章将讨论他们为何通常别无选择,只能如此。但是,费用问题值得在此简单探讨,它揭示了高频交易经济学的另一个方面。本书的主题之一是,不可能完全脱离对高频交易及其在交易"场域"或"生态"中地位的讨论。高频交易出现在交易所和其他交易场所的分析中。这些场所形成了一个独特的生态。至少从第一点来看,交易所之间相互竞争,而不是与高频交易公司竞争。[2] 然而,正如第3章所讨论的,艾伯特的"纽带"在这里发挥了作用。交易所(现在几乎都是盈利的商业公

---

[1] 关键在于,受访者认为高频交易统计上接近,相互独立,使得大数定律发挥作用,这意味着即使交易的平均利润微乎其微,出现亏损日的概率也几乎可以忽略不计。著名的例子是,富途在其首次公开募股前的4年中仅经历了一个亏损日(Virtu Financial,2014:3;Laughlin,2014)。

[2] 笔者写"近似地",是因为除了在交易所交易外,高频交易公司越来越多地向散户经纪商(见上文)、机构投资者、银行等提供"执行服务",这些服务通常与交易所竞争,分流了原本可能流向交易所的订单。

司及其子公司)的日常经济学已经与高频交易经济学交织在一起。[1] 许多交易所从高频交易公司赚取了大量的收入,不仅包括交易费,还包含接收最快的电子更新信息流(这些信息流是交易所订单簿的镜像)以及支付数据中心内的"交叉连接"光缆的费用。正如布迪什(Budish)、李(Lee)和申(Shim)在 2019 年所指出的那样,现有交易所从高频交易的速度竞赛中获利,这可能使它们不愿意从根本上重组交易方式,以减缓这种速度竞争。

笔者必须再次强调,关注金融普通的赚钱行为是对金融危机等更为戏剧性层面研究的补充而不是取代。事实上,危机往往源于不起眼的赚钱。不过,普通赚钱行为应该是金融社会研究人员的一个重要课题,因为它是事情变化的重要决定因素。例如,什么技术或组织的变革易被采纳?哪些容易遭到强烈抵制?笔者最喜欢的受到抵制的例子是"星号之战",因为它既非凡又普通,我们将把这个例子留到第 7 章。

经济学家托马斯·菲利蓬(Thomas Philippon)在 2015 年写了一篇优秀的论文,委婉地揭示了另一种完全不同的观点,即对金融普通赚钱的行为进行更多的研究。[2] 笔者在其他地方曾提到过他的文章,最早是在《伦敦书籍评论》(MacKenzie,2016)中,但有一点值得重申:这个论点听起来有点深奥,但能给人重要的启示。菲利蓬通过时间来衡量美国金融体系的"效率",即金融中介的单位成本。这项研究引人注目,结果相当令人惊讶。[3] 数据(见图 1.6)显示,无论是 19 世纪 80 年代(职员在煤气灯边用钢笔在账本上写字),还是在高频交易和使用 iPhone 的 2012 年,并没有发现明显的金融中介效率提高的趋势。

如果菲利蓬的数据是正确的,即金融中介的单位成本在这一漫长时期内变化不大,那么,支撑金融的信息和通信技术已经取得了显著进步,为什么仍然如此?一个可能的答案是,这些效率收益大多被金融系统内的日常盈利行为所攫

---

[1] 15 年前,Phil Mirowski 让笔者意识到"去互助化"这一过程的重要性:交易所从会员所有的实体转变为上市公司。

[2] 菲利蓬用新数据更新了他 2015 年的论文(Philippon,2019:210—213),但揭示的模式保持不变。

[3] 中介的单位成本是中介服务的总成本除以这些服务的总量。为了计算中介总量,Philippon(2015)将四类金融活动的金额相加:银行账户和类似"安全"存款的总金额;借给企业的资金和其股票的市场价值;借给家庭的资金;企业并购的总价值。他通过汇总各类金融中介的利润和员工工资来计算中介总成本:银行、投资管理公司、保险公司(调整其非金融中介活动,如健康、建筑和车辆保险)以及私募股权公司等。图 1.6 中的下一条线是菲利蓬对单位成本的估计,校正了中介任务难度变化的总体水平。例如,选择投资初创企业比购买有长期记录的老牌公司股票需要更多的筛选和监控,因此本质上更昂贵。

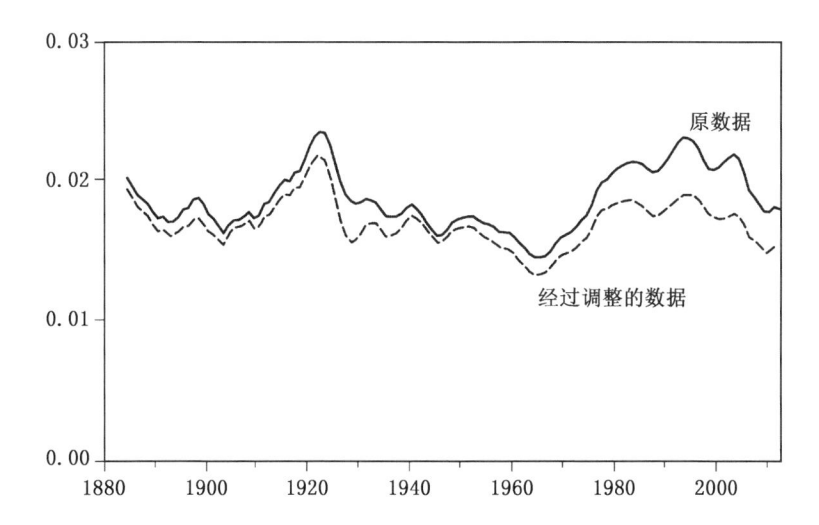

资料来源:数据由托马斯·菲利蓬(Thomas Philippon)提供。详情参见 p20 注释[3]及菲利蓬的研究(Philippon,2015)。

图1.6　美国金融中介单位成本(1884—2012年)

取,其形式是银行和其他金融公司的精英雇员获得极高的报酬,以及这些公司的股东获得不定期的高额股息和资本收益。如果是这样,那么这里就揭示了社会收入和财富不平等的一个关键因素,因为在最近几十年里,金融系统的高额回报明显加剧了这种不平等。[1]例如,在20世纪40—80年代,美国金融业工人的工资与其他行业同等学力工人的工资相差无几。此后,他们的相对工资显著上升,最终金融业高级管理人员的收入达到其他行业同等职位人员的2.5倍(Philippon & Reshef,2012)。虽然没有确切证据,但金融业的巨大变化可能涉及经济学家所说的"租金"的增加。评论员马丁·沃尔夫(2019)将其定义为,"超出引介商品、服务、土地或劳动力的预期供应所需的回报"[2]。实际上,金融系统可能正在从经济的其他部分索取租金,这种行为的一个预期后果就是经济增长普

---

[1]　参见 Tomaskovic-Devey & Lin(2011)。他们估算了1980—2008年间金融行业的实际利润和员工薪酬总额与假设情况下的差额,即假设员工人均薪酬、金融行业在美国总体劳动力中的占比及其经济总利润中的份额,要么保持1948—1980年间的平均水平,要么遵循那几十年中仅缓慢上升的趋势,然后计算其总额。这种方法显然并非决定性的,但其结果(差额总额为5.8万亿~6.6万亿美元)引人关注。关于金融行业对英国日益加剧的不平等贡献的分析,可参见 Bell & Van Reenen(2013);关于法国的情况,可参见 Godechot(2012, 2013)。

[2]　基于科学技术研究视角,基恩·伯奇对租金进行了深入分析并指出,经济学往往将市场过程自然化,并以隐含的规范性方式将租金概念化为这些过程的扭曲结果(Birch,2020:18)。这甚至可能适用于马丁·沃尔夫的定义,但后者仍然有助于为非专业人士提供经济学家使用该术语时的意义。

遍放缓。

请不要对后续章节产生错误预期：在任何合理的计算中，高频交易所获得的总利润、工资和奖金都不足以对整体收入和财富的不平等现象产生重大影响，最多只是轻微影响。高频交易的微薄利润表明，交易的自动化以及市场结构的相关变化实际上可能大幅减少了传统上交易内部人员可以获得的次级租金。然而，租金仍可能与高频交易的日常经济学相关，这是芝加哥经济学家埃里克·布迪什(Eric Budish)及其同事得出的结论(Budish, Cramton & Shim, 2015; Budish, Lee & Shim, 2019)。试想，当交易所的数据反馈中出现明确的"信号"时会发生什么？例如，在芝加哥商品交易所(Chicago Mercantile Exchange，以下简称芝商所)交易的股指期货价格上涨，或者在纽约证券交易所出现卖出苹果股票的交易，或者在纳斯达克订单簿中购买亚马逊股票的竞价突然消失。如前文所述，笔者的采访清楚地表明，所有高频交易员都熟悉这类简单信号，它们引发了一场争夺最快反应的竞赛。在伦敦证券交易所2015年的电子信息数据中可以发现这种竞赛的痕迹。在该交易所100只主要股票中，平均每分钟发生一次竞赛(Aquilina et al., 2020:3—4)。最快检测到这些广泛使用的信号并作出反应的算法，通常可以通过"瞄准出击"来赚钱，即与信号中"陈旧"或过时的报价执行相反的报价。或者，如果算法遵循做市策略，那么，它可以通过取消失效的买价或报价来避免损失。正如布迪什、克拉姆顿和西姆所说，"机械套利机会内嵌于"当前的物质交易安排中(Budish, Cramton & Shim, 2015)，创造了所谓的"套利租金"(Budish et al., 2015:1548)。

这种租金概念可能看起来很抽象，但它可以转化为一种更熟悉的租金形式。竞相执行或取消失效的报价，使得那些控制传输手段(如连接交易公司服务器和交易所计算机系统的"交叉连接"光缆)或控制速度节点的人有可能对准入进行高额收费。这些物理节点包括交易所撮合引擎所在的数据中心内的机架、微波塔台或数据中心屋顶上特别适合用作无线天线的特殊位置等。高频交易的爱因斯坦式物质性创造了受访者DE所说的"夹心点"，而控制这些夹心点的人可以收取租金。第6章将讲述另一场发生在做市商算法之间的竞赛，他们试图达到电子交易队列的顶端。

数据源

2010年，笔者通过探索性采访开始了本书中相关内容的研究。就在前一年，特别是在2009年7月《纽约时报》刊登了一篇关于高频交易的头版报道之后,高频交易(自其诞生以来,几乎一直是一种低调的活动)成为新闻。该报道开头写道:"这是华尔街的热门新生事物,少数交易员可以掌握股票市场,偷看投资者的订单。批评者认为他们甚至可以巧妙地操纵股价。"(Duhigg,2009)笔者对此很感兴趣。不过,最初笔者采访只是试图了解更多高频交易信息,它们有时正确,有时错误。

在经过一些探索性的采访之后,笔者专注于寻找高频交易公司的现任雇员、前任雇员和创始人。首先搜索公开信息,然后在交易员的会议上介绍自己,或从先前的受访者那里获得引见机会。笔者任教的所在地苏格兰爱丁堡没有高频交易公司,因此笔者将精力集中在世界四个主要高频交易中心:芝加哥、纽约、伦敦和阿姆斯特丹,这也避免了笔者飞行出差过于频繁。虽然在其他市场也有高频交易,如巴西、加拿大、印度、新加坡、韩国、日本和澳大利亚等,但出于上述实际原因,笔者决定把研究集中在美国和欧洲。笔者最终采访了86位高频交易从业者(见表1.1),其中22位采访了不止一次,有一位笔者采访了6次,一位采访了7次,一位采访了9次。这些重复的采访特别有用,因为在第一次采访中,受访者往往会对事件或做法进行某种程度的理想化描述,而且令人尴尬的是,笔者往往在一开始并没有足够的专业知识储备去理解,以至于问题无法有效聚焦。对同一个人的多次采访有助于笔者了解技术知识,并使受访者相信笔者不会滥用他们的信息。这些使笔者有可能将对话延伸到"高频交易101"(受防者AG语)的话题之外。

表1.1　　　　　　　　受访者列表

HFT公司(AA-DI)的创始人、员工或前员工	86
交易所、清算所和其他交易场(EA-HI)的成员或工作人员	87
投资管理公司交易员(IA-IJ)	10
手工交易员(MA-ML)	12
其他形式的算法交易从业者(OA-OY)	25
监管机构、律师、游说者和政客(RA-SE)	31
技术和通信链路供应商(TA-UF)	32
研究人员和市场分析师(VA-UF)	21
交易商、经纪人和经纪交易商(XA-YG)	33
总的	337

注:两个字母组成的代码被用来保留匿名性。

与高频交易公司雇员或前雇员的访谈并没有遵循任何固定的格式,更像是对话。笔者试图让受访者谈论高频交易的活动,但不是每次都能成功。最令人沮丧的一次是在芝加哥与一家高频交易公司的两名雇员共进午餐,他们都曾是芝加哥著名的"公开叫卖"交易大厅的交易员。他们很乐意谈论交易大厅的细节,但把话题引向高频交易就难多了。不过,通过反复努力和试错,特别是通过与同一个人进行多次会面,笔者逐渐开始掌握高频交易员之间共通的话题。同时,笔者开始意识到有一种可称作"秘密武器"的东西,也感受到受访者有一些不愿意谈论的东西,也许他们是担心被发现后会丢失工作。

高频交易公司之间人员流动频繁,这使得高频交易技术的共同知识相当广泛。受访者 BD 说:"真的很难将这些特殊的信息碎片保持很久。"即使不雇用候选人,面试他们仅是了解其他公司是如何做事的,进行面试的高级职员会发现所谓的"秘密武器"实际上是常识。[1] 常识的例子包括本章已经提到的三大类信号:相关期货合约的价格走势;订单簿的内容;当股票或其他金融工具在多个交易所交易的情况下,其他交易所的交易和价格变动。这些都是 AG 在"高频交易101"中明确提到的部分。相比之下,公司的算法如何准确地分析订单簿变化的内容,里面有一个秘诀。笔者刻意避免问这方面过于详细的问题,但有次在一位受访者的交易小组办公室和他进行最后一轮访谈时,他主动解释了真正的高频交易细节。这种情况有且仅有一次,该小组未能持续获得超过其支出的收入,即将关闭。

笔者的部分采访发生在咖啡馆、餐馆、酒吧或受访者家中。有一次采访令人难忘,笔者脱下袜子、鞋子和裤子,帮助受访者将他的水上摩托艇放入密歇根湖。不过通常,笔者与高频交易公司的员工或创始人进行的许多采访均在这些公司的办公室中进行。在采访前后,笔者会被带到这些办公室中参观。这些参观有助于笔者感受这些公司的"氛围",也有助于传递其他信息。例如,在对一家高频交易公司进行第二次采访时,笔者注意到它那外形庞大、设备齐全、令人印象深刻的交易室。然而,笔者第一次访问时办公室挤满了人,现在明显空了许多。这是笔者首次直面高频交易行业的不稳定性。大约 1 年后,这家公司倒闭了。

---

[1] 受访者 BD 谈到,在建立一家新的高频交易公司时,我们确实面试了数百人,让他们在白板上详细说明他们对研究和计算的一些想法,他们拿出了我们在(BD 之前的高频交易公司)使用的公式。真是令人惊讶。

笔者也逐渐意识到,要了解高频交易,必须比高频交易公司懂得更多。高频交易的机会和实践方式取决于交易所和其他交易场所的规则和物质配置,而这些场所反过来又受到政府监管机构行动的影响,有时影响还非常深远。因此,交易所工作人员、监管者、律师和其他人是笔者重要的访谈对象。由于这些采访大多不太涉及敏感话题,所以他们通常比高频交易员更为直接,需要重复采访的次数也更少。在笔者采访的 87 位交易所、其他交易场所和清算所的雇员中,只有 6 位需要采访一次以上。此外,那些最熟悉高频交易"信号"重要性的人,往往不是高频交易公司的员工,而是这些公司的专业通信供应商,因此笔者也采访了他们。在这个领域,笔者需要学习的东西很多。此外,另一个受访者也允许笔者采访了他 9 次。总的来说,在各类的受访者(高频交易员、交易所工作人员等)中,笔者对 337 人总共进行了 358 次采访,详见表 1.1 和尾注。[1]

不过,由于笔者没有关于高频交易员、交易所工作人员等相关人群的完整名单,因此不能保证受访者在统计学上或其他方面具有代表性。尽管笔者尽了最大努力,但可以肯定,在与笔者交谈的人中存在着"资历偏见"。这是因为一方面资深人士更容易识别,另一方面是因为年轻的员工,特别是在高频交易公司工作,可能觉得与外人谈论工作需要特别警惕。至少有一家领先的高频交易公司也是这么明确禁止员工这样做。尽管笔者尽可能地采访相关领域的女性,但 337 位受访者中只有 17 位是女性。高频交易和相关领域往往由男性主导,但笔者认为资历偏见也可能解释了女性比例低的情况。在采访进行到一半的时候,笔者意识到高频交易受访者样本偏向于做市商专家。笔者后来试图说服更多的流动性专家接受采访,但是只有少部分取得了成功。[2]

尽管存在上述困难,但访谈中还是获得了很多明确的内容。例如,当访谈开始揭示高频交易公司主流金融工具类别时,这些类别的交易组织方式存在明显的差异,即便美国和欧洲之间有时也存在很大差异。试图理解和解释这些差异成为研究的目标之一。在本书中,笔者专注于四类工具——期货、股票、政府主权债券和外汇,它们都具有可比性,因为它们交易过程简单且流动性强。研究还

---

[1] 总体而言,在各类受访者中(不仅仅是高频交易员),35 人被采访了 2 次,6 人被采访了 3 次,3 人被采访了 4 次,1 人被采访了 5 次,2 人被采访了 6 次,1 人被采访了 7 次,2 人被采访了 9 次。虽然大多数采访是一对一的,但 34 次采访是 2 人一起,12 次是 3 人一起,3 次是 4 人一起,1 次是 5 人一起。

[2] 如前所述,算法做市秉承了人类角色的合法性,这可能有助于笔者接触相关专家。但笔者怀疑,特定的"秘诀"在流动性获取中扮演了更突出的角色。

包括期权和利率掉期,但这些工具的复杂性使它们不那么具有直接可比性。在第6章可以看到,期权市场仅提供了一个正在讨论的极端案例,笔者没有考虑这些市场也是为了避免本书过于复杂。[1]

理解和解释交易的组织方式需要从历史的角度出发,因为组织方式具有"路径依赖性",过去的交易组织方式会影响今天的组织方式。例如,流动性是"黏性"的,因为一旦交易员预期某个交易场所极具流动性,就会在那里执行交易,从而使其保持这种状态。然而,正如我们将看到的,还有一些"政治经济"问题造成了这种黏性。一些关于电子交易历史的现有文献可供借鉴,特别是法比亚·穆涅萨(Fabian Muniesa)关于巴黎交易所自动化的典范研究,以及胡安·巴勃罗·帕尔多-格拉(Juan Pablo Pardo-Guerra)关于英国和美国发展的一本佳作(见文献的附录)。然而,聚焦历史的重点访谈仍有必要,特别是为了涵盖股票以外的金融工具的交易历史以及了解股票交易的较近历史。在解开这些历史的过程中,笔者发现必须与现行从业者交谈。例如,与主权债券和外汇交易商以及他们的场外交易经纪人交谈,从他们的角度了解他们与高频交易的冲突。此处的交易商是指代表自己和客户进行交易的中介机构。

笔者的大多数受访者希望匿名,他们的引文将用两个字母的标签进行标注(见表1.1)。在少数情况下,如果受访者愿意,笔者会直接使用真名。如果某个标签可能让高频交易的内部人士猜到是谁或者涉及特别敏感的内容,笔者将不使用标签。在可能的情况下,笔者会将一个人告诉笔者的内容与其他人说的内容进行核对。为了补充采访,笔者还参加过6个交易员会议(其中2个在伦敦,2个在芝加哥,2个在阿姆斯特丹),1个在纽约的算法交易培训课程,3个关注加密货币的活动(见第7章),以及1个有许多政府债务管理办公室雇员参加的会议。在这样的聚会上,笔者得以与那些无法正式采访的人进行非正式交谈。笔者还被带去参观交易大厅,包括2个仍然在使用的交易大厅:纽约证券交易所的主要交易室,它在纽交所的每日开盘和收盘拍卖中非常重要;芝加哥期权交易所

---

[1] 在对受访者进行分类时,一个困难的决定是,是否将自动化期权做市公司的员工归类为高频交易员。一些这样的公司——尤其是总部位于阿姆斯特丹的公司,也从事"经典"的高频交易。如本书所述的股票交易,甚至那些不从事此类交易的期权做市公司也高度重视速度,并使用与高频交易公司相同的技术。然而,期权公司的受访者经常强调他们不认为期权做市是高频交易。对他们而言,"高频交易"似乎意味着第6章所述的流动性获取策略,他们必须保护自己的算法免受其影响。笔者在表1.1中遵从这种自我认知,将不从事"经典"高频交易的期权做市商归类为"其他形式算法交易的从业者",这一类别还包括统计套利者等。

的交易大厅,用于交易标准普尔500股价指数的期权。当然,面对面的交易因新冠疫情而不得不暂停。在撰写本书时(2020年6月),面对面的交易仅部分重启。

笔者不是经济学家,本书并不试图回答经济学家传统上对高频交易提出的问题,诸如它是否增加了市场的流动性或波动性;其他详见附录中关于高频交易的文献。不过,正如附录所述,笔者确实从经济学家对高频交易的研究中获得了一些见解。这些研究有时也有助于确认受访者所报告的算法所使用的"信号"确实可信。[1]更多的金融经济学文献(现在可以追溯到50多年前)也会提供历史证据。例如,卡瓦勒、科赫和科赫首次明确地证明了股指期货市场在标的股票出现之前就出现了波动的趋势(Kawaller, Koch & Koch, 1987)。

本书中讨论的一些特定事件在专业媒体上有过报道,这也是对采访的有益补充。笔者翻阅了纽约证券交易所的档案和美国国家档案馆中的证券交易委员会记录,但比这两者更有价值的是一家公司的记录,它是当下所谓高频交易早期原型。公司名为Automated Trading Desk,1989年在南卡罗来纳州查尔斯顿成立。该公司的联合创始人大卫·惠特科姆(David Whitcomb)和另一位受访者让笔者查阅了这些记录。对后面几章讨论的事件很重要的四个人——芝加哥商业交易所前主席利奥·梅拉梅德(Leo Melamed)、艾奥瓦州政治家尼尔·史密斯(Neal Smith)、股票经纪人和交易员唐纳德·威登(Donald Weeden)以及高频交易公司"交易机器人"的创始人戴夫·卡明斯(Dave Cummings),他们都写了自传,笔者在下面的内容中也偶尔会借鉴这些自传。[2]

当你研究一种物质活动时,了解其发生的物理环境是有帮助的。如前文所述,高频交易不是在交易公司的办公室进行,而是在交易所的计算机数据中心进行。访问数据中心的安排并不简单,但笔者能够访问两个数据中心,也去过其他数据中心,例如,笔者注意到通信基础设施,比如第2章和第5章描述的微波塔台。从某种意义上说,笔者并没有从中学到什么。因为仅仅在一个数据中心内走马观花,或者从外面窥探,并不能让人对里面的数据计算有多少了解。然而,

---

[1] Brogaard, Hendershott & Riordan(2014:2300—2302)表明,高频交易算法在纳斯达克上"获取流动性"(执行订单簿中已有的订单)以应对订单簿失衡,例如,在买价高于卖价时买入。这种失衡是笔者所称的"订单簿动态"信号的一个方面,参见第3章。

[2] Melamed & Tamarkin(1996);Melamed(2009);Smith(1996);Weeden(2002);Cummings(2016)。

这样做也很有必要。要去了解一个世界,确切说是高频交易的物质世界、它涌现的方式、围绕它的冲突以及它的日常经济学等,观察高频交易实际发生的场所是这个了解过程至关重要的一部分。

章节概要

第2章重点介绍了芝加哥商业交易所及其如何转变为世界领先的超速自动交易场所之一。这一章描述了期货买卖从芝加哥的露天交易场转移到电子交易的冲突过程,包括后者最著名的倡导者利奥·梅拉梅德面临的死亡威胁。本章还讲述了芝加哥商业交易所如何在金融期货交易中发挥核心作用的故事,其中包括20世纪70年代对国会政治的重要干预,以及对赌博和合法期货交易之间法律界限的重塑。本章最后讨论了为什么芝加哥股指期货市场的价格变化往往引领相关股票的价格变化。

第3章探讨了高频交易引起的美国股票交易的巨大转变,通过早期高频交易公司"Automated Trading Desk"的视角来看待这一转变。本章描述了该公司在高频交易之前的股票交易场所进行交易时所面临的困难。然后,本章转向第一个热衷于"高频交易"的股票交易平台 Island,以及它如何在20世纪90年代从美国金融体系的边缘地带出现。本章探讨了美国的自动交易和新的交易场所如 Island 之间相互促进的关系,这种关系在很大程度上被股票市场监管机构(即证券交易委员会)的行动所加强。本章最后简要讨论了类似的关系如何改变欧洲的股票交易,以及在美国和欧洲进行股票交易的高频交易算法所使用的"信号"。

第4章谈到了主权债券和外汇的交易,这里的市场结构与期货和股票的市场结构截然不同。这种市场结构首先是围绕着社会经济角色的区分而组织的,即"交易商"(现在主要是大银行)和"客户",后者通常不是私人,而是较小的银行和非金融企业,尤其是机构投资者。即使是世界上最大的此类投资者,在债券和货币的交易中也通常被简单地视为客户。以主权债券为例,这种交易商—客户的市场结构被固定在政府指定的"一级交易商"系统中。银行(有时也包括其他证券公司)总是承诺在政府债券的初始拍卖中出价,并在随后的交易中持续担任做市商,并获得特权以作为回报。

第5章直接关注发生高频交易的物质技术系统。本章讨论了光缆和无线连接,将高频交易的关键信号从一个数据中心传递到另一个数据中心,强调数据中心之间测地线密切流动的重要性。本章接着讨论了交易公司的计算机系统如何在数据中心内与交易所的计算机系统之间进行实质性互动。其中描述的一个现象是,在光纤和无线传输中,空间位置的宏观重要性如何在微观上得到反映:现在参与最快形式的高频交易的计算机芯片(即现场可编程门阵列)设计师和程序员,也必须密切关注这些芯片上计算的确切位置。

第 6 章重点讨论了高频交易算法的两个主要种类:一个是做市算法,它系统地在交易所的电子订单簿中既出价购买被交易的金融工具,又报出稍高的价格进行出售;另一个是流动性获取算法,它寻求通过执行现有的买价或卖价来确定获利机会。然后,本章讨论了交易所和其他交易场所为改变高频交易算法的互动而在"物质政治"层面付出的努力。有时是公开的,有时较为低调,意图改变交易发生的技术系统的实质性特征。

第 7 章是结论,回顾了前几章所揭示的关于高频交易及其物质政治经济的内容。最后,它讨论了后一种观点在多大程度上可以有效地应用于经济生活的其他领域,并以加密货币和在线广告这一日常数字世界的经济基础作为例证。附录中简要讨论了现有高频交易的文献。研究社会科学的读者可能希望在进入后面的章节之前翻阅该附录。

第 2 章　登峰塔顶

美国芝加哥郊外的一条小路,距离卢普区和市中心的摩天大楼超过 30 英里。小路穿过郊区住宅区和物流仓库,跨越了几乎无人使用的铁轨,经过一片头顶布满电线的平坦地带(见图 2.1)。在十月一个潮湿且异常寒冷的工作日早晨,周围没有人走路或跑步。

注:作者实地调研拍摄。

图 2.1　芝加哥郊区的电力基础设施

远处，高塔(见图 2.2)若隐若现。它们起初看起来像是众多的输电塔台，但走近一看，显然要高得多。原来它们是微波通信塔，塔台上方安装的天线将芝加哥商品交易所数据中心的交易信息与其他同类数据中心的交易信息连接起来。那些同类数据中心位于新泽西州，主要进行股票、主权债券和货币的交易。与此同时，从微波塔台发出的信号也通过海底光缆或短波无线电跨越大洋，传到伦敦、法兰克福、孟买、新加坡、东京等地的数据中心，覆盖了全球所有进行自动化交易的地方。

注：作者实地调研拍摄。

图 2.2　用于金融超高速通信的高塔

这些微波通信塔是金融体系长期形成的一个重要的最明显的物质体现——期货交易，尤其是芝加哥商品交易所的交易，在许多其他交易所活动中扮演着核心角色。五十年前，很难想象已经经历了后工业时代衰退的芝加哥或期货能成为全球金融的核心。正如第 1 章所述，期货是标准化的、在交易所交易的合约，几乎等同于一方承诺在未来某个特定日期，以今天商定的价格购买一定数量的某种商品，另一方承诺出售该商品。20 世纪 70 年代初，涉及的期货商品几乎全是农产品。芝加哥期货交易所成立于1848年,1930年建成的具有"装饰艺术"(art deco)风格的摩天大楼至今仍是城市地标(见图2.3)。其"交易大厅"在粮食期货等商品交易中占主导地位。"交易大厅"是呈阶梯状的八角形露天剧场,设计初衷是让数百名交易员能够挤上台阶并看到彼此,安静时甚至能听到对方说话(见图2.4和图2.5)。芝加哥商品交易所成立较晚,始建于1919年,其交易大厅最初的期货交易对象是黄油和鸡蛋。到了1970年,芝商所的标志性产品是一种期货合约,它最早于1961年开始交易。每一份合约相当于承诺买入或卖出30 000磅(13.6吨)的猪腹肉,这些冷冻、未腌制的猪肉片是制作培根的原料(Tamarkin,1993:128—29)。

注:照片由乔·拉维(Joe Ravi)于2011年拍摄,采用知识共享许可协议CC-BY-SA 3.0。

图2.3 芝加哥期货交易所大楼,由霍拉伯德与鲁特(Holabird & Root)设计

资料来源:Baker(1908:111)。

图2.4 1908年芝加哥期货交易所交易大厅

资料来源:美国国会图书馆,复制编号LC-USZ62-41292。

图2.5 1920年芝加哥期货交易所交易大厅中的"公开喊价"交易

虽然将期货交易从小麦或猪肉转向金融产品看起来激进，但许多期货交易员的技能更多地扎根于他们对芝加哥交易大厅中社会经济和身体动态的掌握，而非对相关商品供需的理解。他们是交易员，而不是农业经济学家。因此，他们并没有理由反对将市场扩展到金融商品期货。尽管如此，在第二次世界大战后的几十年里，期货市场的扩展前景并不妙，因为全球金融体系大部分受到政府一定程度的控制，而美国政府极可能会反对一个通过金融产品交易来削弱这种控制的市场。但到20世纪70年代初，政府控制开始削弱，其核心是1944年布雷顿森林协议（Bretton Woods Agreement）所建立的货币固定汇率制度。该体系要求美国承诺以固定的美元价格向其他政府出售黄金。然而，当美国经济与德国和日本相比，被认为表现不佳时，美元的汇率（特别是对德国马克和日元的汇率）显然难以维持。1971年8月15日，尼克松总统关闭了所谓的"黄金窗口"，即停止出售黄金。在接下来的5年中，美国与其他国家为维持固定汇率所做的努力逐渐失败。

随着政府对金融市场控制的松动，芝加哥交易所和芝加哥商品交易所抓住了扩展产品范围的机会。在20世纪70年代初，芝商所开始交易货币期货合约，而芝加哥交易所推出了抵押贷款支持证券和美国国债期货。尽管这些尝试取得了成功，但金融期货的进一步发展仍然受到限制，因为一个关键的文化分歧在法律上被转化为明确的界限——区分合法的期货交易和仅仅是对未来某事件结果下注之间的区别。[1] 这一法律界限问题在许多国家（如英国和德国）都曾提出，但在美国尤为尖锐。因为美国的期货交易所曾在19世纪末20世纪初针对两种不同的威胁进行过法律和政治斗争。一方面是"水桶商店"，公众可以在其中对粮食或其他商品价格的波动下注，这些商店被期货交易所视为赌博场所；另一方面是农业民粹主义者，他们认为这些期货交易所的活动本质上和赌博无异，特别是他们常常将农产品价格下跌归咎于期货投机交易。

这些尖锐的冲突逐渐催生出一种稳定的法律框架，即"考虑交割"原则（Levy，2006）。期货交易的各方必须预见到相关商品的实际交割。如果没有，交易只能以现金结算（如在"水桶商店"的情况），否则就被视为赌博，并且在伊利诺伊州和美国大多数其他州将其视为非法。通过这种方式区分赌博与合法交易，不仅

---

[1] 关于赌博与合法投资或交易之间分野的文化史，参见de Goede（2005）；另见Preda（2009）。

保护了期货交易所免受法律挑战,同时也在实际层面禁止了"水桶商店"的存在。由于只要求预见而非实际进行交割,期货交易所继续采用现金结算的做法。实际上,实物交割非常少见。

然而,"考虑交割"原则仍要求期货合约的商品能够实际交割。如果无法交割,则怎么能说交易双方预见到交割呢?随着芝加哥期货交易所和芝加哥商品交易所在 20 世纪 70 年代转向金融期货交易,对交割的需求限制了交易所可以合法交易的期货合约。例如,尽管为国债设计一个令人满意的交割机制非常复杂,但是外汇或国债期货肯定可以交易,因为这些货币或证券可以交割。那么,对于像道琼斯或标准普尔 500 这样的股价指数期货,或者利率期货呢?在理论层面,虽然操作不太便捷,但仍可设想通过交割一揽子适当的股票证书或其电子等价物来结算股票指数期货合约,不过欧元美元利率(之所以被称为"欧元美元",是因为主要的银行间美元借贷市场位于欧洲,尤其是伦敦,而非纽约)则是无形的。正如利奥·梅拉梅德所言:"你不能交付利率。相反,你可以用现金支付购买和销售时间之间利率差异的价值,反之亦然"(Melamed & Tamarkin,1996:291)。利奥·梅拉梅德在 1969 年成为芝商所主席并领导其进入金融期货(见图 2.6)。然而,这种不可能交割的期货合约,仍是违法的。

注:照片由梅拉梅德联合公司(Melamed & Associates, Inc.)提供。

图 2.6　2012 年,利奥·梅拉梅德在芝加哥商品交易所数据中心

"每个选民都需要食物"

结束对基础商品必须交割的法律要求，实际上是由一场危机推动的。讽刺的是，这场危机并非源于金融期货，而是农业期货。20世纪70年代初，食品价格飞速上涨，农业期货的价格也随之飙升。芝加哥商品交易所的历史学家鲍勃·塔马金指出，芝加哥的谷物期货价格达到当时的历史最高点，部分原因是美国开始向苏联大规模出口谷物(Bob Tamarkin, 1993:207)。塔马金继续说道，"从瞬息万变的商品价格中套现的前景"甚至吸引了一些外行人的兴趣，包括"从得梅因的牙医到纽约的精神分析师"。

然而，尽管公众参与期货价格投机的人数有限，但正如塔马金所说："每个选民都需要食物。"(Tamarkin, 1993:218)食品价格的暴涨为潜在的政治回报创造了一个难得的机会，这也是第1章所提到的一个罕见机会，即通过干预交易监管获得政治收益。自1936年美国国会通过《商品交易法》以来，期货交易所一直由商品交易管理局(农业部下设的一个小型单位)进行监管，尽管监管力度并不总是很强。20世纪70年代初的通货膨胀激增引发了人们的怀疑，认为投机、期货交易和监管松懈是导致食品价格上涨的部分原因。三位知名且雄心勃勃的参议员——加里·哈特(Gary Hart)、休伯特·汉弗莱(Hubert Humphrey)和乔治·麦戈文(George McGovern)，分别要求他们的工作人员准备法案，呼吁用一个正式的联邦期货监管机构取代商品交易管理局(Tamarkin, 1993:218)。

"你永远不希望一场严重的危机被浪费掉"，在2008年全球银行危机期间，后来成为芝加哥政治家的拉姆·伊曼纽尔(Rahm Emanuel)在《华尔街日报》一次会议上这样说。"我的意思是，这是一个契机，去做你以前认为无法做到的事情。"[1]面对20世纪70年代初国会对其监管的增加，芝加哥期货交易所本可能视它为威胁，但利奥·梅拉梅德却洞察到"一个行动的机会"。正如他在2000年11月为早期项目(MacKenzie, 2006)接受采访时所说，创建一个新的联邦期货监管机构，可以提高那些因周期性丑闻而受损的市场地位。"它将使我们所做的事情合法化。任何有联邦机构监管的事情，都是合法的，而赌博则不然。"

梅拉梅德告诉笔者，他支持创建新联邦监管机构的第二个原因是：这种机构

---

[1] Emanuel说这句话的视频片段地址：https://www.youtube.com/watch?v=dBpAZ-ST5Ow，访问于2019年4月6日。

有可能结束期货交易的限制,使之不仅限于卖方能实际交割给买方的资产。1969年前后,梅拉梅德曾询问芝加哥商品交易所的律师:只能使用现金结算的期货合约是否合法,并得到了标准的答复——这种合约会被视为赌博,因为它没有"考虑交割"。梅拉梅德本人受过律师训练,他意识到直接在法庭上挑战这一沿用数十年的教义可能会失败。他说:"我知道该教义可能依然成立。"

梅拉梅德及其盟友——特别是商品律师菲利普·麦克布赖德·约翰逊(Philip McBride Johnson,芝加哥期货交易所的总法律顾问),抓住了一个将提案上交美国众议院的机会。长期担任得克萨斯州民主党议员的W. R. 波奇(W. R. Poage)通过资历制度成为众议院农业委员会主席,并对众议院小组委员会主席尼尔·史密斯(Neal Smith)举行的农业期货交易听证会表示关注。正如梅拉梅德在回忆录中所写的,波奇的委员会与参议院农业委员会一起"按惯例应当对我们的市场拥有管辖权。(波奇)对期货一无所知,也不关心,但我们(芝加哥期货交易所)受到了他的注意,至少是为了阻止史密斯侵犯他的管辖权"(Melamed & Tamarkin, 1996:215)。波奇将此事交给众议院农业委员会的副法律顾问约翰·雷恩博尔特(John Rainbolt),作为梅拉梅德所称的"华盛顿的常规防御策略"之一,委员会启动了自己的听证会,并传唤包括梅拉梅德在内的期货行业的发言人作证(Melamed & Tamarkin, 1996:215)。

建立一个新的期货监管机构得到众议院和参议院广泛的支持(尼尔·史密斯也是支持者之一;见Smith, 1996:262-64)。雷恩博尔特说服波奇设立了一个小组委员会来起草必要的立法。梅拉梅德指出,"我们中的一些人成为这个小组委员会的特别顾问",确保商品期货交易委员会(Commodity Futures Trading Commission)等新监管机构"应当拥有对期货交易的独占管辖权",并"阻止美国证券交易委员会(Securities and Exchange Commission)或各州的监管机构"侵犯这一管辖权(Melamed & Tamarkin, 1996:216-17)。

建立新联邦期货监管机构的计划几乎被福特政府放弃,当时它正在推行减少政府监管,因此不愿意创建额外的监管机构,并且向已成立的证券交易委员会提出了期货市场的管辖权。两位时任证券交易委员会官员对这一决定有相同的回忆:

> 我们(证券交易委员会)被问到是否愿意接受这个管辖权,我清楚记得一些委员说:我们对猪肉懂什么!……他们后来对此感到后悔,但

……我认为大家并没有对此进行辩论。大家一致不愿意处理这个问题。(访谈对象 RG)

访谈对象 RF 回忆起几乎完全相同的话:"我们为什么要和猪肉打交道?"他说委员们的反应是"非常势利,非常东海岸"。

然而,仍然存在福特总统可能否决建立商品期货交易委员会法案的风险。梅拉梅德决定直接与他交谈:

当我和福特总统谈话时,我希望说服他不要否决拟议的商品期货交易委员会法案。我解释说,金融期货是一个大想法,将改变期货交易的世界。在这种情况下,国会无论如何都会创建一个监管机构。如果我们通过了现有的法案,那么它将给我们带来更好的机会,建立一个更好的机构,并带来理解期货的人员。

总统同意了。

在拒绝监管期货交易的过程中,证券交易委员会的委员们似乎低估或者根本没有注意到自己潜在的广泛管辖权。在帮助起草和创建新监管机构的《商品交易法》修正案时,梅拉梅德的盟友约翰逊(Johnson)在小麦、棉花等商品清单中增加了一个由 20 个精心挑选词语组成的句子,规定这些商品的期货交易受该法案管辖:"目前或将来用于交割合同的服务、权力和利益。"[1]商品期货交易委员会这一新的监管机构的创建,不仅是对现有监管任务管辖权的重新分配,更是赋予了新的职责:曾经非法的新市场将受商品期货交易委员会的监管,从而使其合法化。[2]虽然没有明确提到股指期货,因为这一定会引发证券交易委员会的反对,但约翰逊的话却暗中为股指期货以及梅拉梅德希望的欧元美元利率期货扫清了障碍。

然而,商品期货交易委员会并没有立即允许指数或利率等"无形"商品的现金结算期货。吉米·卡特总统任命的商品期货交易委员会主席詹姆斯·斯通似乎并不热衷于结束期货合约与赌注的传统区分。然而,在 1980 年,罗纳德·里根总统任命菲利普·约翰逊(即关键 20 个字的起草者)为商品期货交易委员会主席,梅拉梅德和他的盟友们开启了通往成功的最后一次推动,以便结束交割要

---

[1] Falloon(1998:247);Committee on Agriculture and Forestry, US Senate(1974:27)。
[2] 芝加哥社会学家安德鲁·阿博特使用"ligation"(意为"绑定")一词描述了监管机构等对职业的创建或重塑,以及对某项任务的管辖权(Abbott,2005:248)。

求。梅拉梅德表示,他为约翰逊的任命进行了积极的游说,并与商品期货交易委员会委员进行了逐一游说(Melamed & Tamarkin,1996:292)。1981年12月19日,芝加哥商品交易所开始交易欧元美元利率期货。

获批交易股指期货的过程更加复杂,因为必须化解证券交易委员会的潜在反对,但现金结算的想法帮助里根任命的证券交易委员会主席约翰·沙德(John Shad)与指数期货达成了和解。"1974年,我在商品期货交易委员会创建之初就有这样的想法",梅拉梅德提到。"在与证券交易委员会就我们的股指期货合约进行谈判时,现金结算的概念再次提出",梅拉梅德报告说。沙德担心,如果需要实际股票来结算期货合约,则可能会导致股市需求暂时激增,破坏股市(Millo, 2007)。现金结算对沙德来说不再那么令人担忧,正如梅拉梅德在汇报中说的,"被包括在沙德·约翰逊协议中"。这项协议暂时解决了证券交易委员会和商品期货交易委员会之间的激烈管辖权争议,并为芝加哥商品交易所于1982年4月21日推出标准普尔500指数期货扫清了障碍。

新的股指期货,由商品期货交易委员会而非证券交易委员会监管,遵循期货交易的程序,而非股票交易的程序,这使其在系统上比后者具有优势。交易一个单一的期货合约比买卖构成标准普尔500指数的500只股票要简单、快速且便宜,而且创建"空头"头寸(即从价格下跌中获利)仅需卖出期货。而做空股票则复杂且烦琐(需要借入股票、卖出、再买回并归还),并且受到监管限制,因为做空通常被认为是股价下跌的原因。此外,像其他期货合约一样,可以用较少的资金作为保证金,与经纪人或清算所进行标准普尔500期货交易,若价格不利,则只需追加保证金。相比之下,监管股票交易的规定使得实现相同的高杠杆交易变得困难或不可能。

标准普尔500期货的简单性、低成本、做空的便利性和高杠杆作用,使其成为快速从(或对冲)与美国股票总体价值相关的新信息中获利的有吸引力的方式。尽管芝加哥商品交易所此前从未涉及股票交易,但很快可以看出,正是由于这些优势,芝商所的标准普尔500期货价格通常会领先相关股票的价格变动,在1984—1985年间,领先20—45分钟(Kawaller, Koch & Koch, 1987:1309)。正如我们将在第3章中看到的,"期货领先"这一现象由此形成,它是历史上高频交易算法在股票交易中使用的最重要"信号"之一,并且持续至今。

场内喊价交易

基于芝加哥股指期货价格波动的高频股票交易是完全自动化的。然而，芝加哥期货交易所作为信号的来源，依然以人与人之间的面对面互动为主。人类学家凯特琳·扎卢姆(Caitlin Zaloom)对20世纪90年代末芝加哥交易大厅的活力进行了出色的描绘(Zaloom, 2006)，而笔者在1999年和2000年进行的访谈中，也发现这些交易大厅人头攒动，十分热闹。这些研究最终促成2006年《麦肯齐》(MacKenzie)一书的出版。在这些交易大厅中，交易可通过喊叫达成，前提是交易大厅足够安静；也可以通过眼神接触和手势来传达信息，使用一个所有交易员及其事务员都必须学习的特定代码"arb"，即套利的简称。[1] 手掌朝外表示卖价，手掌朝向交易员身体表示买价；垂直的手指表示数字1~5，水平的手指表示6至9；握紧的拳头代表数字0。[2] 芝加哥商品交易所雇用的交易大厅记者会聆听周围的喧嚣，扫描那些挥动手臂的人群，尽力识别交易并记录其价格。这些价格被记录在计算机终端上，而这些电子数据流虽然是电子的，但从根本上来说仍是有形的，构成了早期买卖股票的高频交易算法的关键输入数据。

从20世纪80年代末期的股票高频交易实验开始，到20世纪90年代末期和21世纪初期的电子期货交易增长，"数字"化的自动化交易与"模拟"化的交易大厅在这十多年里仍然保持着联系。这一联系在期权市场上更为持久，其中一些面对面的交易仍在继续——尽管在本书写作时，这种面对面交易才在新冠病毒危机缓解后谨慎恢复。交易大厅自20世纪70年代开始进入芝加哥(Falloon, 1998:72—77)，到了20世纪90年代，最重要的金融期货的交易大厅变得非常庞大。2000年11月，笔者参观芝加哥商品交易所的交易楼层时，被告知曾经约有2 000名经纪人和交易员挤进芝商所最大的欧洲美元期货池。交易大厅牢牢地将芝商所和芝加哥期权交易所(由芝商所于1973年成立)与周围的城市紧密连接。到20世纪90年代末，约5万人的工作与交易所直接相关，另有约10万人

---

[1] 芝加哥商品交易所的欧洲美元交易员赖恩·卡尔森记录了期货交易大厅的手势语言，称"arb"出现于20世纪70年代。当时交易大厅开始交易金融期货，这些期货通常提供非常短暂的套利机会，如通过买入货币期货并卖出基础货币来获得几乎无风险的利润。这些机会消失得太快，无法通过写订单并让跑单员带到交易大厅。对arb主要特征的总结可参见 https://tradingpithistory.com。

[2] 卡尔森指出，价格"以手臂伸直远离身体的方式表示，而数量则靠近脸部展示……1到9的数量在下巴高度表示，而以10为增量的数量则在额头高度表示"(https://tradingpithistory.com/hand-signals/basics/，访问于2019年5月3日)。

的工作间接依赖于它们(Anon. 1999)。

"看看我的眼镜",2000年,笔者采访的一位交易员在芝加哥商品交易所标准普尔500指数期货交易大厅收盘后说,"它们全都脏了",他解释说原因是周围全天的喊叫声,产生的唾液喷溅在他身上。

另一位交易员(访谈对象MC)在2012年回忆说:"我们的交易大厅太拥挤了,我被架在人群中间,只能抬起脚。"人群的拥挤使得他几乎每周都要修理眼镜,因此他最终改戴了隐形眼镜。在繁忙的交易大厅里,不断的推挤部分是由于空间的拥挤,部分则是为了争夺最佳站位。对于交易员来说,能够看到那些带着大客户订单到交易大厅的经纪人至关重要。推挤经常演变成口头攻击,有时口头攻击甚至变成拳打脚踢。即使没有打斗,体型仍然至关重要:身材高大的交易员更容易被看到。访谈对象MC说,在芝加哥商品交易所庞大的欧洲美元期货池中,交易员们通常个儿都很高:"跟篮球运动员和足球运动员一样。"给笔者展示脏眼镜的交易员还提到,在20世纪90年代末,芝商所曾不得不出台规定,限制交易员鞋跟的最大高度。"穿鞋跟高的鞋子时真的无法保持平衡,有人因此受伤,所以他们禁止穿这种鞋子。现在(2000年11月)你只能穿两英寸高的鞋子,最多就这样。"这是一个男性为主的环境,但也并不全是男性。正如几位访谈对象所述,在21世纪初,欧元美元期货池最大仓位的交易员是一位女性——玛吉瑞·泰勒(Margery Teller)。

即便是在芝加哥期权交易这一最为数学化的交易形式中,公开喊价的交易方法仍然需要身体技能。正如2000年笔者采访的一位期权交易员所说,这些技能包括"在人群中表现存在感,这样你的声音才能被听见……特别是当……周围的人都在大喊大叫时",还包括本能地判断"谁会恐慌,谁需要什么"的街头智慧。即使是最大的交易大厅也绝非匿名场所。每天,同样的人们日复一日、年复一年地来到同一个交易大厅进行交易,甚至常常站在完全相同的位置。访谈对象MC说,这就像永远都在高中一样。实际上,交易员不一定是朋友,有时会是敌人,但如果交易十分频繁,他们通常会彼此认识,常常用类似高中时的昵称称呼对方。例如,那些与MC做过生意的人,即使今天也仍然以他佩戴过的三字代号徽章作为他的昵称。在涉及大量金钱的交易中,交易是通过声音或手势达成的,交易员和经纪人必须信任他们的对手,在价格发生不断波动时不会否认他们已经达成的交易。另一位交易员(访谈对象AB)认为,"声誉就是一切",互惠关系尤其重要,特别是交易员和经纪人之间。经纪人通常会带来有利可图的生意,但有时也会像 MC 所说的那样，呼吁交易员"帮帮经纪人"，例如，通过喊叫："五点十份，我需要这些。"[1]

人际互动不仅仅发生在交易大厅内。直到 2000 年 11 月，芝加哥期货交易所才成为公开交易的公司，此前所有交易所都是会员制。在这些组织中，所有重要的决策(还有访谈对象 ER 所说的一些不重要的决策，如"冰箱里放什么，休息室里放什么芥末")都可以通过投票决定。"我们有 200 多个委员会"，利奥·梅拉梅德在 2012 年 3 月的访谈中告诉笔者。要实现变革需要典型的政治技能，梅拉梅德花费了大量时间和精力来运用这些技能。例如，在 1997 年关于小型电子合约的关键战斗中，梅拉梅德和他的支持者"与成员单独和集体举行会议……争论、劝说和恳求。我(梅拉梅德)调用了多年来积累的所有人脉"(Melamed, 2009: 40)。

无论开放喊价的交易大厅有多么令人着迷，但是在交易大厅中经济生活充满激烈的表现、复杂的政治斗争和深刻的社会性，我们不应将其浪漫化。它们对进入其中的职员造成身体伤害。例如，笔者的一位访谈对象自称为"尖叫者"，他的声带需要做几次手术。开放喊价交易所依赖的微妙互惠互利和信任关系，可能转化为对其他交易员或外部客户不利的非正式"卡特尔"(即垄断)。这些外部客户的订单被称为"纸"，这个术语既指这些订单最常使用的纸质媒介，也暗示了它们与充满活力的人体之间的对比。经纪人团体，特别是将收入集中在一起的经纪人联盟，尤为容易形成"卡特尔"。芝加哥商品交易所和交易委员会的规则允许双重交易，即经纪人既可以代表外部客户也可以为自己账户交易。有人严重怀疑，经纪人团体的成员会将有利可图的"纸"订单引导给那些此时以自营身份交易的成员。而那些拥有清算公司的经纪人则更倾向于偏袒交易员，因为这样可以产生清算费用(据访谈对象 ES; 见下文清算过程)。在 20 世纪 80 年代末，两名美国联邦调查局(FBI)探员在芝商所执行卧底工作，另两名在芝商所卧底，秘密录音并试图记录违法行为，这一行动最终导致 1989 年 8 月 45 名交易员和一名职员被起诉。[2]

---

[1] 经纪人表示迫切需要以最后一位数字为 5 的价格卖出 10 份期货合约。

[2] 参见 Greising & Morse(1991)。十年后，芝加哥交易大厅中仍会争论违规行为的严重性。一位交易员在 2000 年 11 月告诉笔者：以下"他们抓了很多做 Ginsey 的人。"在芝加哥交易大厅外笔者从未遇到过"Ginsey"这个词，采访对象也不知道它的起源。它涉及一种默契，比如通过微妙的手势提出以某一价格达成一半交易，以下一个允许的价格达成另一半交易，目的是规避最小价格单位。然而，这位交易员并不否认存在更严重的违规行为："他们(FBI 特工)本可以发现很多污点，但不知道从哪里寻找。"

尽管利奥·梅拉梅德不是唯一反对经纪人团体内部类似"卡特尔"行为的人（许多独立经纪人和交易员也提出了异议），但作为领导芝加哥商品交易所进入金融期货市场的关键人物，他是反对"卡特尔"行为的典型人物。推崇芝加哥大学经济学家米尔顿·弗里德曼(Milton Friedman)的自由市场经济学。经纪人团体的"卡特尔"行为既冒犯了梅拉梅德作为自由市场支持者的立场。当他和成立于1996年1月的股权所有者协会(Equity Owners Association)的其他成员试图促使芝商所采纳限制经纪人团体成员之间交易量的规定时，梅拉梅德开始收到死亡威胁。芝商所对此非常重视，"他们为我配备了一名休班的芝加哥警察作为保镖，保护我办公室的入口"(Melamed,2009:30)。

关于经纪人团体的争议与从面对面交易向电子交易的过渡交织在一起。对于芝加哥交易大厅内的经纪人或交易员来说，转向电子交易比从农产品期货扩展到金融期货更为令人反感。经纪人的"收入实际上完全依赖于公开喊价这一交易模式"(Melamed,2009:26)。电子交易使得银行以及机构投资者可以无需仅因经纪人将订单带入市场而支付费用，而是直接通过计算机终端输入订单。这一成本降低的前景使得许多金融机构倾向于支持自动化交易。相比经纪人，交易员更希望电子市场继续繁荣，然而他们往往也持有矛盾态度或是敌对情绪。公开喊价交易是一项要求高且需要熟练技能的业务，许多体力技能无法转移到计算机屏幕上，据访谈对象MC所说，"你要通过直觉反应、噪声、气味、某人脸上的表情来进行交易"。特定的物品和所处位置也成为交易成功的象征。交易员们有自己的幸运领带。ES说，"我们有一个人的领带已经只剩下五六根线，但他绝不会换领带"。他们还有幸运铅笔，芝加哥商品交易所在商品期货交易委员会的要求下，决定停止交易员使用铅笔填写交易记录的交易票，而是改用钢笔，这一决定经过了长达8个月的谈判。即使是稍微扩大交易大厅，也可能引发巨大争议。交易员和经纪人通过资历和击退挑战者（有时通过推搡或挤开他们）赢得了站在特定位置的权利，如果变化影响到"视线和本地交易员获取订单的能力"，ES表示，"这就成了一个……非常漫长且艰难的过程"。

鉴于对面对面交易大厅实体细节的强烈依赖，可以理解如果它被电子交易完全取代，则会遭遇强烈反对。梅拉梅德称这是一场"致命的冲突"，一场"生死之战"(Melamed,2009:5 & 12)。访谈对象ES作为电子交易的支持者之一，"曾被人朝我脸上吐口水，甚至有人把酒倒在我身上"。芝加哥商品交易所最终实现了期货交易的自动化,但花费了近二十年的功夫。

Globex 电子交易平台

利奥·梅拉梅德并非一开始就对电子交易充满热情。1953 年,他作为一名跑腿员加入芝加哥商品交易所,当时就被交易大厅的热烈气氛所吸引。正如他在回忆录的第一卷中所写:

> 交易员们的喊叫声、他们身体和手势的动作深深吸引了我……交易大厅里弥漫着一种神奇且令人兴奋的生命力……我想成为其中的一部分(Melamed & Tamarkin,1996;87)。

二十年过去了,到了 1977 年,芝加哥商品交易所新兴的金融期货交易大厅逐渐崭露头角,而那时的梅拉梅德已是芝商所的主席,但他仍然坚信公开喊价在期货交易中扮演着不可替代的角色(Melamed,1977)。直到 20 世纪 80 年代,他的观点才发生了转变。此时,他刚完成了科幻小说《第十颗行星》(*The Tenth Planet*,1987),书中讲述了一个极其强大的计算机。正如 2012 年 3 月他第二次受访时回忆的那样:

> 我站在桌前,看着标准普尔期货交易大厅,看到跑腿员们来回穿梭,把订单送到交易大厅……有些订单掉在地上……我心想,在《第十颗行星》里,你创造了一个能操控五颗行星的计算机……你不会告诉我,你无法开发一台计算机来处理交易大厅之间的订单吧?

尽管如此,梅拉梅德并不想摧毁他钟爱的交易大厅,但他坚信"不论我们喜不喜欢,技术终将改变我们的生活方式",因此他决定接受这种变化,而不是"被时代抛弃"。这一思路成就了他余生的核心项目(Melamed,2009;10)。

梅拉梅德的转变背后,还有更广泛的背景,特别是日本、中国香港和新加坡金融市场的崛起。对于这些市场的交易员来说,想要交易芝加哥期货并不容易,因为当芝加哥的交易大厅开放时,东亚正值夜晚。因此,这些交易员可能会选择把订单送到伦敦国际金融期货交易所(LIFFE)。伦敦国际金融期货交易所成立于 1982 年,目的是回应芝加哥交易所金融期货交易的成功,并初步模仿芝加哥模式。由于伦敦时区的优势,伦敦国际金融期货交易所的交易会在东亚商业日结束前开始。这使得梅拉梅德非常担心,他回忆道:

伦敦国际金融期货交易所的时区优势让我感到极大的焦虑。
(Melamed & Tamarkin,1996:316—717)[1]

电子交易系统正是为了解决来自伦敦的这种威胁,它能够让交易在芝加哥的交易大厅关闭时继续进行。梅拉梅德于是联系了全球新闻和外汇巨头路透,提出由其主导建设一个电子交易系统。路透早在 1973 年推出的"路透监控系统"便是早期的屏幕价格传播成功案例,而在第 4 章中也会提到,路透曾开发出首个电子化的外汇交易系统。1987 年,路透同意与芝加哥商品交易所合作,共同开发一个电子期货交易系统,命名为 Globex,原因是梅拉梅德希望它能成为"电子交易的国际标准"(Melamed,2009:16)。法国国际期货市场(MATIF)也被成功说服加入,纽约商业交易所、伦敦国际金融期货交易所和芝加哥期货交易所(CBOT)也接到邀请,后者的支持对系统的全球化至关重要。经过一年的讨论,芝加哥交易委员会最终同意参与,但仅为暂时性参与;1994 年 4 月,它宣布退出(Crawford,1994)。伦敦国际金融期货交易所的管理层则充满疑虑,既担心 Globex 成为竞争威胁,又不确定芝加哥商品交易所和路透是否真心愿意"将 Globex 开放给其他交易所"(Kynaston,1997:182)。最终,伦敦国际金融期货交易所也退出了,并将重心转向自己的自动化交易系统——"自动交易大厅"(Automated Pit Trading)。

获得芝加哥商品交易所成员对 Globex 的支持几乎同样艰难。Globex 的支持者深知,只有确保系统不会成为交易大厅的竞争对手,成员们才会同意其开发,因此系统最初被命名为"后市交易"(Post Market Trade)。1987 年 10 月,梅拉梅德及其支持者赢得一次芝商所成员的公投,Globex 获得批准,但前提是该系统在交易大厅开放时永远不会交易相同的产品。最初,Globex 完全不在芝加哥的工作日内运营,它的交易时间是从晚上 6 点到第二天早上 6 点。[2]

在错综复杂、变数极大的交易所政治背景下,构建一个全球交易网络的技术难度极大,因此 Globex 的技术开发进展缓慢。直到 1992 年它才开始运营,比与路透最初的协议晚了五年。初期的交易量较低:每晚的交易量通常不到 25 000 份合约,而且大多数交易的是法国国际期货市场的产品,而非芝加哥商品交易所的。梅拉梅德在 2012 年告诉笔者,到 20 世纪 90 年代中期,Globex 的情况仍不

---

[1] 如需了解全球时间问题如何影响期货电子交易的转变,参见 Barrett & Scott(2004)。
[2] Melamed & Tamarkin(1996:337—339);Melamed访谈,2012 年。

乐观。另一位受访者 EF 当时在一家日本银行工作,他记得曾为该银行安装过 Globex 终端,但这些终端"最终什么都没完成,甚至都没被使用"。路透为开发该系统投入了约 1 亿美元,每笔交易的收费为 1 美元,但回报并不理想。[1] Globex 不仅未能成为全球性的交易平台,芝商所引入电子交易的整个项目也陷入了困境。

在我们讨论后来如何拯救 Globex 的产品之前,有必要回顾另一条未选之路,一种完全不同的自动化形式。在临时参与 Globex 之前,芝加哥交易委员会曾有过自己的自动化项目,名为"极光"(Aurora)。极光同样旨在填补交易大厅关闭时的空档,并且也计划实现全球覆盖,尤其是针对东亚市场。1989 年 3 月,极光项目正式启动,参与方包括芝加哥交易委员会和 3 家信息技术公司:苹果(Apple)、德州仪器(Texas Instruments)和坦登(Tandem)。苹果的参与使极光与众不同:后者的目标是模拟真实的交易大厅。时任芝加哥交易委员会执行委员会成员的伯特·古特曼(Burt Gutterman)在 2012 年采访中表示,"我们尝试复制交易大厅的景象"。在极光的系统中,每个交易员的图标与他们在交易大厅的徽章相匹配,系统会显示交易员竞标或报价的合约数量(前提是这些价格为最高买价或最低卖价)。[2] 用户可以通过点击图标来选择与哪个交易员进行交易。古特曼提到,极光甚至尝试复现交易员的身体局限:每个图标在同一时刻只能出现在一个模拟交易大厅中。

Globex 没有尝试复制传统的交易大厅,而是通过终端屏幕上的一个简单窗口展示市场信息。该窗口匿名列出了合约的买卖价格以及相应的交易量(见图 2.7)。图 2.8 展示了交易员在 Globex 上发出报价的窗口,而图 2.9 则是完整的 Globex 屏幕示例。时任芝加哥商品交易所管理信息系统主管的唐·塞尔皮科(Don Serpico)在 2012 年的一次访谈中告诉我,虽然他的团队"能为路透提供在我们市场中如何进行交易的规则",但并没有强迫路透模拟交易大厅的环境。部分原因是技术上的限制,但更重要的是,梅拉梅德和他的支持者并不希望将交易大厅完全复制到电子平台上,至少不是以完全相同的方式:

> 他们(芝加哥交易所)实际上复制了交易大厅中你可以选择一个交易员的做法……我们想做的是最公平的做法:先到先得。他们却想挑

---

[1] Melamed 访谈,2012 年;Crawford(1994)。
[2] 参见极光系统的专利申请(Belden et al.,1990)。

选他们的亲戚……对我们来说，这是最自然的做法：怎么避免这些情况？先到先得。（梅拉梅德访谈，2012）

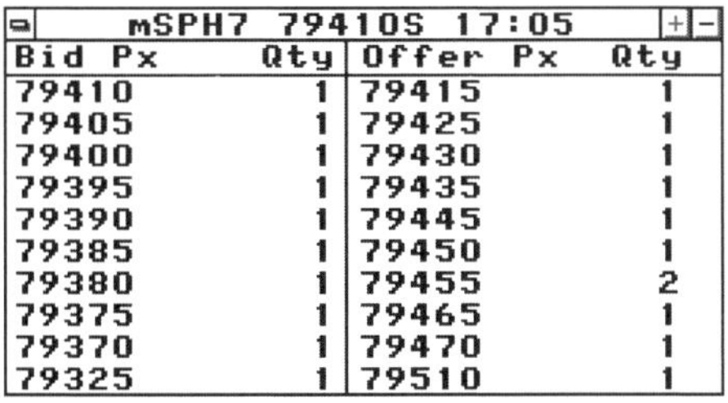

```
       mSPH7 79410S 17:05     + -
Bid Px    Qty  Offer Px   Qty
79410      1   79415       1
79405      1   79425       1
79400      1   79430       1
79395      1   79435       1
79390      1   79445       1
79385      1   79450       1
79380      1   79455       2
79375      1   79465       1
79370      1   79470       1
79325      1   79510       1
```

注：左侧框列出了 E-Mini（将在下一节讨论）的买入价格及买入数量；右侧框列出了卖出报价。这是一个测试屏幕。在实际使用中，买入和卖出的数量要大得多。截图由迈尔斯·斯祖雷克（Miles Szczurek）和迈克尔·J. 凯恩（Michael J. Kane）提供。

图 2.7　约 1997 年，Globex 对 E-Mini 市场的展示

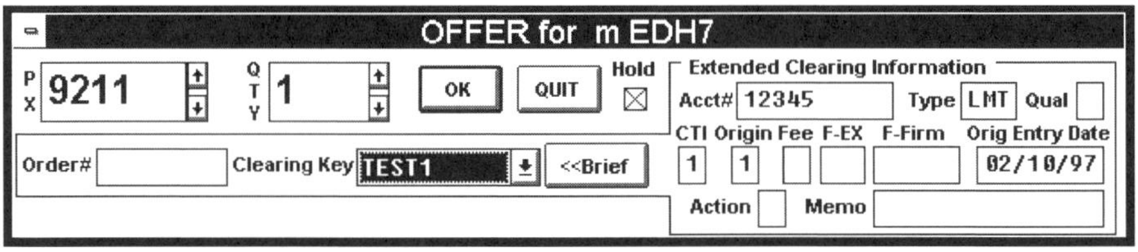

```
            OFFER for m EDH7
 P           Q                 Hold   Extended Clearing Information
 X  9211     T  1    OK   QUIT   □    Acct# 12345         Type LMT  Qual
             Y                        CTI Origin Fee F-EX F-Firm  Orig Entry Date
 Order#        Clearing Key TEST1  ▼  <<Brief   1  1              02/10/97
                                      Action      Memo
```

注：此处产品（"m EDH7"）为 1997 年 3 月到期的欧洲美元期货。截图由迈尔斯·斯祖雷克和迈克尔·J. 凯恩提供。

图 2.8　约 1997 年，用于提交卖出报价的 Globex 终端屏幕窗口

如果像梅拉梅德越来越常做的那样，与经纪人们在交易大厅中的市场地位作斗争，那么就没有理由设计一个允许他们通过电子方式复现其做法的虚拟交易大厅。因此，Globex 终端上的买卖价格不仅是匿名的，而且当某一价格有多个买卖价格时，Globex 的匹配算法也会优先执行最先收到的报价。[1]

极光和 Globex 体现了两种不同的市场自动化理念。极光之所以被芝加哥交易所取消，并非因为其理念不具吸引力。事实上，大多数交易员和经纪人可能

---

〔1〕 用户订单执行后，Globex 系统最初确实会在"成交"消息中包含对手方的标识符（Hicks，1998：291），因此对手并非始终匿名。受访者 BB 认为该做法约在 2005 年停止，但 BD 认为更早。

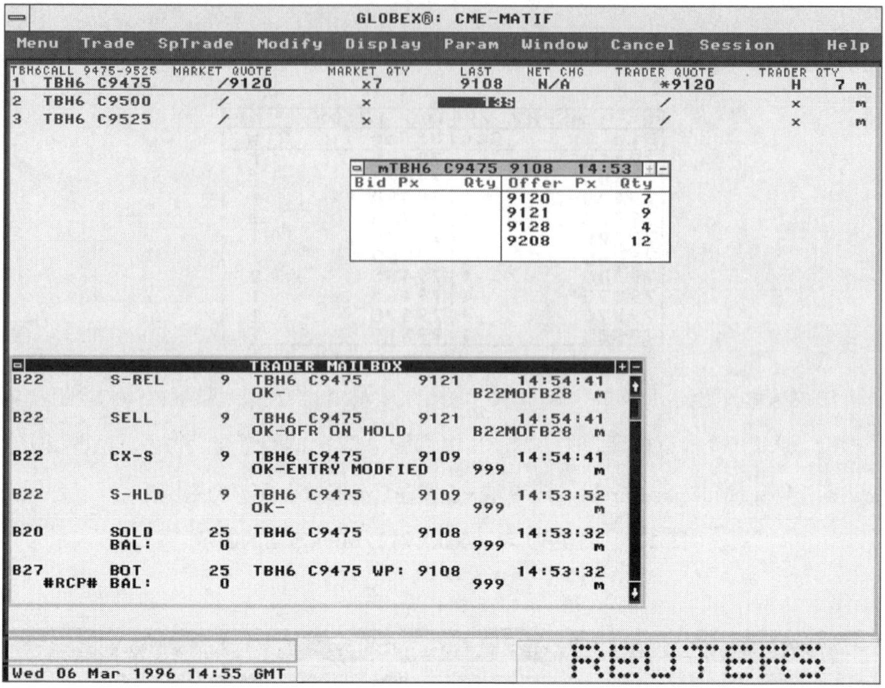

注：图片由迈尔斯·斯祖雷克和迈克尔·J.凯恩提供。正在交易的产品是1996年3月到期的美国国债认购期权，行使价为9 475。这类期权大致相当于以5.25%的收益率购买国债的权利。交易员邮箱中的消息记录了他与Globex的互动。例如，最早的、最底部的消息是确认交易员购买了25份期权，每份价格为91.08美元。

图2.9　1996年完整的Globex屏幕截图

更倾向于极光风格的系统。[1] 其被取消的原因是技术上的考虑：极光的视觉化交易大厅会过度占用当时全球数字通信带宽。极光的项目负责人古特曼于2012年回忆说：

> 当我们开始讨论……传输全球图标数据所需要的带宽时，当时唯一的全球带宽只有19.2（千比特每秒）。

---

[1] 伦敦国际金融期货期权交易所于1989年推出Automated Pit Trading，旨在模拟交易大厅，但视觉界面比极光系统更简单，且无全球化目标。据使用过该系统的受访者AR透露，它是一个封闭网络，"仅限于伦敦环城高速（M25）内使用"。该系统只是对交易大厅的补充，但在特定情况下也发挥了重要作用。例如，1990年10月5日星期五晚，英国财政部在伦敦国际金融期货期权交易所交易大厅即将关闭时，忽宣布英国加入欧洲汇率机制，导致该系统被大量使用（Kynaston, 1997：213）。其在20世纪90年代末被LIFFE Connect取代，而后者不再试图模拟该交易所的交易大厅。该大厅最终于1999—2000年关闭。

突然间,我意识到这根本行不通。于是他回到交易所执行委员会,报告极光不可行。

因此,在 20 世纪 90 年代末,当期货交易自动化在芝加哥逐渐获得推动时,它并非通过极光或类似的系统,而是通过 Globex。Globex 软件内建的"市场"并不是极光那种具体的"社会市场",而是一个更加抽象和匿名的市场(例如,苏勒雷斯(Souleles)2019 年所描述的市场)。在这个市场中,买卖价格、供需关系几乎完全与其背后的人类发起者脱节。例如,交易员无法选择与谁交易,执行的第一个买卖价格就是第一个输入的报价。时间优先,"先到先得"成为 20 世纪 90 年代末期 Globex 平台上订单的交互结构。由于带宽限制导致极光最终意外地昙花一现,因此这一结果虽然具有偶然性,却具有深远的影响。

大合约与小合约

电子交易从交易大厅的附属成分逐步发展成其替代品的过程,始于芝加哥商品交易所最重要产品之一标准普尔 500 指数期货面临的外部威胁。它仅次于芝商所的欧元美元期货。虽然标准普尔 500 是机构投资者的重要表现基准,但它对广大公众的知名度逊色于道琼斯工业平均指数。然而,道琼斯公司从未将其指数授权给期货市场,梅拉梅德告诉笔者,"他们拒绝让芝加哥的投机者使用他们的工具",并且针对道琼斯公司认为指数水平是公共事实的观点,他们与芝商所进行了长期的法律斗争。然而,1997 年道琼斯最终妥协,芝加哥交易所和芝商所展开了激烈的竞争。1997 年 2 月,芝加哥交易所开设了世界上最大的公开喊价交易大厅,急切希望获得道琼斯期货的交易许可(Falloon,1998:263—275)。

梅拉梅德和他的团队意识到芝加哥商品交易所可能会输掉这场竞争,因此开始策划应对策略(Melamed,2009:37—39)。他们担心道琼斯期货特别吸引普通投资者,而芝商所的标准普尔 500 期货合约对大多数散户投资者来说过于庞大,因为标准普尔 500 指数每一点的波动会影响到 500 美元的合约价值,单个合约的价值相当于约 50 万美元的股票。1997 年 10 月,芝商所将乘数从 500 美元降低至 250 美元,但即便如此,标准普尔 500 期货仍然显得庞大。也许一种乘数为 50 美元的合约,即大概 5 万美元的股票价值,对富裕的散户投资者来说会更具吸引力;或许,这种新型"小型"合约不仅可以在交易大厅关闭后进行交易,还可以在交易大厅开放时进行；也许它可以是小型电子合约(E-Mini)。

小型电子合约的提案引发了激烈的争论，梅拉梅德告诉笔者："在交易大厅，很多人认为这违反了 1987 年 10 月的公投……你不能在白天将任何在交易大厅内交易的合约转移到电子屏幕上。"然而，梅拉梅德争辩说，小型电子合约并不与交易大厅的标准普尔 500 期货合约相同，芝加哥商品交易所的法律顾问格里·萨尔茨曼(Gerry Salzman)也支持梅拉梅德的看法。梅拉梅德因此收到了生命威胁。"你会收到一些小纸条"，他说道，"总是有谣言，总是有谣言"。但是在 1997 年 6 月 5 日，道琼斯宣布将其指数授权给芝加哥交易所后，梅拉梅德和他的团队立即展开全力推动小型电子合约的研发。芝商所信息系统部的吉姆·克劳斯(Jim Krause)领导的技术团队使得小型电子合约能够在 1997 年 9 月 9 日上线，比芝加哥交易所的新道琼斯期货提前 1 个月。[1]

然而，小型电子合约如果像 Globex 上其他大多数产品一样交易量稀少，根本无法应对道琼斯期货的威胁。关键的创新来自梅拉梅德的盟友比尔·谢泼德(Bill Shepard)。他利用了一个数学事实：尽管小型电子合约与交易大厅交易的标准普尔 500 期货合约不同，但从经济角度看，两者是等同的：五个小型电子合约与一个交易大厅交易的标准普尔 500 期货合约在价格上完全相同。因此，如果两者的相对价格发生偏离，就会出现一个有吸引力的套利机会，通过买入价格较低的合约并卖出价格较高的合约来获得无风险(或至少是低风险)的利润。谢泼德的想法是将 Globex 终端安置在标准普尔 500 交易大厅附近，这样交易员就可以看到并在一定程度上听到交易大厅中的情况，进而利用任何即时价格差异。在交易大厅上方建起了一个大型的半圆形结构，超过 100 个 Globex 终端层叠排列，芝加哥商品交易所还为这些终端上的交易员提供无线耳机，帮助他们与交易大厅中的同事进行沟通。[2]

这样，"大合约与小合约"的套利机会应运而生，即在大厅交易的标准普尔 500 期货与小型电子合约之间的套利。两名交易员进行合作，一名在交易大厅内，另一名则在上方的 Globex 终端前，通过手势或无线耳机进行沟通。笔者在 2000 年 11 月采访的一位标准普尔 500 交易大厅的交易员提到新建的结构，从

---

〔1〕 参见 Melamed(2009)；Melamed 访谈(2012)。
〔2〕 高频交易公司 Jump Trading 的历史页面曾简要介绍该程序。在本研究早期阶段，该页面可通过其官网访问：http://www.jumptrading.com/about/history.aspx，访问日期：2012 年 2 月 16 日。

大厅底部看时显得特别显眼：

> 当你走到大厅，会看到塔台一样的结构，几乎接近天花板，上面坐满了交易员，他们就是做小型电子合约的……这些人做得非常非常好。

在交易"大合约"和"小合约"的新兴公司中，有两家后来成为高频交易领域的关键企业：Jump Trading 由芝加哥商品交易所场内交易员保罗·古里纳斯(Paul Gurinas)和比尔·迪索马(Bill DiSomma)于1999年创立，他们是最早使用耳机交易的人之一[1]；同年，丹尼尔·蒂尔尼(Daniel Tierney)和史蒂芬·舒勒(Stephen Schuler)创立了全球电子交易公司(Global Electronic Trading Co.)，其中蒂尔尼曾是芝加哥期权交易所(Chicago Board Options Exchange)的交易员，舒勒则是芝加哥商品交易所的经纪人。

"大合约与小合约"、交易平台以及耳机设备将标准普尔交易大厅与 Globex 实际上整合成了一个统一市场。交易量迅速增长，电子合约很快超过了场内交易的同类产品。在这一过程中，标准普尔 E-Mini 期货的代码 ES 不仅为期货交易员所熟知，也成为所有专业股票交易员的常见标识。ES 期货不仅成功抵御了芝加哥期货交易所对芝加哥商品交易所的竞争威胁，更如前所述，在某种意义上成为美国股票市场的主要价格发现平台。ES 市场通常对影响整体股市价值的新信息反应最快，而不仅仅局限于个别公司的股票。

"大合约与小合约"的交易模式也开始改变电子化期货交易的逻辑。我们来稍作回顾，在 Globex 系统中，最先执行的订单就是最早到达撮合引擎的订单。撮合引擎是 Globex 计算机系统的一部分，负责维护芝加哥商品交易所的电子订单簿并匹配买卖价格。由于采用"先进先出"规则，并且可供套利的价格差极为短暂，那些试图利用"大合约"和"小合约"价格差的交易者必须极度重视交易速度：哪怕稍有迟疑，或者某个"小合约"的 Globex 订单无法成交，价格差异可能在成交时已经消失。至少有两家公司改装了电子游戏操纵杆，将其重新编程，以模拟 Globex 终端上输入 E-Mini 订单的键盘操作，从而让交易员比使用传统键盘的交易者更快下单。

然而，即便是使用操纵杆的交易员，其速度仍然比不上计算机。正如第1章所述，最初的普遍假设是，自动化交易仍需人工操作，即交易者通过计算机终端

---

[1] http://www.jumptrading.com/about/history.aspx，访问日期：2012年2月16日。

输入订单。据笔者所知,所有早期的交易自动化尝试都基于这一假设。然而,随着小型电子期货(E-Mini)市场的流动性增加,以及交易速度要求的提升,这一假设开始被动摇。如果仅凭小型电子期货市场本身就能盈利,那么还有必要在交易大厅内进行交易吗?进一步看,电子交易可以完全摆脱人工干预,从而转向全自动化系统吗?几乎所有20世纪80年代和90年代的电子交易系统都假设交易由人工在终端上输入,因此,Globex最初并没有现代意义上的应用程序接口(API),即交易算法与Globex系统交互。然而,那些在"大合约与小合约"交易中积累经验的公司开始开发一种受访者称之为"屏幕抓取"(Screen-scrape)的技术,将原本用于驱动Globex或其他交易终端视觉显示的数据直接导入公司计算机,并迅速分析这些数据,随后由计算机自动生成相应的指令,以模拟人工在终端键盘上的操作(受访者AB)。

原标准普尔500小型电子合约(ES)以及1999年推出的一种类似的电子交易期货合约(NQ,以纳斯达克100指数为基础)形成了电子期货交易与新兴股票高频交易之间的关键联系,值得一提的是,它们都应用在第1章提到的新兴电子股市交易平台Island上。稍作回顾可知,这正是互联网科技股和电信股价格泡沫飞涨与崩溃的时期,且大多数此类股票在纳斯达克上市。在Island上交易的股票中,有一个被交易员所熟知的代码为QQQ的交易所交易基金。QQQ股票(非正式场合称为"3Q"或"立方体")实际上是对纳斯达克100指数成分股组合的部分持有。需再次强调的是,利奥·梅拉梅德、菲尔·约翰逊(Phil Johnson)及其20世纪70年代盟友的政治努力,在二十多年后仍然发挥着作用。正如访谈者AB所说,期货市场依然走在前列:NQ期货合约的价格变化往往会提前预示QQQ股票波动的可能性,而在QQQ上积累的头寸风险,也可以通过买入或卖出NQ期货合约来对冲。从在Island上以NQ的走势作为关键的"信号",对QQQ股票进行算法交易,到实现纳斯达克基础股票的自动化交易,仅一步之遥。并非所有在Island上活跃的高频交易公司都起源于期货交易,例如,第3章聚焦的"Automated Trading Desk"。但那些有期货交易背景的公司,成为高频交易行业初具规模的重要组成部分。

来自欧洲的威胁与交易大厅的消亡

在芝加哥,小型电子合约(如ES和NQ)最初只是一个自动化的孤岛:芝加哥商品交易所和芝加哥期货交易所的大多数成员依然坚定支持面对面的公开喊价交易。正如笔者在1999年和2000年访问芝加哥交易所时所见,面对面的交易仍然非常活跃。尽管如此,20世纪90年代末欧洲的市场发展表明,即使是根深蒂固的公开喊价期货交易所,也可能面临来自电子竞争的威胁,交易大厅本身也可能受到挑战。如前文所述,芝加哥在推出金融期货和期权交易方面的成功,激发了国际上的模仿者。这些模仿者同样需要克服与赌博有关的法律障碍。例如,在德国现有法律将期货和期权视为赌博,尽管赌博本身并不违法,但赌博合同在法律上无法执行。访谈者GB提到,"我们不得不说服议会修改法律"才能启动德国期货交易所(Deutsche Terminbörse)的期货与期权交易。

一些新的欧洲期货和期权交易所(当时最为成功的伦敦国际金融期货交易所)与芝加哥商品交易所和芝加哥期货交易所一样,依然以公开喊价的交易大厅为基础。但也有一些直接选择了电子化交易,特别是瑞士期权金融期货交易所和德国期货交易所。瑞士和德国有分散的联邦政治系统,决定哪个城市主办面对面的交易所并获得相关就业和收入,因此利益关系变得复杂。访谈者GB表示,"如果我们在法兰克福开设期权市场,那么其他地方怎么办?他们很可能会在杜塞尔多夫、汉堡、柏林或慕尼黑开设期权市场"。电子交易所无须庞大的工作人员,避免了哪个城市应该承办交易所的问题。

1990年,德国期货交易所启动时,伦敦国际金融期货交易所的交易大厅已经运营了8年,并成功开发出德国国债(Bund)期货。在美国股市交易方面,如第3章所述,交易所之间的竞争是通过存在一个全国性的清算所来促进的。清算是指登记、担保和处理交易的过程。在有清算所的市场中,买卖双方的交易几乎立刻被转化为两笔交易,分别是卖方与清算所之间、买方与清算所之间的交易,这不仅保护了买卖双方免受违约风险,也使得保持匿名成为可能。[1]然而,美国或欧洲的期货市场没有全国性的清算体系,这使得新的期货交易所很难通过推出复制现有交易所产品的方式与老牌交易所竞争。现有交易所的清算所可以干脆拒绝清算其竞争对手的合同,从而使得在新交易所购买期货合同并在旧交易所将其卖出变得不可能,反之亦然。

尽管缺乏统一的清算系统,德国期货交易所还是成功在1997年突破了伦敦

---

[1] 参见 Millo, Muniesa, Panourgias & Scott(2005)。

国际金融期货交易所对德国国债期货的垄断,其电子版德国国债期货几乎夺走了伦敦国际金融期货交易所交易大厅原本占有的市场份额。这一震动波及整个期货市场。1998年,巴黎的法国国际期货交易所(MATIF)完全转向电子交易,伦敦国际金融期货交易所也在1999—2000年间跟进(Scott & Barrett,2005)。芝加哥仍然固守交易大厅,但随着芝加哥商品交易所的Galax-C等手持设备的发展,这些设备让交易员可以在交易大厅内外通过电子方式报价和买卖,交易大厅交易员的生存方式受到了越来越大的威胁。在1998年8月,芝加哥期货交易所的会员投票通过了允许其美国国债期货合约在交易大厅开放时也能进行电子交易的提案;1999年1月,芝商所的会员投票则彻底解除了1987年投票中对Globex的限制。从此以后,芝商所的所有期货合约无论交易大厅是否开放,都可以进行电子交易(Melamed,2009:56-57)。

尽管如此,芝加哥期货交易所和芝加哥商品交易所最大、最重要的交易大厅——欧元美元期货交易大厅,依旧坚持公开喊价。"除了极少数例外",梅拉梅德写到,"在欧元美元交易社区的交易员、独立经纪人、经纪人小组的成员如往常一样,继续在交易大厅进行交易"(Melamed,2009:57)。芝加哥交易大厅交易员坚决捍卫着自己的生存方式,直到来自欧洲的威胁变成现实,甚至是肉眼可见,才彻底崩溃。2003年,全电子化的欧洲期货交易所(Eurex)宣布进军美国市场。2004年2月,伦敦国际金融期货交易所也宣布计划推出电子交易的欧元美元期货,直接与芝商所的场内交易合约展开竞争。欧洲期货交易所在美洲最高建筑西尔斯大厦租用空间(该大厦距离芝加哥期货交易所和芝商所仅几步之遥)。它"向拉萨尔大街上的交易商发放免费咖啡,并在西尔斯大厦的顶部点亮了欧洲期货交易所绿色和蓝色的灯光"(Roeder,2004),甚至在贸易委员会的大楼上打出探照灯来嘲弄贸易委员会(Melamed,2009:102)。

至于芝加哥商品交易所和芝加哥期货交易所,后者更为脆弱。芝商所拥有自己的清算所,而芝加哥期货交易所却没有。芝商所的清算所是一家独立公司,根据受访者DI所述,该公司主要由银行拥有。许多银行对美国出现一个新的贸易委员会竞争者的前景表示欢迎,因为竞争可能会减少他们不得不支付的交易所费用和经纪费用。欧洲期货交易所购买了贸易委员会清算公司的股份,并获得了该公司的同意,为欧洲期货交易所等同于贸易委员会的期货进行清算。这样,保护期货交易所免受竞争的屏障就被瓦解了。从2003—2004年,欧洲期货交易所对芝加哥期货交易所的威胁以及国际金融期货交易所对芝商所的间接威胁,在芝加哥引发了数月的动荡变革。芝加哥期货交易所一直租用欧洲期货交易所的 A/C/E 电子交易系统。2003 年 12 月底,芝加哥期货交易所停止使用该系统,并匆忙改用伦敦国际金融期货交易所的 LiffeConnect 交易系统。它开始以前所未有的力度推行电子交易,并启动谈判将其清算工作转移到芝加哥商品交易所的清算所,尽管两家交易所之间的竞争已经持续了数十年。2003 年 4 月,双方达成协议,在技术方面共同努力,并在 2004 年 1 月前通过步调一致的技术钻研实现了过渡,在 2007 年启动了贸易委员会与芝商所的合并过程,实际上也是对芝商所的接管。

伦敦国际金融期货交易所对芝加哥商品交易所欧洲美元合约的威胁并不像欧洲期货交易所对交易委员会的威胁那样明显,但芝商所的重要人物,如主席特里·达菲(Terry Duffy)、首席执行官克雷格·多诺霍(Craig Donohue)、利奥·梅拉梅德以及比尔·谢泼德(Bill Shepard)和约翰·纽豪斯(John Newhouse),对此深表关切并决心解决问题。尽管成千上万的欧洲美元交易商是"任何地方最成功、最顽强的公开喊价支持者"(Melamed,2009:108),但芝商所的领导层威胁要关闭欧洲美元交易区,除非至少 1/4 的流动性最强的欧洲美元合约交易在 Globex 上以电子方式进行。他们与欧洲美元交易商和经纪人举行了一系列大型会议。梅拉梅德记得,有一次"房间里有 1 000 张愤怒的面孔,恐惧、沮丧和不信任溢于言表。情绪激动的气氛呈现出实施私刑的暴民特征"(Melamed,2009:108)。

然而,正如交易员瑞安·卡尔森(Ryan Carlson)向笔者强调的那样,欧洲美元交易大厅已经开始悄然发生变化。在西侧经纪商摊位的上方有一排 Globex 终端机,当交易大厅开放时,终端用户通常会关闭终端,站起身,开始在交易大厅内交易。卡尔森记得,在 2003 年或 2004 年的某一天——现在回想起来,那是关键时刻,两名 Globex 用户一直坐在终端机前"做市"(即连续发布买价和卖价),起初很谨慎,但很快就与场内的交易员展开了竞争。他凭着直觉感受到这"标志着欧洲美元交易大厅终结的开始"。从后者到 Globex 屏幕的转变已经开始,而且比芝加哥商品交易所领导层要求的部分转变更为迅捷和彻底。卡尔森说:"不到一年,我就不再去交易大厅了。"[1]

从2005年起,芝加哥的交易大厅迅速清空。一个多世纪以来的生活方式迎来终结,对一些交易商产生了深远的影响。一位受访者回忆起他的交易伙伴,尽管他极力劝说他接受所发生的一切,但这位伙伴仍然整天待在一个近乎寂静和荒废的交易大厅台阶上。2011年10月,当笔者再次造访芝加哥交易大厅时,那里已是一片死寂,人烟稀少。"占领华尔街"事件的抗议者从九月开始接管曼哈顿下城金融区的祖科蒂公园(Zuccotti Park),其芝加哥支持者经常聚集在贸易委员会大楼正对面的拉萨尔街(LaSalle Street)。现在,这里是贸易委员会和芝加哥商品交易所的交易大厅。当笔者问剩下的交易员生意如何时,他回答说:"很糟糕。"他还说:"我将加入抗议者的行列。"笔者并不确定他是否在开玩笑。

期货领先

面对面交易的消亡是一个巨大的转变,即便在电子交易取得胜利之后,变革仍在继续。作为其基础的Globex计算机系统经过数次迭代,其2014年的设计尤为重要。然而,在这些变化中,有一个模式基本保持不变,即芝加哥商品交易所股指期货市场的变动通常早于相关股票市场的变动:20世纪80年代,早数十分钟;到2005年,早1/10秒左右;到2011年,早不到1/100秒。原因何在?[2]笔者称之为"期货领先"模式,它对高频交易非常重要,因而其持续存在的原因值得关注。但讨论这些原因必然涉及比本章前面内容更深层次的金融技术问题,因此普通读者如果愿意,则可以跳到第3章的开头。

可以排除"期货领先"长期存在的三个可能性原因。第一个原因确实有助于解释"期货领先",但仅限于这种模式存在的头十年左右,即20世纪80年代和90年代初:当时缺乏方法,可以像买入或卖出芝加哥商品交易所标准普尔500指数期货那样快速直接地构建交易头寸,以从价格总体水平的变化中获利或对冲价格总体水平的变化。从1993年起,交易所交易基金(Exchange-traded funds)的诞生结束了这种缺失。交易所交易基金是一种复杂的、通过算法构建的股票,尽管机制不同,仍与期货一样跟踪指数或其他相关资产的水平,并可随时用于从整

---

[1] Carlson的评论参见:https://tradingpithistory.com/2016/09/mechanizing-the-mercs-eurodollar-pit/,访问日期:2019年5月6日。

[2] 参见Kawaller et al. (1987:1309); Budish et al. (2015:1570—71)。

体股价变化中获利或对冲。[1]在交易所交易基金中,最为活跃、实际上也是世界上交易量最大的股票,是道富银行的标准普尔500存托凭证(State Street's Standard & Poor's 500 Depository Receipt,交易员更熟悉的名称是"蜘蛛",或其股票代码SPY)。该基金创建于1993年,追踪的指数与芝商所电子交易的标普500期货(ES)相同。SPY和ES在经济上仅有细微差别,但自1993年以来的二十多年间,期货(ES)仍然领先于股票(SPY),这一点得到了受访者的证实,并有计量经济学证据的支持。[2]事实上,即便在今天,ES仍然表现出这一领先特性,尽管受访者认为其稳定性已不如以往。[3]

股票指数期货往往领先于股票的第二个可能性解释是,期货电子交易系统比股票交易系统更为复杂。但事实恰恰相反。至少在2014年之前,高频交易受访者称,芝加哥商品交易所的系统比股票交易系统更慢,更容易出现意外的、不可预测的延迟,而且芝商所系统提供的数据对他们的帮助也更小。[4]例如,2014年,芝商所推出一个新的交易系统,其中现场可编程门阵列(the Field-Programmable Gate Arrays,简称FPGA,将在第5章中讨论)发挥了关键作用,其速度和可预测性与股票交易系统更相近。因此,具有讽刺意味的是,直到最近,技术上相对落后的芝商所仍然领先于更先进的股票交易市场。[5]

"纳斯达克交易股票和期权,信息吞吐量远远超过芝加哥商品交易所。"2012年3月,受访者AJ说道:"他们以微秒为单位,而芝商所以毫秒为单位。""股票是低延迟快速交易的主要领域",受访者CN指出,"因此,相比之下,芝商所在期货方面的表现似乎并没有那么好"。正如我们将在第3章中看到的,美国股票电子交易场所之间的竞争非常激烈,这使得加快这些场所的系统速度成为关注的焦点。相比之下,2003—2004年芝加哥期货交易的危机逐渐消退,因为欧洲期货

---

[1] 关于交易所交易基金的历史,参见 Ruggins(2017)。
[2] 经济计量证据可参考 Laughlin, Aguirre & Grundfest(2014);Budish et al. (2015);Shkilko & Sokolov(2016)。
[3] 受访者BQ和BV认为SPY有时会领先于ES。Aldrich & Lee(2018)建立了一个相关模型,并通过2014年的数据提供了经济计量证据。详见p58注释[2]。
[4] 受访者称,芝加哥商品交易所系统会"捆绑"订单簿的变动(即聚合后定期更新),而非逐笔发送,如Island系统(详见第3章)及其在股票交易中的后续平台。
[5] 交易所系统的随机延迟,即使并非设计所有意为之,也可能影响市场结构(详见第6、7章)。芝加哥商品交易所2014年前的"抖动"(随机或准随机延迟)是"对称"的,即不会选择性保护做市算法,但似乎给了大公司系统性优势。这些公司可购买多个交易指令,并向多个"网关"(详见第5章)发送订单或撤单,以确定处理速度最快的网关。这种"网关轮盘赌"(受访者CS语)让大公司能投入更多"筹码"。

交易所从未在美国站稳脚跟,而国际金融期货交易所最终也没有成功威胁到芝商所的欧洲美元期货。其结果是,芝商所没有面临持续的竞争,至少在金融期货方面如此,因此也就没有那么大的压力尽可能快地发展其系统。芝商所的主要竞争对手是2000年在亚特兰大成立的洲际交易所(ICE)。洲际交易所在实物商品期货,尤其是石油和天然气期货领域拥有强大的地位,但从未对芝商所在金融期货领域的优势构成真正的威胁。不过,AJ在笔者2012年对他的采访中认为,与洲际交易所的竞争(他说洲际交易所"变得非常快")促使芝商所更加关注其系统的速度。

第三种解释"期货领先"的方法是可以想象但也是不正确的。这可能是期货的固有特性。然而,正如第4章所讨论的,"期货领先"在不同类型的金融资产中并不普遍。例如,受访者报告说,国库券期货并不总是领先于相关国库券市场,外汇市场的模式与股票市场相反,直接交易货币的市场通常领先于外汇期货市场。[1]

那么,"期货领先"于股票这一模式起源于20世纪70年代和80年代,为什么在有所减弱的情况下仍持续存在呢?本书讨论的两个相关因素可以解释这一现象,这两个因素相互并不排斥。[2] 首先,正如第1章所述,流动性具有"黏性"或路径依赖性,一旦流动性集中在某一特定交易场所,它往往就会停留在那里。在其他条件相同的情况下,价格变化往往先在流动性最强的交易场所显现,然后才是流动性较弱的交易场所。如果机构投资者想要执行一笔非常大的交易(例如,出售75 000份ES合约,相当于出售价值41亿美元的股票,而这引发了2010年5月美国股价的"闪电崩盘",第7章将会对此进行讨论),他们就会转向最有能力处理最大交易的市场,据参与者报告,至少直到最近,这一直是芝商所的指

---

[1] 关于国债市场经济计量证据,参见 Brandt, Kavajecz & Underwood(2007)。外汇市场暂无类似研究。

[2] Aldrich & Lee(2018)指出,期货和股票交易中的"跳动点"(最小价格变动单位)的大小差异影响套利交易。ES的跳动点是SPY的2.5倍,这影响了市场间价格传导机制。例如,做市算法在一个市场成交后会在另一个市场"获取流动性"(详见第6章)以对冲风险并获取套利收益。如果ES先变动而SPY尚未调整,该交易通常盈利,并促使SPY价格变动。然而,SPY的小跳动点使得类似交易难以获利。此外,跳动点的大小本质上也是政治经济学问题。做市商倾向较大跳动点,以保证买卖价差收益。在股票市场,美国证券交易委员会曾有意将标准跳动点从6.25美分缩小至1美分(详见第3章),而 美国商品期货交易委员会对期货市场干预较少,未做类似调整。

数期货。[1]投资者这样做有助于维持该市场的交易能力,从而帮助其价格继续领先于股票交易市场。

巩固期货领先地位的第二个因素似乎是杠杆作用。虽然交易所交易基金(如 SPY)具有期货的诸多优势,而且监管机构对专业股票交易杠杆的限制已逐渐减弱,但受访者称,与股票甚至交易所交易基金相比,期货仍更容易实现高杠杆。受访者 AP 说:"期货是第一位的,对吧,因为它提供的杠杆作用……你会首先冲击 ES。"期货合约的设计本身就包含了杠杆作用,而一位前高频交易员在谈话中告诉笔者,"对于一家交易股票的中小型企业来说,要实现高杠杆操作,就必须找到一家愿意提供这种杠杆操作的交易商,而这并不容易,因为这会使交易商面临公司倒闭的风险"。还要注意的是,与国债或外汇交易相比,期货交易并不具有系统性的杠杆优势,这很可能解释了为什么期货没有像股票那样以相对一致的方式领先于这些资产。

美国期货和美国股票(包括一些经济上几乎与股票指数期货完全相同的ETF 股票)交易方式之间持续存在的杠杆差异,至少在一定程度上是由于商品期货交易委员会和证券交易委员会之间持续存在的管辖权分立所导致的。从1987 年的股市崩盘(引发了要求结束分立并协调杠杆率规定的强烈呼声)到2012 年的弗兰克—卡普阿诺法案(建议合并美国商品期货交易委员会和美国证券交易委员会),所有建立单一监管机构的努力都以失败而告终。期货行业已经对这一举措展开了激烈抗争,并很可能再次采取强硬立场。芝加哥商品交易所成为全球市值领先的交易所,而且是美国最赚钱的公司之一(Stafford,2017),延续了梅拉梅德对在华盛顿拥有强大话语权。[2]然而,这样的斗争大多是不必要的,因为那些支持商品期货交易委员会与证券交易委员会合并的人往往会被一个直接障碍所劝阻,这个障碍的根源可以追溯到 20 世纪 70 年代。金融体系中的分歧(期货交易与股票交易之间的分歧;芝商所等期货交易所与证券交易所之间的分歧;商品期货交易委员会与证券交易委员会之间的分歧)与国会各委员

---

[1] 2018—2019 年,ES 订单簿交易量显著下降(Osipovich,2019b;Wigglesworth,2019);2020年 3 月市场剧烈波动时也较低(Flood,2020)。受访者 OX(2018 年 10 月)表示,期货市场流动性明显下降。过去,新闻突发时,交易员会首先交易期货,随后调整期权定价。但近来,流动性需求方更倾向直接在股指期权市场操作。流动性下降的原因尚不明确,市场压力通常会削弱流动性,但这次并未随压力缓解而恢复,可能存在结构性变化。或许,做市算法在股指期货市场更易受流动性需求方"抢先交易"(详见第 6 章)的影响。

[2] 参见 Stafford(2017)和 Meyer(2015)。

会,尤其是参议院各委员会之间的分歧如出一辙。由于期货起源于农业,商品期货交易委员会向参议院农业委员会报告,证券交易委员会则向参议院银行委员会报告。

"我参加过很多次关于美国证券交易委员会和美国商品期货交易委员会合并的讨论,但很快就停止了,因为人们会说,'(参议院)农业委员会:这种(合并)永远不会发生'。"当被问及为什么两个委员会从未合并时,另一位前监管表示同意:"你的讨论也许可以从农业委员会开始,也可以从农业委员会结束,它很强大。"(受访者 RG)

如果证券交易委员会和商品期货交易委员会合并,农业委员会将失去对后者和金融期货监管的管辖权。受访者 RF 说:"这将转到参议院银行委员会的管辖范围。"如前文所述,证券交易委员会向银行委员会报告。两位受访者都提到了金融行业竞选捐款的重要性(见图 2.10):

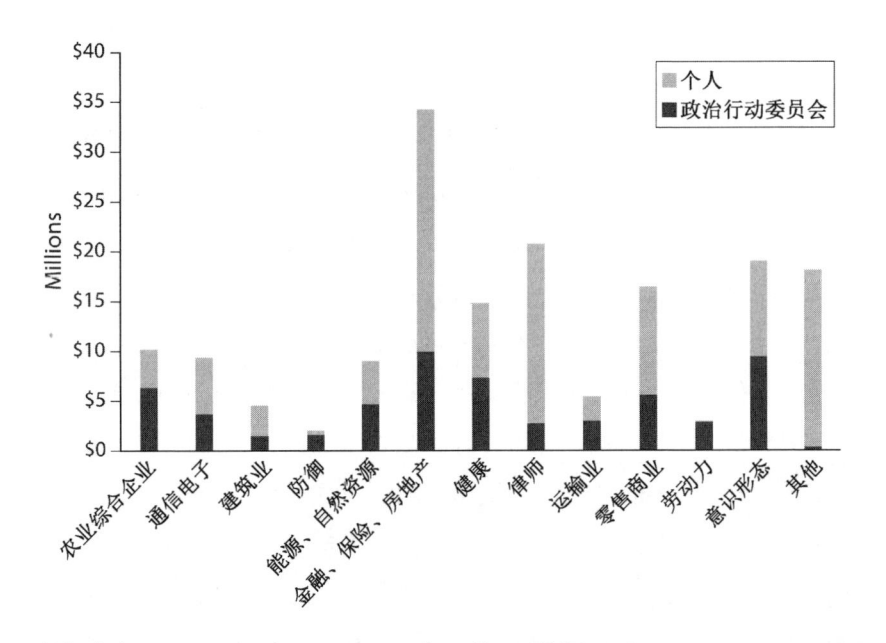

数据来自 www.opensecrets.org,2017 年 3 月 1 日访问。

图 2.10　2016 年选举周期期间,向参议院农业、营养和林业委员会成员提供支持的行业领域

参议院农业委员会得到了所有这些钱(捐款)。他们不会放弃管辖权,所以你不能把它(美国金融市场的监管,目前由商品期货交易委员

会和证券交易委员会分管)放在一起。(受访者RF)

受访者RX说,他"花了几年的时间"提出合并商品期货交易委员会和证券交易委员会,但建议没有被采纳。他告诉笔者,最有可能发生管辖权转移的时间点是1989—1990年,即里根总统任命纽约投资银行家尼古拉斯·布雷迪(Nicholas Brady)为财政部长后的近一年。布雷迪曾领导调查1987年股灾的总统特别工作组,即成立于1988年的布雷迪委员会。1989年10月13日,美国股价再次暴跌,这促使财政部重新关注美国资本市场的分拆监管问题。据受访者RX称:

> 财政部曾试图推动一项管辖权变更,将金融期货或其部分移交给美国证券交易委员会,但失败了。原因是芝加哥商业交易所和贸易委员会是很好的说客,农业委员会不想失去对它们的控制。

诚然,很难确定美国证券交易委员会和商品期货委员会的分业监管对股票市场中"期货领先"的长期存在有多大影响。如前文所述,一个完整的解释很可能涉及多种因素的综合作用。[1]然而,就分业监管的重要性而言,这一情况恰恰印证了本书的核心论点之一。为高频交易提供信息的信号,如"期货领先",并不仅是由技术系统的特性或所交易金融工具的固有经济特征决定的。它们还反映了政治进程,如梅拉梅德抓住了波奇希望保护其委员会管辖权的机会;约翰逊对相关法律进行了至关重要的20个字的补充;这些进程所涉及的冲突结果;等等。尽管这些冲突现在可能早已过去,但其中的一些结果仍在以深刻的方式构建着当今的自动交易世界。美国股票交易的冲突历史也是如此,我们现在就来看看吧。

---

[1] 受访者表示,在欧洲和美国,股指期货通常领先ETF及相关股票价格变动。然而,欧洲国家的监管框架并未像美国商品期货交易委员会/证券交易委员会 那样分裂。唯一例外是瑞士,其股市由少数流动性极高的大盘股主导,期货市场反而滞后于股票市场。但欧洲的"期货领先"现象并不能完全否定美国监管分裂的影响。事实上,欧洲金融期货交易所自建立之初就沿用了美国期货交易所的保证金要求,使期货交易具有类似的杠杆优势。至今,欧洲监管机构似乎并未对此视为重要议题。

第 3 章 "我们会向你展示订单簿，为什么他们不呢？"

笔者从未料到，南卡罗来纳州的查尔斯顿竟会与当今超高速交易的起源有所关联。在这里，历史痕迹似乎处处可见：铺着鹅卵石的漂亮街道、战前的古老住宅；查尔斯顿学院绿树成荫的小径、西班牙苔藓覆盖着生意盎然的橡树；还有那些无法忽视的印记，诉说着这里曾是北美最繁忙的奴隶贸易港口。即便笔者在 20 世纪 90 年代初偶然路过沃普路上一家 20 世纪 50 年代用煤渣砖建成的汽车旅馆，恐怕也不会对其临时办公室留下深刻印象——那里堆满了电脑，被一群（用他们自己的话说）"光着脚、穿着 T 恤和短裤的孩子们"占据。然而，不到十年，这些年轻人使用电脑所以每天完成超过十亿美元的股票交易额（Collier, 2002）。在其巅峰时期，他们的公司 Automated Trading Desk 几乎完成了美国 1/10 的股票交易（Philips, 2013）。

Automated Trading Desk 成立于 1989 年，比高频交易的爆发早了整整十年。它的历史跨越了美国股票交易演变的两个截然不同的阶段：在第一阶段（持续到 20 世纪 90 年代中期），电子交易对 Automated Trading Desk 来说既困难又昂贵。尽管它的算法在预测股价波动方面表现出色，但交易成本常常吞噬掉由此带来的利润。直到 1996 年，Island 的成立，局面才开始发生变化。最初，Automated Trading Desk 站在这些变革的前沿，但自 2001 年起，Automated

Trading Desk 逐渐失去了其在这一领域的中心地位。然而,到了 21 世纪初,美国股票交易的变革已经全面展开。通过为高频交易提供获利的功能,高频交易公司大幅提升了交易量,其他交易平台最初是迫于竞争压力才采用了这些功能,但随后它们开始把这些功能当作一种增加收入的手段。

Automated Trading Desk 的创意来源于其联合创始人大卫·惠特科姆,一位学院派经济学家。直到 1999 年退休,他一直在罗格斯大学教授金融学,是市场微观结构理论的先驱之一。虽然大部分经济学"将交易机制做了抽象化处理"(O'Hara,1997:1),但对于特定的交易组织方式如何影响交易结果,以及做市商等中介机构如何定价,该新兴领域的研究人员仍对此进行了建模和实证研究。[1]惠特科姆从学术研究走向高频交易实践的关键一步是一份顾问合同。20 世纪 80 年代,美国已经有了电子股票交易,主要使用机构网络公司系统。机构网络公司的目标客户为机构投资者,但他们的使用率不甚理想,于是机构网络公司聘请惠特科姆调查如何吸引更多用户。他建议向机构投资者提供现在所谓的执行算法(如第 1 章所述)。这些算法是可自动执行的计算机程序,能够将大额订单拆解成小额订单(惠特科姆访谈 2)。

尽管机构网络公司未采纳惠特科姆的建议,但惠特科姆的学生詹姆斯·霍克斯(James Hawkes)提供了另一个机会。霍克斯当时是查尔斯顿学院的统计学教授,同时也经营着一家名为量化系统(Quant Systems)的软件公司,专门开发统计分析软件。惠特科姆和霍克斯曾合作开发赛马预测的统计模型,虽然该模型的预测效果相当好,但由于博彩公司收取高额"抽头"(即通过赔率赚取差价),他们未能从中获利(惠特科姆访谈记录 1 和 2)。不过,霍克斯同时也进行股票期权交易,并在自家车库的屋顶上安装了一个卫星天线,用于接收股价数据。他向惠特科姆提及此事,惠特科姆开始研究是否可以为股票价格走势开发一个预测模型,类似于两人用于赛马的预测模型。

惠特科姆筹集了 10 万美元作为初始资金(Whitcomb,1989a),并与霍克斯合作成立了 Automated Trading Desk。这个名字反映了他们最初的计划,即为机构投资者开发并销售执行算法。然而,惠特科姆发现,要说服投资者尝试这种全新的自动化交易方式并不容易。霍克斯则提供了两名来自查尔斯顿学院的学

---

[1] 关于 Whitcomb 在这一领域的研究,参见 Cohen, Maier, Schwartz & Whitcomb(1981)。

生程序员，他们编写了统计分析软件。这两名学生后来成为 Automated Trading Desk 的领导者。惠特科姆继续在纽约教授课程，同时设计了一个相对简单的数学模型，通过传真将指令和公式发送到查尔斯顿学院，由霍克斯的团队将其转化为代码。在这个核心模型的基础上，惠特科姆和程序员们共同最终开发了自动交易系统。该系统包含多个模块功能：处理市场数据、执行惠特科姆公式的定价、跟踪每只股票累计交易头寸并调整策略、根据头寸和定价模块预测最佳交易决策、发送并在必要时撤销订单以及实时计算收益或损失。整个系统的代码总量多达约 8 万行（受访者 BT）。

惠特科姆和霍克斯预测赛马与 Automated Trading Desk 预测股价使用了相同的数学形式：线性回归方程，即利用多个自变量或预测变量的值来预测因变量的值。[1] 惠特科姆解释说，在赛马预测中，需要预测的变量是"该距离下马匹的速度"，预测变量包括：马的负重、骑师的胜率史、马匹的历史表现速度以及比赛类型等虚拟变量等，这些都是公开可查的信息（惠特科姆访谈 2）。在股票交易中，要预测的因变量是 Automated Trading Desk 所称的 ATV，即调整后的理论价值，这是对股票未来 30 秒价格的预测。Automated Trading Desk 尝试了不同的时间跨度，但发现具体选择对预测结果影响不大。

在自动化股票交易中可以使用哪些预测变量？它们也必须是公开的，并且在查尔斯顿学院能够及时得知。Automated Trading Desk 早期的所有计算都在公司办公室进行，最初在查尔斯顿学院，后来在查尔斯顿学院对面的穆特普莱森特。在后来的几年里，Automated Trading Desk 像其他高频交易公司一样，将计算机服务器放置在与交易所系统同一栋建筑内。到 20 世纪 80 年代末，许多公司已经租用了通信卫星的容量，将金融数据传输到远离主要金融中心的地方，如查尔斯顿学院。这些卫星在地球表面上方的高轨道上，使得数据传输比最快的地面链接慢，但在 20 世纪 80 年代和 90 年代，这种短暂延迟似乎并不重要。Automated Trading Desk 订阅了一项基于卫星的标准普尔 ComStock 服务，其使用手册仍在受访者 BT 的文档中（S&P ComStock, 1990）。Automated Trading Desk 首先通过位于霍克斯家库顶部的卫星天线接收信号，公司程序员在一个小隔间内工作，然后通过位于沃普路旧汽车旅馆屋顶的天线接收信号。

---

[1] 在 Automated Trading Desk 用来预测股票价格的方程式初始版本中，方程的系数仅仅是惠特科姆的推测，而不是回归分析中的统计。

在 20 世纪 80 年代末 90 年代初，ComStock 有很多信息无法报告，因为这些信息不为公众所知。如第 1 章所述，纽约证券交易所未执行的股票买卖价格的完整"账簿"在很大程度上仍然是股票的纽约证券交易所专家经纪人私有。因此，最初 Automated Trading Desk 的回归模型仅使用相对于最低卖价的最高买价规模以及股票交易价格的短期趋势变量（惠特科姆访谈 3）。后来，该公司构建了另一个代理，以反映仍然不完全了解的供需平衡。Automated Trading Desk 的系统计算了两个变量："下行成交量"和"上行成交量"，这两个变量表明交易通常发生在有买入要约的最高价格，还是发生在有卖出要约的较高价格。例如，如果是后者（换句话说，上行成交量超过下行成交量），"这表明，似乎每个人都在抬价"（受访者 BT），因此价格可能上涨。

然而，对于 Automated Trading Desk 算法的预测能力而言，比任何其他因素都更为重要的变量是第 2 章中探讨的历史数据：股票指数期货价格，尤其是基于标准普尔 500 指数的期货合约价格。这些合约在理论上跟踪（但如第 2 章所讨论的，实际上往往领先于）美国最重要股票的总体价格变化。如第 2 章所述，芝加哥商品交易所雇用的交易大厅报告员将交易员喊出或用手势表示的交易转化为电子化的期货价格流。这一数据流传输到 ComStock 等数据服务商，再从那里流入 Automated Trading Desk 的计算机。正如惠特科姆所说，期货价格是"我们使用的主要市场指标"，它们是"绝对的关键变量"（受访者 BT）。事实上，期货价格如此重要，以至于 Automated Trading Desk 系统甚至有一个仅依赖期货价格的模式，在该模式下，所有其他预测变量都被关闭。

高频交易前的股票交易

1989 年夏天，一次计算机模拟让大卫·惠特科姆相信，使用他的预测模型进行股票自动化交易确实可以盈利。然而，模拟交易是一回事，实际进行自动化交易又是另一回事。在 20 世纪 80 年代末 90 年代初，美国股票交易主要有三种方式：纽约证券交易所、纳斯达克或机构网络公司的电子交易系统。这三种方式（尤其是纽交所和纳斯达克）构成了一个在高频交易来临后被彻底改变的股票交易世界。

纽约证券交易所

纽约证券交易所是三大交易场所中最为历史悠久且最具声望的，但它并不适合 Automated Trading Desk 想要进行的交易。尽管订单可以通过电子方式发送到百老街与华尔街交汇处的纽交所大楼中的繁忙交易大厅，但订单的执行仍然主要由人工操作，通常涉及由专家经纪人主持的临时交易大厅拍卖。这些专家经纪人是负责协调买卖股票的官方指定交易员，该职位几乎完全由男性担任。[1] 对于像 Automated Trading Desk 这样的非纽交所会员公司，他们不能直接在纽交所进行交易，甚至不能直接向其发送订单，而是必须聘请有纽交所会员资格的经纪人或交易公司，这会大幅减少潜在的交易利润。

纽约证券交易所在 20 世纪 70 年代面临着严峻的挑战。在 20 世纪 60 年代末，纽交所的主导地位面临严重威胁，支撑股票交易的手工结算流程(即资金和股票的转移，后者当时还是纸质凭证)已经出现"瓶颈"。堆积如山的未处理文件、延迟、遗漏、错误，甚至股票证书的失窃不断积累(美国证券交易委员会，1971)。这一"文书危机"进一步因 20 世纪 60 年代末美国股市价格的大幅下跌而加剧。股市经纪人开始大规模破产，威胁到那些通过这些公司投资的数十万公众投资者，使他们面临巨大的损失。正如第 2 章中讨论的那样，食品价格上涨将人们的注意力集中到农业期货的交易上，华尔街的这场公开丑闻则激起了国会对改革股票交易方式的强烈关注。彼时，缅因州参议员埃德·穆斯基(Ed Muskie)"正在寻找重要议题"以为自己争取 1972 年民主党总统提名做铺垫(Lemov, 2011: 120)。在他的领导下，国会迅速通过了 1970 年《证券投资者保护法》，设立了一个由联邦政府部分资助的保险计划，用以补偿破产经纪公司的客户。其他国会议员，特别是加利福尼亚州的民主党人约翰·莫斯(John Moss)，作为消费者保护倡导者，继续推动改革，最终促成了 1975 年《证券法修正案》的通过(Rowen n. d.)。

1975 年的修正案增强了股票市场监管机构——美国证券交易委员会的法律权力。证券交易委员会长期以来一直关注某些交易员和交易所(尤其是纽约证券交易所)所享有的结构性优势，但此前在这些方面的行动却很少。前证券交易委员会官员 RX 表示，证券交易委员会"实际上是一个披露和执法机构"，它只进行"有限的市场监管"，并且很少努力去改变市场结构。不过，1975 年的修正案赋予了证券交易委员会干预并改变美国股票交易组织方式的权力："通过规则

---

[1] 1967 年 12 月，第一位女性穆里尔·西贝特(Muriel Siebert)获得了纽约证券交易所会员资格，但笔者在访问时发现，交易大厅依然由男性主导。

或命令,根据公共利益和保护投资者的需要……消除阻碍并促进全国市场体系和证券交易所清算及结算体系的发展。"(《证券法修正案》,1975:139)正是这些新的证券交易委员会权力威胁了纽交所股票交易的主导地位。在20世纪70年代,纽交所的存在似乎都受到了威胁。正如访谈对象XZ所说,"在70年代中期,国会表示希望关闭纽交所,转而支持全国市场"。

然而,法律的"生命仅限于当权者是否愿意赋予它生命"(Danner,2017:4)。随着20世纪60年代末危机的淡忘,干预股票交易方式的政治收益也在减少。例如,莫斯转向更为普遍的消费者保护事务(Lemov,2011)。在20世纪70年代后半期,证券交易委员会基本上独自面对一个没有明确国会指导的问题:具体设计1975年立法所要求的国家市场体系。

其中一个提议的设计确实对纽约证券交易所构成了直接威胁。该设计的支持者试图通过创建一个统一的、集中化的全国性电子订单簿,即中央限价订单簿,来消除竞争壁垒并降低成本。所有买卖股票的订单都必须进入这个订单簿。[1] 中央限价订单簿的最主要支持者,一个是金融思想家尤尼乌斯·皮克(Junius Peake),他在20世纪60年代曾在经纪公司Shields & Co.领导了早期的华尔街电子化推动;另一个是唐纳德·韦登(Donald Weeden),他的家族公司Weeden & Co.在"第三市场"中占有重要地位。所谓"第三市场",是一个存在争议的经纪商边缘市场,这些经纪商经常不顾纽交所的反对,绕过它直接交易纽交所上市的股票,从而削减了纽交所的固定佣金(Weeden,2002)。

如果中央限价订单簿得以建立,则它本可以成为Automated Trading Desk买卖股票的完美途径。在20世纪70年代,中央限价订单簿在证券交易委员会员工中引发了浓厚兴趣和热情。据几位员工回忆,他们常在周五下午去总部大楼附近的酒吧,如The Dubliner或Kelly's Irish Times。在那里,他们有时会"在纸巾上设计各种中央限价订单簿的模型,并持续了好几年"(受访者RX)。然而,更有经验的员工明白,这种尝试不过是理论上的假设。正如证券交易委员会前官员RE所说:"我们清楚……在我们当时的政治环境下,(中央限价订单簿)是不可能实现的。"即使证券交易委员会获得了新的法律授权,也未准备强推一

---

〔1〕 限价单是指在特定价格下买入股票,或在特定价格以上卖出股票。关于中央限价订单簿的争议,请参见Pardo-Guerra(2019:248-300), Kennedy(2017:905-907), MacKenzie(2018b:1660-1666)。

个可能削弱纽约证券交易所地位的集中化全国市场系统。正如 RE 所言,纽交所"在当时是一个非常强大的机构",此外,波士顿、费城、旧金山等地的地区交易所也有一定的政治影响力,主要通过各州的国会代表团体现出来。

纽约证券交易所本身引领了替代中央限价订单簿的国家市场系统设计,即"跨市场交易系统"(Intermarket Trading System)。这种整合度较低的网络设计基于纽交所现有的"通用信息交换系统"(Common Message Switch),该系统将经纪公司办公室与专家经纪人的交易室展位连接起来,因此跨市场交易系统得以迅速投入使用(Pardo-Guerra,2019:284—285;另见 Kennedy,2017:905—907)。跨市场交易系统使一个交易所的交易员(如波士顿证券交易所)可以向另一个交易所(如纽交所)的同行发送交易请求。作为一种政治妥协,跨市场交易系统设计精巧,除中央限价订单簿最热忱的支持者外,其他人均可接受。值得一提的是,它为地区交易所的成员提供了他们梦寐以求的东西,也就是直接进入纽交所交易大厅的权限,可以与纽交所的专家经纪人直接达成交易,却无须向纽交所支付经纪人费用。这种权限对地区交易所的专家经纪人极具吸引力,因为它可以帮助他们在当日交易结束时平仓,而无须将头寸留到第二天(受访者 MG)。因此,尽管中央限价订单簿倡导者唐纳德·韦登曾恳求他们不要支持跨市场交易系统,但是地区交易所的领导者还是选择了支持跨市场交易系统(Weeden,2002:106)。

跨市场交易系统于 1978 年启动,一直运行到 21 世纪初。通过跨市场交易系统收到请求消息的一方需在两分钟内做出回应(后期缩短至 30 秒)。该系统以人类能够适应的节奏运行,同时也暴露出该节奏令人沮丧的局限性。例如,如果某位专家经纪人收到一条通过跨市场交易系统发送的交易请求以执行某个报价,那么,他可以简单地拒绝履行该报价,并在受到质疑时声称自己正在修改报价(受访者 RG)。因此,对于大多数机构投资者来说,通过经纪人或交易商将大额订单发送到流动性最强的交易所——如纽约证券交易所,或者在有股票挂牌的情况下,发送至结构相似但地位稍逊的竞争对手美国证券交易所,仍然比使用地区交易所和跨市场交易系统更为简单、快捷。因此,跨市场交易系统反而巩固了纽交所交易大厅在美国股票交易中的核心地位。

与中央限价订单簿拟议的订单簿可能对所有参与者公开不同,纽约证券交易所的订单簿(如第 1 章所述,20 世纪 80 年代之前是手写在预印表格上——见

图 3.1,后来转为电子化)即使到 20 世纪 90 年代仍主要由负责相关股票的专家经纪人所私有。正如纽交所前交易大厅经纪人 XZ 所说:"(在任意给定价格上)他的订单簿可能有成百上千个订单,也可能什么都没有。他是唯一知道这些的人。"在"订单簿"还是手写的时代,当专家经纪人或其助理需要打开簿本以记录订单时,交易大厅的经纪人也许有机会偷看(在后来的电子化时代,可能瞥见专家经纪人展位中的订单簿内容),尽管这样做违反纽交所的规定:

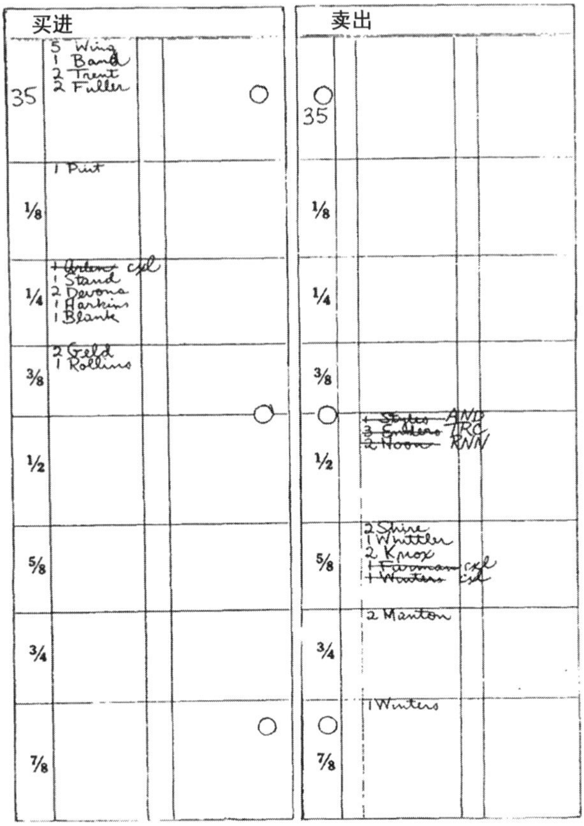

注:价格以传统的 1/8 美元为单位,数量以"整手"(100 股)为单位。订单由纽交所代表外部客户的会员下达。划线订单表示已取消(标记为"cxl")或已成交。例如,三个以 $35_{1/2}$ 美元出售的订单已与以该价格买入的订单匹配;负责买入订单的会员公司通过三字母缩写标识。

资料来源:美国证券交易委员会(1963:part 2 491)。

图 3.1　20 世纪 60 年代初纽约证券交易所的订单簿

当他(专家经纪人或其助理)打开订单簿时,左页是买单,右页是卖单(见图3.1)……如果你被抓到偷看,那将是一场灾难。他会狠狠训斥你,这种经历堪称噩梦,你绝不想在偷看订单簿时被抓到。但如果你能快速倒着和反向阅读,那就会是一个优势。(XZ)[1]

如第1章所述,1991年纽约证券交易所的一项规则变更赋予了场内经纪人向专家经纪人询问其订单簿中买卖盘总体平衡状况的权利。对于像Automated Trading Desk这样并未实际置身于纽交所交易室内的平台来说,直到21世纪初,纽交所交易股票的全部订单簿信息仍然不透明;在此之前,纽交所仅通过美国证券交易委员会规定的统一报价系统(Consolidated Quotation System)对外发布最优买卖价格及其总量。因此,如本章前文所述,一些潜在的重要预测变量(例如某只股票的买卖盘平衡状态及其变化趋势)根本无法被Automated Trading Desk的算法所利用。

纳斯达克

在中央限价订单簿的威胁被化解后,20世纪80年代和90年代初,纳斯达克成为纽约证券交易所的主要竞争对手。纳斯达克是美国证券交易商协会(National Association of Securities Dealers)推出的自动报价系统。1939年,美国证券交易委员会鼓励成立美国证券交易商协会,并赋予其规范会员行为的权力,希望以此遏制场外(即非交易所)股票交易中广泛存在的违规行为和欺诈行为。这是纽交所和其他交易所对寻求上市的公司施加的要求,而场外交易的股票发行人通常无法满足这些要求。1971年2月,在美国证券交易委员会对更高价格透明度的要求下,纳斯达克上线,成为一个电子系统,通过屏幕展示美国证券交易商协会授权的做市商的股票买卖价格。到20世纪80年代,场外股票交易曾经的污名基本消退,苹果、微软、英特尔和思科等科技公司随着规模的扩大尽管可以选择在纽交所上市,但通常选择继续留在纳斯达克,从而使其成为一个日益重要的股票交易平台。

与纽约证券交易所和地区性交易所不同,纳斯达克从未设有面对面的交易大厅。为了获准直接在纳斯达克交易,证券公司必须首先成为美国证券交易商

---

[1] 关于窥视订单簿的能力,请参见SEC(1963:part 2, 77)。

协会的会员——正如 Automated Trading Desk 想通过加入协会以便发行股票，它发现这个过程需要跨越"繁重的官僚障碍"，惠特科姆在向 Automated Trading Desk 股东描述时如此说道（Whitcomb，1995）。一旦成为会员，资本实力雄厚的公司便可以注册为一只或多只股票的做市商。只有完成这一步骤，公司才能获得纳斯达克三级访问权限，通过纳斯达克终端在屏幕上发布买卖价格。如果没有这种权限，即使是美国证券交易商协会的会员公司也必须通过电话与做市商达成协议，或者使用纳斯达克的小额订单执行系统（Small Order Execution System）。该系统于1982年建立，会员公司通过它将散户客户（即普通投资者）最多1 000股的少量订单发送给做市商，按照屏幕上显示的报价自动执行。

在美国股票的最低价格单位（以及做市商买入和卖出股票的价格之间的最低差价）仍然为1/8美元的时期，成为纳斯达克的做市商是一项非常有利可图的业务。这一角色不仅带来正式的义务，即做市（如持续发布买卖价格），也须符合非正式规范。那些违反这一规范的做市商会受到同行的强烈抵制——不得显示"1/8"的报价，例如，$20^{1/8}$ 美元或 $20^{3/8}$ 美元（Christie & Schultz，1994）。如果发布带有1/8的买卖价格，会"打破差价"（将差价从通常的25美分降低到12.5美分），并可能收到其他做市商的辱骂电话。做市商收入的主要来源正是买卖价格差。一位尝试使用1/8点规则报价的交易员告诉记者格蕾琴·摩根森（Gretchen Morgenson）：

> 我的电话会亮得像圣诞树（表示多个电话打进来）。"你在这只股票上搞什么？你正在缩小价差。我们可不是这么玩的。滚回你该待的地方去"（Morgenson，1993：76）。

机构网络公司

相比纳斯达克，机构网络公司提供了一种更完全电子化的交易方式；它实际上是最早的电子交易系统之一。[1] 机构网络公司由股票分析师杰罗姆·普斯提尔尼克（Jerome Pustilnik）、他的同事赫伯特·贝伦斯（Herbert Behrens）和计算机科学家兼企业家查尔斯·亚当斯（Charles Adams）于1969年创立，目的是

---

[1] 据笔者所知，只有另一个电子交易系统与机构网络公司同期，或稍早于它。美国的一个地区交易所——太平洋证券交易所，在1969年推出了名为 Scorex 的系统。其早期历史不明确，但到1980年，它允许小额订单根据"合并报价系统"上显示的最佳报价来执行，该系统传播美国证券交易所的最佳买卖价格，参见 Seligman（1982：531）。

"让机构投资者直接进行交易,无需通过像纽约证券交易所会员公司这样的中介"。[1] 最初,机构网络公司通过当时在大型机构间常用的电传打字机与订阅用户通信。电传打字机可以打印接收到的消息,并配备键盘以输入要发送的消息。

> 你会输入想买的内容和数量,它(机构网络公司的中央系统)会将所有不同的电传打字机连接起来,你会看到(打印在那些机器上)有人想买5 000股IBM。我们(机构网络公司)知道买家是谁,但其他方不知道。(受访者GN)

这些电传打字机后来被配备了显示屏的计算机终端取代,这些终端通过调制解调器和电话线与机构网络公司的中央系统相连。在终端的绿色屏幕上,"供给"和"需求"以匿名列表的形式显示,类似于第2章提到的芝加哥商品交易所Globex终端屏幕上显示的内容——列出每只股票的买价和卖价。[2]

然而,如前文所述,投资管理公司对使用机构网络公司系统的热情远低于其创始人的期望。据受访者GN称,机构网络公司"勉强存活"。通过主要投资银行等大型交易商交易股票确实比使用机构网络公司更昂贵,但(如MacKenzie, 2019d中所述)这能为投资管理公司带来其他好处,例如,考虑投资的公司高管面对面会晤;可能获得高利润的首次公开募股(IPO)股票的优先认购权,尤其是"软美元"回报;等等。作为支付交易佣金给交易商的回报,投资管理公司会获得并且仍在获得"免费"的研究报告以及过去的一些其他奖励,例如,差旅补贴,有时甚至是直接的现金支付。这些软美元安排的经济逻辑在于,交易佣金是投资管理公司可以全额转嫁给其管理的养老基金、共同基金和其他储蓄的费用。因此,从投资管理公司的角度来看,这些费用并非"硬美元",即实际支出。然而,现金奖励和其他福利——从投资银行或其他交易商那里获得的"免费"研究,则直接节省了"硬美元"开支。因此,受访者GN表示,尽管机构网络公司"希望(机构投资者)参与其中",但除了少数,这些投资者"并不想参与。他们不想远离华尔

---

〔1〕 参见 Adams, Behrens, Pustilnik & Gilmore(1971:1)。关于机构网络公司的起源,请参见 Pardo-Guerra(2019:228—235)。

〔2〕 根据受访者GN的说法,机构网络公司用户最初只能看到每只股票的最佳(即最高)买价和最佳(最低)卖价,他将这一限制归因于监管机构,本质上反映了传统金融中介希望限制信息披露的意图。"你提供的信息越多,"GN说,"每笔交易赚的钱就越少。"后来,机构网络公司终端显示了每只股票的完整订单簿,不过确切的变更日期在数据中并不清晰。

街(大型交易商)进行交易"。

机构网络公司和纽约证券交易所上的自动化交易

鉴于机构网络公司已实现电子化,且加入门槛不高,再加上大卫·惠特科姆因其顾问工作已对该系统十分熟悉,因此,机构网络公司成为 Automated Trading Desk 首次尝试自动化交易的选择,这一点不足为奇。尽管 Automated Trading Desk 的资本规模有限,难以支撑大规模交易,但惠特科姆的会计师为他引荐了一位后来创办了一家知名对冲基金的人(该人士不愿透露姓名),这家基金提供了所需的资本。

在查尔斯顿,Automated Trading Desk 的年轻程序员们热衷于挑战,致力于打造一套能够进行真实自动化交易的系统,而不仅仅是模拟交易。他们还研究了如何进行"屏幕抓取"(受访者 BW),即将驱动机构网络公司终端屏幕的二进制数据流直接转移到 Automated Trading Desk 的计算机中,由其解码并处理。这些程序员不仅仅是编写代码。"有一阵子",一位前 Automated Trading Desk 程序员回忆道:

> 我得爬梯子穿过天花板铺设光缆。有些时候,我还得接线。

他说 Automated Trading Desk 的办公室通常位于查尔斯顿一些破旧的建筑中。

> 停车场倾斜到办公室前门,所以下雨的时候,雨水会从门底流进来。我们不得不把所有的电脑放到桌子上,以免受水浸泡……我们还得对付……蟑螂。

1989 年 9 月,就在 Automated Trading Desk 刚开始实盘交易时,一场巨大的飓风"雨果"(Hurricane Hugo)在查尔斯顿北部沿岸登陆,导致 Automated Trading Desk 暂停运营两周(Whitcomb, 1989b)。尽管面临这些困难和无法避免的压力,自动化交易仍然被认为是"很有趣……与今天完全不同":

> **受访者**:如今的交易非常注重极低的延迟(即极快的速度)和复杂的数学分析。而当时,仅仅完成交易这一行为本身就是一项巨大的挑战……那时的重点是如何避免需要满屋子的交易员,并尽可能实现自动化,而这涉及……我不想用"黑客"这个词,因为它有负面含义,但实际上就是……

笔者：黑客一词的原始含义并不具有负面意义(见后文)。

受访者：对，我们确实是在"黑客式"地解决问题，但不是非法入侵，而是尝试通过逆向工程来理解发生的事情，并找到利用这些情况的方法。

1989年9月，在Automated Trading Desk的首次实盘交易测试中，惠特科姆的模型结合了期货价格和前文提到的其他变量，展现了预测能力。正如惠特科姆向Automated Trading Desk股东报告的那样，该模型"并不完美"。Automated Trading Desk"在交易过程中对其进行了微调"，但实验中系统仍然实现了每股约2.5美分的毛交易收入(Whitcomb，1989b)。然而，使用机构网络公司系统需要支付每股约4.5美分的佣金。部分佣金以"软美元"的形式返还给Automated Trading Desk。尽管机构网络公司的设计初衷是为了让投资管理公司能够以低成本彼此交易，但显然它也不得不向这些公司提供"软美元"激励。不过，为此次交易实验提供资金的对冲基金要求Automated Trading Desk将机构网络公司的"软美元"支付转交给他们(Whitcomb，1989b)，导致Automated Trading Desk在净收益上仍然亏损。

Automated Trading Desk当然清楚机构网络公司的佣金率，但他们低估了另一个问题：由于投资管理公司的交易量有限，机构网络公司在20世纪80年代初决定向经纪商开放其系统。[1]这一决策最终让机构网络公司在商业上取得成功，因为它为纳斯达克经纪商解决了一个实际问题。经纪商通过设定25美分的买卖价格差可以轻松获利，但通常需要承担潜在的交易风险。机构网络公司为经纪商提供了一种电子化方式，让他们能够相互交易，从而减少或消除这些风险头寸，因此受到纳斯达克经纪商的欢迎，成为一个便利工具。

对于Automated Trading Desk来说，问题在于，纳斯达克经纪商在交易纳斯达克上市股票中的核心角色使得他们掌握了一些无法从机构网络公司屏幕上推测出的信息，例如，他们刚完成的大宗交易或客户的交易意图。正如惠特科姆向Automated Trading Desk股东所说："经纪商总是活跃在市场中，并掌握他们所交易股票的最新'基本面'信息和订单流信息。"机构网络公司的交易员(这些交易员服务于不愿直接使用机构网络公司系统的公司)告诉Automated Trading

---

[1] 机构网络公司确实继续为机构投资者提供将其订单标记为"I-ONLY"的能力，只允许其他机构投资者看到这些订单(Instinet，1988：12)。

Desk，它"被套牢"了：经纪商会在预计价格上涨时从 Automated Trading Desk 购买股票，在预计价格下跌时将股票卖给 Automated Trading Desk(Whitcomb，1989b)。实际上，经纪商在交易中的核心地位使得人类交易员在关键时刻的预测能力超过了 Automated Trading Desk 的算法。

1990年4月到5月，Automated Trading Desk 开展了下一次交易实验，将目标转向当时仍是美国股票交易核心的纽约证券交易所。如前文所述，Automated Trading Desk 只能通过会员公司在纽交所进行交易，而这些公司的佣金在20世纪80年代后期平均每股接近7美分，使得 Automated Trading Desk 几乎不可能盈利(Berkowitz, Logue & Noser, 1988：104)。然而，惠特科姆找到了一家纽约证券交易所会员公司，这是一家大型投资银行(同样，他不愿透露其名称)。该银行内部有一个交易团队，也使用预测模型进行股票交易，但其时间跨度远长于 Automated Trading Desk 的模型。因此，该银行迅速意识到，Automated Trading Desk 的交易为自动化，省去了他们给其他客户提供的许多服务。基于这一点，Automated Trading Desk 成功协商到特别降低的每股3美分的佣金。这家投资银行还提供了高速调制解调器，建立了两条从 Automated Trading Desk 查尔斯顿办公室到该银行曼哈顿总部的专用电话线路，并允许 Automated Trading Desk 的电子订单通过银行的高速线路直接连入纽交所交易大厅的专家经纪人席位。在测试期间，Automated Trading Desk 交易了320万股，再次显示了它的预测能力：公司获得每股平均毛利润1.9美分(Whitcomb，1990)。但这一利润仍不足以覆盖支付给银行的佣金，因此 Automated Trading Desk 仍然亏损。

不过，这家投资银行知道自身交易成本远低于向 Automated Trading Desk 收取的优惠佣金。因此，他们向 Automated Trading Desk 提议了一种新安排：Automated Trading Desk 仅支付银行实际交易成本的估算值(约每股1.4美分)，而银行保留 Automated Trading Desk 利润的大部分，按照大约75：25的比例分成(Whitcomb，1990)。这一安排使 Automated Trading Desk 最终开始盈利，并暂时保障了公司的生存。

回顾投资银行的这一安排，最值得注意的是惠特科姆对此的评价。他认为这"是一笔非常公平且体面的交易""我对(这家投资银行)只有赞美之词"(采访2)。金融市场中不同经济角色的既定体系在当时是市场生活的理所当然。并非所有人都能随心所欲地交易,且必须向相关角色(如纽约证券交易所会员、官方纳斯达克经纪商等)支付可能相当可观的费用以参与交易。然而,这一体系即将受到挑战,一个微小的裂缝开始在这一固定角色体系中显现。[1]

在"被鄙视者"之中

这一裂缝出现在纳斯达克,并且是由股票市场监管机构美国证券交易委员会在无意间造成的。在 1987 年 10 月的股市崩盘期间,许多纳斯达克经纪商因为担心价格继续大幅下跌,停止处理通过纳斯达克的自动小额订单执行系统发送的卖单,它们主要来自个人投资者。这些经纪商实际上拒绝履行其屏幕上显示的买入股票报价。在崩盘后,美国证券交易委员会成功向全国证券交易商协会施压,要求其会员必须按纳斯达克屏幕上显示的报价填补小额订单执行系统的订单(Ingebretsen,2002:99—100)。

这一规定打开了裂缝。如果经纪商的员工没有及时关注纳斯达克的屏幕,那么,他们可能无法在市场条件变化时迅速调整报价。而那些更为专注的交易员可以利用小额订单执行系统发送订单(经纪商现在必须执行这些订单),以"截获"这些过时的报价。例如,在价格上涨时,他们能够以市场尚未上涨的较低报价买入股票。[2] 逐渐增多的半专业交易员抓住了这些机会,他们被纳斯达克经纪商称为"小额订单执行系统投机者",实际上是从成功成为美国证券交易商协会会员的日内交易公司租用纳斯达克屏幕和小额订单执行系统的访问权限。日内交易指短期交易,目标是在短时间内快速获利,而非长时间持有股票,更不包括隔夜持有。[3]

到 20 世纪 90 年代中期,这类"投机"交易员已超过 2 000 人(Harris & Schultz,1998:41)。他们中的许多人集中在狭窄和临时拼凑的交易室中,这些交易室通常位于曼哈顿下城的破旧建筑里。虽然没有具体的统计数据,但根据刻板印象,他们通常是"来自斯塔滕岛、皇后区和布朗克斯等边远地区的城市大学

---

[1] 笔者借用了阿斯珀斯表述的"固定角色"(Aspers,2007),但用意有所不同。对于阿斯珀斯而言,固定角色市场是指某些角色仅限于卖方,另一些仅限于买方。在笔者讨论的固定角色金融市场中,任何行为者都可以既买又卖,但他们如何进行交易是受到约束的。

[2] 美国证券交易商协会的规则禁止做市商安装自动系统以更新其报价,以反映其他做市商的报价变化。受访者 EZ 曾在 20 世纪 90 年代为美国证券交易商协会工作过,据他透露,制定这一规则的理由是防止做市商通过自动"淡出"其买卖价格来逃避其责任,即通过改变报价使其无法执行。

[3] 第一个此类"小额订单执行系统投机者"交易操作[由 Donlan(1988)详细描述]在其订单执行成为强制性要求后的 4 个月内启动。

生,没机会进入高盛或摩根等大型银行"(Patterson,2012:100)。《福布斯》的两位记者在参观新成立的电子交易平台 Island 的办公室时,发现其位于百老汇大街 50 号六楼,在里面随处可见"狭窄的走廊和斑驳的天花板"(Brekke,1999)。他们随后被带到二楼的日内交易办公室。这些记者穿过"一间布置简陋的办公套间",进入了"一个昏暗、临时搭建的交易室"。

> 每天上午 9:30 到下午 4 点,50 名男性交易员坐在屏幕前目不转睛地盯着显示器。他们大多不到 30 岁,穿着 T 恤、牛仔裤和棒球帽。他们一边敲击键盘一边交谈;更多的时候,他们只是专注地盯着屏幕,偶尔会对着屏幕大声咒骂(Schifrin & McCormack,1998)。

据说,有一个采用小额订单执行系统进行交易的领军人物在交易室里来回巡逻,有时会大喊:"去他们的!强盗!"(Patterson,2012:101)这里的"强盗"指的是纳斯达克的经纪商。虽然通过小额订单执行系统交易可能带来丰厚利润,但交易员也会遭受巨大的损失:"看到一个脸色苍白的人趴在垃圾桶上剧烈呕吐时,没有人会感到惊讶,他甚至不离开座位,一边呕吐一边继续交易。"(Patterson,2012:113)

小额订单执行系统为这些外部交易员提供了一条直接进入主要固定角色市场核心的路径。而那些享有特权角色的市场参与者,尤其是纳斯达克的注册经纪商,正试图用尽一切方法封堵这一裂缝。他们想禁止"专业"交易员访问小额订单执行系统;向美国证券交易委员会申请用一个不强制完成交易的新系统取代小额订单执行系统;甚至有个别交易员遭到了死亡威胁。采访对象 BW 说,"他们恨我们"。[1] 然而,这些措施均未奏效。例如,美国证券交易委员会通过了一项规定,禁止被认定为"专业交易员"的人访问小额订单执行系统,但有些交易员对这一规定提出异议。1993 年,美国哥伦比亚特区上诉法院以该规定对"专业交易员"的定义过于模糊为由推翻了这一禁令。[2]

Automated Trading Desk 在 20 世纪 90 年代初于纽约证券交易所所获的交易利润迅速缩减。1994 年,惠特科姆告诉股东,"我们几乎没有赚到钱"(Whitcomb,1995)。他意识到"我们需要完全不同的策略"(访谈 2)。惠特科姆的一位

---

〔1〕 由于纳斯达克最初是为电话交易而设计的,因此它不能实现匿名。显示订单的公司和发送订单的公司都可识别,因而电话号码很容易获取。实际上,交易员都知晓主要"强盗"的身份。

〔2〕 威廉·蒂姆皮纳罗等人诉证券交易委员会案,参见 William Timpinaro et al. v. Securities and Exchange Commission, 2 F. 3d 453(US Court of Appeals 1993)。

会计学教授朋友介绍了他的前学生——一名利用小额订单执行系统套利的交易员。于是，Automated Trading Desk 与这位教授和交易员成立了合资公司，开发惠特科姆所称的"自动小额订单执行交易系统"(惠特科姆采访 2；在他写给 Automated Trading Desk 股东的信中，惠特科姆使用了更为中立的术语"小额订单执行系统操作员")。Automated Trading Desk 的交易员"只是坐下来"，观察这些操作员的行为并询问他们为何这样做(采访对象 BW)。

Automated Trading Desk 的交易员很快发现，这些操作员通过仔细监控纳斯达克屏幕上经纪商的买卖价格变化(这些报价并非匿名)来预测价格波动。例如，如果少数经纪商降低了买价，特别是那些被认为可能预示相关股票价格变动的经纪商，那么操作员就会利用小额订单执行系统在其他报价尚未改变时迅速卖出股票。尽管纳斯达克没有类似纽约证券交易所的官方"专家经纪人"，但通常会有一位被非正式承认的主导交易商，称为"名字""轴"或"球"(Morgenson, 1993)。正如采访对象 BW 所说："他们(操作员)会说，'两个……经纪商(降低了报价)'，或者'高盛主导这只股票，当高盛撤退时，所有人都会离开。所以我看到高盛降低了报价，就赶紧卖了股票'。"[1]

Automated Trading Desk 实现了这种预测推理的自动化。1995 年 1 月，惠特科姆向 ATD 的股东们解释道："我们的计算机会扫描纳斯达克的数据流，追踪数百只股票，寻找股票交易商即将在某一侧(即买价或卖价)'淡化报价'的迹象。"尽管 Automated Trading Desk 的办公室已经迁至南卡罗来纳州的芒特普莱森特，与纳斯达克位于康涅狄格州的特伦布尔的计算机中心相距甚远，但 Automated Trading Desk 的自动小额订单执行系统仍然比人类交易员快。"我们竞争的对手是那些小额订单执行系统交易员"，BW 说道："当高盛撤掉报价时，会有成千上万的人试图抓住这个机会……大多数人是手动点击的'点选交易员'。"20 世纪 90 年代中期，高频交易尚处于起步阶段，根据采访，当时只有一家公司操作类似于 Automated Trading Desk 的自动小额订单执行系统(信息由采访对象 AG 提供)。因此，Automated Trading Desk 几乎没有面临太多来自电子化竞争的压力。

股票价格波动中的预测结构机会，似乎被人类和自动化的小额订单执行系统交易员成功利用。这种机会是由纳斯达克的社会技术组织造成的。只有注册

---

[1] Harris & Schultz(1998) 后来通过定量分析证实了这种"推理的普遍性和营利性"。

为某只股票做市商的授权美国证券交易商协会会员公司,才能在纳斯达克的屏幕上发布买卖价格。这些报价数量有限,并且因为需要通过电话与做市商联系才能进行大规模交易,所以,这些报价并非匿名。监控这些屏幕上的买卖价格能让操作员预测价格走势的最可能原因,与 Automated Trading Desk 之前在机构网络公司交易中已发现的问题相同。至少较大的交易商,尤其是那些"知名"或"主力"做市商,不仅提供市场报价(即发布买卖价格),还处理来自机构投资者的大额订单(Smith, Selway, & McCormick, 1998:34)。例如,如果一家做市商正在执行一个大额卖单,或者得知这样的订单正在或即将被执行,它就会降低买价,以避免用可能下跌的价格买入股票。实际上,纳斯达克屏幕上非匿名的买卖价格阵列向任何准备密切关注它们的人播报了做市商的私有信息。这些信息正是导致 Automated Trading Desk 在机构网络公司交易中失败的原因,因为机构网络公司与纳斯达克不同,前者能够看到的买卖价格是匿名的,且数量稀少,因此信息含量较低。

作为"被鄙视"的小额订单执行系统操作员,Automated Trading Desk 有时感到尴尬:

> 我们知道或者至少感觉到,美国证券交易商协会想以各种违规理由关闭一家小额订单执行系统交易公司。

惠特科姆帮助成立了电子交易员协会,向美国证券交易委员会和国会陈述"小额订单执行系统操作员并未从事任何不道德或不诚实的行为,甚至可能通过对价差施加压力来提供服务",即减少卖价和买价之间的差距(惠特科姆访谈3)。然而,使操纵小额订单执行系统的交易变得体面并不容易。有一次,惠特科姆目睹了一名知名操作员"几乎对美国证券交易商协会的一位高级官员进行人身威胁"。"他走向那位官员,使用了极其粗俗的语言"(访谈2)。

然而,自动化的小额订单执行系统交易对于 Automated Trading Desk 在20世纪90年代中期的生存至关重要:惠特科姆说(访谈3),"它拯救了我们",使公司最终发展到约70名员工(见表3.1)。每次交易1 000股的小额订单执行系统订单,交易员完全有可能从中获得每股25美分的利润。"你刚刚赚了大约250美元",采访对象 BW 告诉笔者。然而,一家高频交易公司仅仅在美国金融市场边缘生存,并不能改变这些市场。这种改变始于完全不同的发展,尽管它也源于小额订单执行系统操作交易。

表 3.1　　　　　　　自动交易平台在 21 世纪初期的员工职能

高级管理层	6	9%
管理/合规/营销	17	25%
技术的	29	43%
定量分析	2	3%
贸易	5	7%
混合角色,包括交易	9	13%
	68	

资料来源:受访者 BT 文件中的员工名单,具体日期不详。混合职能包括交易/研究以及交易员兼模型开发者等。

"Island 来了!"

虽然操作员利用小额订单执行系统创建了他们的交易头寸,但除非非常幸运,否则他们无法通过小额订单执行系统以有利可图的方式平仓(Harris & Schultz, 1998)。为此,他们通常需要通过经纪公司使用机构网络公司系统(据采访对象 AF 称,这价格不菲,"机构网络公司对纯粹的日内交易公司非常挑剔,不轻易提供接入"),或者纳斯达克为经纪商之间交易设置的屏幕交易系统 Select-Net,无须支付给机构网络公司的费用。SelectNet 并非匿名,因此试图使用它进行交易的小额订单执行系统交易公司是可以被识别的。"他们知道是你",采访对象 BW 说道。此外,经纪商也没有义务遵守他们在 SelectNet 上发布的价格。

因此,有机会创建专门满足小额订单执行系统操作员和其他日内交易员需求的交易平台,特别是交易头寸的平仓。这类平台中第一个也是最有影响力的就是本书开头提到的 Island。这家初创公司设在 Datek 的百老街办公室内。Datek 是一家纳斯达克经纪公司,拥有众多小额订单执行系统操作员和客户。Island 的首席软件架构师兼程序员乔希·莱文告诉笔者,1996 年 2 月推出的第一版 Island "和世界上大多数代码(计算机程序)一样,更多的是进化而非设计"(莱文给作者的电子邮件,2012 年 5 月 21 日)。[1]

---

〔1〕 笔者在 2011 年 10 月与莱文共进午餐,尽管非常愉快,但他更喜欢通过电子邮件回答问题,而不是面对面采访。笔者和同事胡安·帕布洛·帕尔多—格雷拉(Juan Pablo Pardo-Guerra)给他发了两波问题,他分别在 2012 年 1 月和 5 月做出了回应。莱文还提供了他给 Wired 杂志撰写一篇关于 Island 的文章时用到的电子邮件信息(Brekke, 1999),供参考。

"我们会向你展示订单簿,为什么他们不呢?"

Island 的两位创始人是莱文(Levine)和杰弗里·西特龙(Jeffrey Citron)。莱文曾在卡内基梅隆大学的电气工程专业"辍学或未能毕业",后来通过在纽约金融行业编写软件谋生;西特龙最初被 Datek 聘为文员。[1] 加入 Datek 后,西特龙开始担任交易员,最终独立创业,并招揽莱文参与多家合资企业,其中,许多涉及开发交易软件,为 Datek 等公司工作的交易员提供便利。西特龙和莱文与 Datek 保持了密切联系,莱文甚至仍然在位于百老汇大街 50 号的 Datek 办公室工作。

莱文开发了一系列系统,帮助 Datek 的客户和类似的交易员通过买卖纳斯达克股票获利。Island 的前身为 Watcher 系统,最初"只是一个用于监控执行情况并记录交易员头寸的程序",但莱文逐步添加了更多功能,使其成为一个全面的交易系统,提供市场新闻和纳斯达克经纪商报价变化的最新信息,允许交易员输入订单,并可向其他用户或所有 Watcher 用户发送消息(莱文的电子邮件,2012 年 1 月 27 日;匿名受访者,不详;匿名受访者,1995—1997 年,1995 年 6 月 15 日)。正如帕特森(Patterson,2012:90)所指出的,由于莱文深谙交易员的实践和需求,他设计的 Watcher 远胜于纳斯达克笨拙的专有终端,帮助 Datek 成为下曼哈顿小额订单执行系统的佼佼者。

正因为深入了解 Watcher 用户的交易世界,西特龙和莱文发现有一点很常见:一个 Watcher 用户想以某个价格出售股票,而另一个用户想以同样的价格买入股票,他们却无法通过纳斯达克做到。因此,他们为 Watcher 添加了一项名为"客户对客户跳跃交易"(Customer to Customer Jump Trades)的功能,使用户完全绕过纳斯达克,直接交易。莱文解释道:

(1)我俩正坐在一起。我听到你抱怨自己无法以每股 125 美元卖掉持有的 100 股 INTC(英特尔公司股票)。

(2)我正想买入 INTC,于是对你说:"嘿,我愿意以每股 125 美元买下你那 100 股 INTC。"

(3)你同意了这笔交易。

(4)然后我在我的 Watcher 里输入一笔跳跃交易,我们的头寸和盈

---

[1] 电子邮件来自莱文,日期为 2012 年 1 月 27 日;参见 Brekke(1999)。西特龙主要参与莱文的合资企业商务,但也参与了早期的编程。莱文证明了他的影响:"我做的几乎所有事情都是……受我们长时间、深入讨论的影响。"(莱文的电子邮件,日期为 2012 年 5 月 21 日)

亏立即更新：你的账户反映出卖出 100 股 INTC，而我的账户反映出买入 100 股 INTC。（莱文给笔者的电子邮件，2012 年 5 月 21 日）

然而，这种方式依赖于随机的一对一互动。Island 则扩大了此类交易的范围，尽管起初只限于 Watcher 用户。Island 前首席执行官马特·安德烈森告诉笔者，"这个想法……只是一个'岛屿'，投资者可以在这里直接会面"，而不必通过纳斯达克经纪商的中介（安德烈森访谈）。"Island 来了！"莱文在 1996 年 2 月 16 日告诉 Watcher 用户。"如果你挂出了 1 000 股 ZXYZ 的卖单，价格为 $22^{3/8}$（＝22.375）美元，而其他人通过 Island 下了一笔买入 500 股的订单，价格为 $22^{3/8}$，这笔买单将自动执行。"他补充道：

如果你看到 Island 上挂出了 4 000 股 ZXYZ 的卖单，价格为 $22^{1/2}$（＝22.5）美元，而你想以 $22^{1/2}$ 的价格买入股票……你只需按下＜Shift 2＞键来输入一笔买入 1 000 股（两批 500 股）的订单……想买 2 000 股？只需按两次〈Shift 2〉。有趣吧？（匿名受访者，1995—1997 年，1996 年 2 月 16 日）

如同小额订单执行系统操作员的世界一样，Island 的物理环境给人的印象并不好。访问百老汇大街 50 号的 Island 办公室时，采访对象 RH（一名监管者）形容其"像一个'兄弟会宿舍'……一群身着 T 恤、不穿鞋的家伙"。办公室凌乱不堪，"天花板上挂着电线"（采访对象 RH）、"垃圾堆积如山"（采访对象 AQ）、"一堆垃圾、披萨盒之类的东西"（采访对象 RH）。那里还有一台由计算机控制的铣床（采访对象 AN 说，对交易毫无帮助，但莱文想用它为他的妻子制作一个首饰盒），以及几个受访者印象深刻的用儿童充气泳池临时搭建的乌龟箱。"水缸发臭"，采访对象 BW 回忆道，"如果你不按时清理过滤器，它就会发臭……清理过滤器是工作职责之一"（采访对象 AF）。

Island 在百老汇大街 50 号地下室的机房同样十分简陋，"用了几个临时的大风扇"来冷却机房里塞满的机器。据受访者 AX 描述，机房内放置了数千台"非常廉价的戴尔……非常薄的台式电脑，我们把它们横放在烘焙架上"。当然，这些电脑都没有配备常见的显示屏和键盘。两名刚加入的程序员第一次见到 Island 系统时表示："它与我们之前见过的任何东西都截然不同。"其中一人说道："我们起初以为它无法正常运行，但它确实在运行，说明它是可以用的。"（受访者 AN）。

Island 计算机系统的简陋外观与其系统化且创新的设计形成了鲜明对比。那位曾形容 Island 办公室像"兄弟会宿舍"的监管者 RH 也承认:"他们在技术上确实很专业。"为只持电子交易设计早期系统的软件开发工作通常涉及明确的分工。受访者 AN 表示:"你会先写一份规范文档,描述系统应实现的功能,然后交给你的咨询团队。"咨询团队通常是商业咨询公司的软件开发团队,开发人员往往没有业务领域的直接经验。这一过程既耗时又昂贵,尽管最终的系统通常能够运行,但常常既不优雅也不高效。

相比之下,Island 的系统不仅由乔希·莱文一人构思,其大部分核心软件也由他亲自编写。莱文的开发理念可用史蒂文·莱维在《黑客》(*Hackers*)(Levy, 1984)中的描述来概括,尽管莱维讨论的是更早一代的程序员。"黑客"一词最初并不一定指入侵计算机系统的人,而是指那些自认为属于一个非正式但可辨别的亚文化的程序员群体。他们有着一套关联但又松散的信念和偏好:对权威、官僚主义和中央集权的不信任;对组织等级制度的轻视;对信息自由的支持;对随时可用、广泛存在和可直接接触的计算机系统的推崇;或许最重要的是对编程美学的独特追求。"黑客"追求效率,程序要简洁优雅,运行速度快,对计算机硬件的需求要最小化。这种追求不仅出于实用考虑,还如莱维所说:"程序代码本身有着一种独特的美感。"对"黑客"而言,同行的尊重至关重要,这种尊重并不来源于正式的资格或财富,而是来源于他们编写的程序,来源于那些代码行数最少、结构巧妙得让同行赞叹不已的程序(Levy,1984:30-31)。

尽管 Island 是一家商业化的营利企业,但至少在某种程度上,它(尤其是乔希·莱文)体现了马特·安德烈森在采访中提到的"黑客精神"(Hacker ethos)(Levy 1984 中使用的术语为"黑客伦理"),包括对简洁高效代码的审美偏好。[1] 莱文为 Island 设计的系统最引人注目的是,其效率和速度远远超出了让"操作员"直接相互交易的实际需求。如第 1 章所述,Island 系统的核心——撮合引擎,可以在几毫秒(千分之一秒)内完成一笔交易。考虑到人类对时间的最低感知阈值至少为 100 毫秒(Canales,2009),Island 的撮合引擎即使比现有速度

---

[1] 安德烈森提到的"黑客精神"主要指黑客文化中的一个特定方面,即对金钱的蔑视。但笔者认为这个词更适用于 Island。关于金钱,安德烈森说,"有那种黑客精神,'我不在乎钱',但并不是'他们因为这点显得很酷'的情况"。他发现这在莱文身上很真实,"我会说,'乔什,这是你的奖金支票',他会说,'啊,把它给那些人吧'"。("那些人"是指接管了莱文大部分编程工作的程序员;莱文的电子邮件,2012 年 9 月 1 日)。

慢很多倍，也足以满足交易员的需求。

Island系统的速度并非来源于昂贵的专用超高速硬件。安德烈森说，"乔希当时的态度是，'不，我不想要任何单件硬件成本超过4 000美元的设备'"。Island系统之所以快，关键在于其软件在由廉价标准硬件组成的系统上运行。莱文以及加入Island的其他程序员重写了撮合引擎，因而对计算机的硬盘，特别是计算机内存条的好坏，有着深刻的认识。例如，他们深知缓存（处理器芯片内部的内存）、主内存（由硅材料实现，但与处理器芯片分离）以及长期存储（通常是硬盘）之间的访问速度差异巨大。将数据存入硬盘或从硬盘读取以前和现在都需要毫秒级的时间；但是即使在20世纪90年代中期的技术条件下，使用缓存的速度也快了好几个数量级。[1]

程序员AX向笔者描述了位于百老汇大街50号地下室成千上万台"廉价……简单的"计算机场景，他说："这些机器从未接触过它们的硬盘。"这意味着Island系统的编程方式使其机器组件几乎不需要访问缓慢的硬盘。这种设计能够实现的关键在于撮合引擎设计上的一种彻底变革。此前，撮合引擎通常为了确保受访者AF所称的"事务完整性"（Transactional Integrity），在交易所的计算机系统将订单记录下来之前（通常是在硬盘或其他形式的永久存储中），不会执行甚至不会确认收到的订单。这种方法可能对大型官僚组织的程序设计者来说显得合乎逻辑，但它也意味着撮合引擎必须不断暂停以进行"两阶段提交"（Two-phase comm 跨市场交易系统）[2]操作，从而检查订单簿的更改是否被正确记录在永久存储中。而Island的撮合引擎并没有这样做。正如受访者AN所说，"Island的撮合引擎……以一种所有人（所有其他相关系统组件）都能读取的流式方式广播其消息"。因此，订单簿的更改被"同时（或并行）存储在具有地理分布的多台机器的内存中"（受访者AF）。

Island撮合引擎的核心是一个名为"Enter-2order"的算法，该算法由Levine用FoxPro编写，这是一种由Fox Software开发的数据库管理编程语言。Levine找到了一种简单的方法来加速匹配过程，这是一个巧妙而高效的代码片段，展现

---

[1] 请参见 https://colin-scott.github.io/personal_website/research/interactive_latency.html，该网站给出了1996年技术条件下一级"缓存引用"的估算值为23纳秒（访问日期：2020年1月21日）。非常感谢受访者AF告知这个网站，对计算机硬件感兴趣的人会发现这里有非常宝贵的资源。

[2] "二阶段提交"指系统将信息写入磁盘或其他形式的存储器，收到回执，并确认信息已经写入。

了 Levy 所描述的"自身的美感"。根据 Levine 后来的解释,"Enter-2order"算法在 Island 系统收到一个新订单时的操作是:

> 查看是否存在最近取消订单的记录可以用于这个新订单。这一点非常重要,因为这个记录可能仍然保存在缓存中,使用它将比创建一个新纪录快得多(Levine n. d.)。

在为新订单生成序列号和时间戳之后,算法会检查该订单是否可能通过与订单簿中的现有订单匹配来完成。如果可以,则

> 开始匹配!从订单簿顶部开始(例如,如果新订单是一个卖单,"订单簿顶部"指的是价格最高的现有买单),直到我们用完股份或匹配完所有订单(Levine n. d.)。

Levine 还开发了两个简洁、高效的计算机协议,这些协议现在广泛用于最快的自动化交易中:Ouch 协议用于对买价、卖价和订单取消进行编码,以便撮合引擎快速自动处理;Itch 协议则以连续流的形式传播这些买价、卖价和订单取消的匿名版本,使计算机能够持续生成订单簿的,而无须等待订单簿的定期更新。

"财富从天而降"

尽管 Island 拥有高速和复杂的技术,它因起源于小额订单执行系统投机者而最初被视为不够体面。例如,受访者 BW 说,Island 的员工被告知"永远不要提及谁是 Island 的客户……因为人们不希望别人知道他们在 Island 上进行交易"。然而,Automated Trading Desk 没有这样的偏见,它很快认识到这个新平台非常适合算法交易。它成为第一个在 Island 交易的外部公司,并迅速成为重度用户,从而推动了 Island 的交易量,提升了其作为交易平台的吸引力。Island 最初每个连接每天的订单上限为 999 999 单。某天,受访者 BT 深刻体会到 Automated Trading Desk 在 Island 平台上的交易规模,当时他意识到前者即将超过限制:"我当时就想,糟糕。"但幸运的是,他还有另一个可用的连接。

Island 的速度和对计算机友好的设计不仅吸引了 Automated Trading Desk,不久之后也吸引了其他新兴的高频交易公司。从文化上来说,这种契合度非常高。运营 Island 以及其他在 20 世纪 90 年代末为股票交易而创建的电子通信网络(Electronic Communication Networks)的年轻技术人员(再次强调,大多数是男性),与那些新兴高频交易公司的员工非常相似;事实上,Island 和这些公司的

员工经常流动。Island 成为高频交易理想场所的另一个关键原因是，它完全自动化，所需的员工极少，因此能够收取前所未有的低费用：每股交易费仅为 1/4 美分(Biais, Bisière, & Spatt, 2003:6)，不到 Automated Trading Desk 在机构网络公司和纽约证券交易所交易时面临的高昂费用的 1/10。此外，Island 是最早提供回扣的交易平台之一，回扣为每股 1/10 美分，用于奖励"提供流动性"的公司或交易员，也就是将买入或卖出订单输入订单簿且这些订单最终被执行的行为。回扣(后来在美国股票交易中变得普遍)鼓励了 Automated Trading Desk 和其他高频交易公司成为自动化做市商(详见第 6 章)；换句话说，Automated Trading Desk 和其他高频交易公司可以在 Island 的订单簿中持续维持价格吸引人的卖出订单和略低的买入订单，随着市场条件变化不断取消旧订单并提交新订单。Island 的速度降低了这种操作的固有风险。受访者 AJ 说，"每一毫秒的不确定都是一种风险"，而快速的撮合引擎、快速的数据传播以及快速处理订单特别是取消订单的能力，帮助降低了做市的风险。

Island 与纽约证券交易所在自动化做市的可行性方面形成了鲜明对比。受访者 BT 表示，在 20 世纪 90 年代，尝试在纽交所进行这种活动非常困难。进入纽交所需要支付高昂的费用且没有回扣，而且(如前文所述)除了"专业交易员"外，其他交易员只能获得订单簿部分信息。尽管随着时间推移，纽交所的交易执行变得更加自动化(Hendershott & Moulton, 2011)，但在 20 世纪 90 年代，专业交易员通常仍需授权交易，例如，通过在其计算机终端上按下"Enter"键(受访者 XM 和 GG)。订单取消的确认(对于防止做市算法的报价过时至关重要)在纽交所通常会被延迟几秒钟，这是至关重要的时间差。BT 指出，当交易激烈时，纽交所反映最佳买卖价格变化的数据，由专业交易员的文员手动输入，可能会滞后交易达 30 秒之多。[1]

然而，Island 并未直接与纽约证券交易所竞争。正如前文所述，与之相似的大多数新兴电子股票交易平台(统称为电子通信网络)对交易纽交所上市股票持谨慎态度，担心被证券交易委员会强制使用缓慢的跨市场交易系统。总部位于芝加哥的电子通信网络阿基佩拉戈(Archipelago)确实交易纽交所的股票，并使用跨市场交易系统，但发现其操作麻烦且令人沮丧。阿基佩拉戈经常抱怨纽交

---

〔1〕参见 Hendershott, Jones & Menkveld(2011:13)。他们指出，如果 30 秒内没有手动更新，纽约证券交易所的计算机系统则将会发送更新。

所和其他交易所的专业交易员违反该系统规则,据受访者 EZ 报告,他们甚至开发了一款名为"The Whiner"的计算机程序,用于自动化处理这些投诉。

相反,Island 和其他电子通信网络最初主要交易纳斯达克上市的股票。在 20 世纪 90 年代后期和 21 世纪初期,网络公司股票的繁荣、崩溃以及频繁交易的时期,纳斯达克成为大多数网络公司上市的场所。一个看似微不足道的技术细节帮助 Island 和其他电子通信网络获得了这些网络公司和其他纳斯达克股票高交易量中越来越大的份额。尽管纳斯达克的价格以 1/8 美元为单位(到 20 世纪 90 年代后期降至 1/16 美元),但是电子通信网络的价格增量更小。例如,Island 的最小价格增量是 1/256 美元,这使得高频交易公司能够以比纳斯达克交易商略优的价格在 Island 上提交买卖订单,从而削弱他们的竞争力,同时仍然赚取可观利润。截至 2000 年 3 月,电子通信网络已占纳斯达克股票交易量的 26%;1 年后(2001 年 6 月),这一比例上升至 37%(Biais et al.,2003:6)。

电子通信网络能够繁荣——尤其是 Island,很大程度上是因为它们吸引了高频交易。反过来,高频交易在 Island 和其他电子通信网络上的交易中逐步成形并积累了势头。正如第 1 章概述的那样,Island 引入了多种高频交易的实践,如主机托管。Island 鼓励交易公司将其服务器放置在百老汇大街的大楼内,甚至放在 Island 计算机系统旁的地下室。Island 在 1996 年开始运营时,高频交易信号的主要类别中只有表 3.2 中列出的"期货领先"完全适用于高频交易算法;Island 的订单簿对它们可见,但最初仅占纳斯达克股票市场的一小部分;交易在不同平台间的分散程度也有限。

表 3.2	美国股票高频交易中使用的主要信号类别

1. 期货领先:股指期货市场的变化通常略早于的股票市场的变化。
2. 订单簿动态:正在交易的股票的交易以及算法交易场所这些股票的订单簿的其他变化,例如,买入出价和卖出出价余额的变化。
3. 分散:同一股票在不同交易场所的订单簿中的交易或变更。
4. 相关股票和其他工具:市场变化,例如价格与交易股票价格相关的股票。

注:信号是一种数据模式,用于指导算法的交易。还有一些更专业化的信号类别,例如,机器可读的公司或宏观经济新闻发布。交易中还使用了许多其他信息来源,包括社交媒体"情绪"的自动分析、油轮动态等卫星数据。一般来说,此类数据对交易时间跨度较长的公司比高频交易公司更具价值。

然而,"期货领先"已经足以让Island上的高频交易极其盈利。在20世纪90年代末涌现的高频交易公司中,在第1章提到了一家叫作"交易机器人"的公司。它由计算机科学和电气工程专业毕业生戴夫·卡明斯于1999年10月创立,卡明斯曾在堪萨斯市交易所的公开喊价交易大厅从事交易。卡明斯在自传中写道,当"交易机器人"开始交易股票时,"我们的股票交易模型非常原始。我们尝试了很多新想法,其中很多并不奏效。这完全是一种试错过程"(Cummings, 2016:42)。卡明斯说,改变"交易机器人"命运的是它发现了一个现象(这是独立发现的,没有人告诉他们),即ES(芝加哥商品交易所电子交易的标准普尔500指数期货)的价格变动通常领先于SPY(一只相应的交易所交易基金),而SPY是Island交易的股票之一:

> 我们发现ES的价格波动通常会导致SPY出现类似波动,时间仅相隔几分之一秒。虽然只是几分之一秒,但这一领先一滞后关系在我们的图表上肉眼可见……我们根据ES的价格在Island上对SPY进行报价。当ES上涨时,我们提高买价;当ES下跌时,我们降低卖价……最初,我们的SPY新交易就像射鱼入桶一样容易。财富从天而降,实在令人惊叹。我们的交易量迅速攀升(Cummings, 2016:43)。

芝加哥商品交易所还开始交易一个新的股指期货产品NQ,它追踪纳斯达克100指数股票市场。正如"交易机器人"发现的ES与SPY之间的关系,NQ市场的变化对于交易纳斯达克股票,尤其是在Island市场化操作的QQQ(一个非常受网络时代欢迎的交易所交易基金,也追踪纳斯达克100指数)上,是一种极为有用的信号。

"纽带"

"纽带"是社会学家安德鲁·阿博特(Andrew Abbott)在第1章中提到的术语,用来描述一个能够在多个活动领域中创造回报的过程。高频交易与Island等新兴股票交易平台之间的相互促进关系,是更广泛的"纽带"现象的先驱,这一纽带将交易所的发展与高频交易的增长紧密联系在一起,并且这种联系至今依然存在。最初的核心过程是这样的:在Island上赚取的利润帮助新兴高频交易公司成长,为其提供资本,使它们能够扩展到其他市场。同时,高频交易公司提供的流动性(即大规模的交易以及在订单簿中大量有吸引力的买卖价格)帮助

Island以及其他电子通信网络平台逐步掌握了纳斯达克上市股票和交易所交易基金(如SPY和QQQ)越来越大的份额。高频交易公司能够在具备高频交易友好特性的交易平台上提高交易量,正如受访者AF所说,"它们的利润空间非常非常小",相比之下,"银行等其他成本较高的公司,做这些交易就不划算"。受访者DB曾从电子通信网络平台转到高频交易公司,他表示:

> 这些(高频交易)公司是Island和(其他电子通信网络平台)的大客户,它们对电子交易系统的需求几乎是相同的……这就是为什么……你开始看到市场结构围绕着……低延迟(即高速)、定价层级(对大量交易公司收取较低费用)、非常相似的(技术)功能,所有这些都是由同一类主要参与者(高频交易公司)提出的。它们向全球交易所传达着相同的需求,都认为:"如果你对X、Y、Z做了A、B、C,我就能在你的平台上进行更多的交易。"

到了21世纪初,这一过程开始影响到像纽约证券交易所这样历史悠久的交易所,并且正如我们下面所看到的,尽管比美国晚了几年,但这种现象在欧洲也有所体现。

在某种程度上,"纽带"现象甚至延伸到政府监管领域。尽管在20世纪70年代,美国证券交易委员会曾放弃对纽约证券交易所等既有交易所的决定性挑战,但美国证券交易委员会对改革的渴望,特别是通过增强交易平台之间的竞争来推动改革的愿望,始终没有完全消失。到20世纪90年代,这种渴望通过对纳斯达克交易员普遍存在的不当行为的指控重新焕发了生机,这些行为损害了个人投资者和机构投资者的利益。1993年,时任《福布斯》杂志年轻记者格蕾琴·莫根森(Gretchen Morgenson)——她后来成为美国著名的财经记者,发表了一篇尖锐的揭露文章,揭示了包括纳斯达克交易员在内的多项不当行为,其中之一便是纳斯达克的交易员有时会"抢先执行"客户的订单(例如,在执行客户的买单之前,先自己买入),并通过故意延迟向客户确认报告来掩盖这一行为(Morgenson, 1993)。

1年后,经济学家威廉·克里斯蒂(William Christie)和保罗·舒尔茨(Paul Schultz)(1994)确认了莫根森或许最容易验证的指控:纳斯达克交易员有系统地回避"1/8"价格报价。这个发现带有明显的内部人士通过类似卡特尔行为提高自己利润的意味,并迅速在媒体中被广泛报道,对纳斯达克交易员的声誉造成了灾难性的影响。在1994年5月26日首次报道克里斯蒂和舒尔茨的研究结果后，交易员使用1/8点规则报价的行为几乎在"一夜之间"急剧增加(Christie, Harris, & Schultz, 1994)，但为时已晚。这些交易员受到集体诉讼。案件最终于1997年12月和解(无不当行为得到承认)，并赔偿了9.1亿美元，当时这是历史上最大的民事反垄断和解(Ingebretsen, 2002:153)，并且使得纳斯达克引起了美国证券交易委员会的注意。

实际上，电子通信网络的兴起是美国证券交易委员会减少纳斯达克交易商在交易中结构性优势的一种直接方式。根据受访者RZ的说法，结合一位曾在美国证券交易委员会工作并转职到美国证券交易商协会的前官员的努力，美国证券交易委员会于1996年制定的订单处理规则，使得纳斯达克的交易屏幕向新的电子交易平台开放，允许这些平台在纳斯达克交易商的报价旁边显示其最优的买价和卖价。美国证券交易委员会在1998年出台的《另类交易系统》(Alternative Trading Systems)使得设立新交易平台变得更加容易(Castelle, Millo, Beunza & Lubin, 2016)。此外，美国证券交易委员会还推动美国股市逐步朝向Island那种精细价格区间发展，在2000—2001年间将美国股市的最小价格增量从1/16美元降至1美分，这一过程被市场参与者称为"十进制化"。

然而，更为早期的事件对新兴高频交易友好型电子交易场所的长期影响，至少同样重要：20世纪60年代的"文书危机"(Paperwork crisis)以及随之而来的国会对清算和结算流程改革的压力。这些流程至关重要，是股票交易的基础环节，因为它们涉及交易登记、担保、股票所有权的转移以及相应的现金支付(Millo, Muniesa, Panourgias & Scott, 2005)。如前文所述，1975年的证券法修正案不仅要求建立一个集成的"全国市场系统"(National Market System)——虽然该系统的实施形式有所简化，而且要建立一个"全国证券交易清算与结算系统"(Securities Acts Amendments, 1975:139)。这一系统最终将包括纳斯达克等交易所的原有分散系统整合为一个单一的集中的系统，并由存托及结算机构(Depository Trust & Clearing Corporation)这个统一的组织进行运营。

与交易世界中对集权化的强烈抵制不同，清算和结算的集权化，尤其是"管理后台工作的枯燥任务"(Seligman, 1982:455)，几乎没有遭遇太多抵制。毕竟，后台工作通常是女性从事的常规文书工作，且人们通常认为后台是花钱的地方，而非创造利润的地方。而且，纽约证券交易所作为最强大的交易所，恰好位于这一集权化进程的核心。1968 年,纽交所通过中央证书服务(Central Certificate Service)减少了实物股票证书流转的需要。[1] 尽管如此,正如美国证券交易委员会未能意识到对猪肉期货市场行使管辖权的价值一样(见第 2 章),纽交所未能抵制建立一个全国性的、容易访问的清算和结算系统,这也产生了深远的影响。与主权债券市场不同,股票交易中清算和结算并未成为 Island 等新兴交易平台发展的根本障碍,因为通过一个单一的集中清算和结算系统,投资者可以相对简单地在现有平台上买入股票并在新平台上卖出;反之亦然。[2]

最后,美国证券交易委员会的另一监管措施决定性地扩大了高频交易与交易平台之间"纽带效应"的范围。正如之前提到的,在 20 世纪 90 年代末期,像 Island 这样的电子通信网络兴起时,纽约证券交易所及其上市的蓝筹股交易依然受到保护,避免了来自新兴电子平台的竞争。这种保护源于要求新平台交易纽交所上市的股票时,必须暂停交易,等待向缓慢的跨市场交易系统发出的交易请求得到回应。然而,在 2005 年,美国证券交易委员会出台了《全国市场系统规则》(Regulation National Market System),即目前管理美国股市交易的框架,剥除了纽交所交易大厅通过跨市场交易系统所享有的保护。此后,若某个报价只能通过交易大厅的人工交易员获得,那么它实际上就不再受到保护,电子交易也无须再在订单路由到人工操作的过程中暂停。

正如电子通信网络开始蚕食了在纳斯达克上市股票交易中的市场份额一样,美国证券交易委员会实施的《全国市场系统规则》也造成纽约证券交易所在其上市股票交易中的份额剧烈下滑。2005—2010 年间,纽交所的市场份额从80%下降至不到 20%(Angel, Harris & Spatt, 2013:20,见图表 2.17)。纳斯达克和纽交所都意识到自己面临的新威胁,并且开始收购这些最具威胁的电子通信网络。Island 的所有者 Datek 于 2000 年将其出售给米特·罗姆尼(Mitt Romney)的贝恩资本(Bain Capital),随后在 2002 年将其转售给机构网络公司,这标志着 Island 的独立性终结,但并未结束它作为"纽带"所体现的影响力或其超高速技术的影响。纳斯达克在 2005 年收购了机构网络公司的美国业务,从而

---

[1] 关于美国股票的清算和结算的有用历史,请参见 Wolkoff & Werner(2010)。
[2] 正因为股票交易的清算和结算系统在 20 世纪 90 年代末已建立,电子通信网络和高频交易公司在将其系统与技术人员不熟悉的"旧主机软件和……大批量(不连续)过程"连接时,确实遇到了一些困难(受访者 AF)。然而,与主权债券交易中更深层次的问题相比,这些困难更容易解决。在实践中,高频交易公司或新交易平台如果不借助大经纪商,则根本不可能访问主权债券清算系统。

获得了这一技术,并在许多方面使自身转变为曾经最强的竞争对手。2005年,纽交所也收购了阿基佩拉戈,这家电子通信网络曾在交易纽交所上市股票中占据主导地位。据受访者FB描述,这一收购弥补了纽交所部分失去的市场份额,并为其系统改造提供了可借鉴的技术。随着时间推移,纳斯达克和纽交所对高频交易的态度发生了彻底的变化。在早期,受访者BT回忆说,"我们当时都在争取加入系统",但遭遇了很多阻力,"纽约:'哦,别来了'"。然而到了21世纪初期,传统交易平台发现这种姿态已不再可行。它们开始需要高频交易公司来支撑和增加其交易量,以应对像Island这样的新平台的竞争。受访者BT说:"突然有一天,他们开始求我们把交易量带到他们的平台……'哦,请来这里吧'。"

纳斯达克2005年收购了Island,纽约证券交易所收购了阿基佩拉戈,移除了两个强大的竞争对手,但其他电子通信网络依然存在,继续维持市场份额的竞争。此时最重要的是2005年推出的一个新的名为优佳另类交易系统(Better Alternative Trading System)的电子通信网络。它代表了高频交易与交易平台之间一种更加紧密的"纽带"。优佳另类交易系统由戴夫·卡明斯的堪萨斯市高频交易公司"交易机器人"的团队创建,部分资金来自另一家领先的高频交易公司和两家专注于高频交易的经纪公司。卡明斯表示,他担心Island和阿基佩拉戈的收购会使他所称的纽交所和纳斯达克的"双头垄断市场"得以重建,"正是竞争把我们的交易成本压低了90%以上。价格会回升吗?"(Cummings, 2016:90)。与十年前的Island类似,优佳另类交易系统提供了低费用和快速技术(其技术甚至能与纳斯达克受Island启发的新系统相媲美)。2013年4月,受访者EZ告诉笔者,优佳另类交易系统内部一直面临加速撮合引擎的压力:

> 每季度都有董事会汇报,内容就是撮合引擎的速度。有我们突破了200微秒的"瓶颈"吗?

美国股市交易的转型,正是由此类进程推动,涉及可供高频交易算法使用的"信号"范围的扩大(如表3.2所示)。其中两类信号(交易碎片化和订单簿动态)尤其可视作本章讨论的冲突的结果,就像第一类信号"期货领先"是第2章中讨论的斗争的结果一样。Island和其他电子通信网络对传统股票交易世界的成功挑战,意味着同一只股票现在可以在多个交易平台上进行大量交易,这使得一个平台上发生的变化成为其他平台算法交易的重要信号。然而,这一结果并非不可避免。例如,如果中央限价订单簿取得成功,所有美国股市交易都将在一个统一的订单簿内进行,那么交易碎片化这一类信号则根本不会存在。美国股市中"碎片化"的存在是偶然的,并非技术变革的简单结果,这一点可以通过与美国金融期货市场的对比来进一步证明。金融期货市场的碎片化极少,它仍由芝加哥商业交易所主导。

与此同时,Island 及其他采用匿名订单簿的交易场所获得成功,而且这些订单簿对所有参与者是电子化公开的,对现有的股票交易场所施加了压力,迫使它们朝着这种市场结构转型,例如,Island 发起了一场宣传活动,口号是"我们会向你展示订单簿,为什么他们不呢?"(受访者 BW)。从 2002 年开始,纽约证券交易所开始将订单簿向不在交易大厅的人完全公开,尽管最初只以汇总形式,而非逐单显示,并且最初每 10 秒才更新一次,不像 Island 那样持续更新(Harris & Panchapagesan,2005:26,28,65)。同样在 2002 年,纳斯达克也引入了名为"Super Montage"的电子订单簿,传统上没有完全集中化的订单簿的纳斯达克迅速解体,其基于正式指定交易商的市场结构被迅速取代,取而代之的是一个更像 Island 和其他电子通信网络的结构。

可见持续更新的匿名订单簿(其通用格式如图 1.5 所示)逐渐成为各大交易所和电子通信网络的标准,订单簿内容的变化也成为高频交易算法的重要信号。[1] 例如,如果某个股票的订单簿一侧开始"崩溃"(例如,最优买入价的买单被执行或取消,且未在该价格下得到替换),这通常预示着价格即将变化。类似地,如果某个买单或卖单似乎在每次被执行时总是会立即被替换,这可能意味着某个执行算法正在进行大规模的买入或卖出。

本书第 1 章提到,21 世纪初期几乎所有交易所都已去互助化,即放弃了其传统的会员所有制组织形式,转变为以营利为目的的公司,通常为上市公司。事实上,各大交易所很快意识到,为交易公司提供数据流以使其服务器能够同步交易所订单簿,不仅仅是对高频交易公司做出的必要让步。这些数据流逐渐成为从高频交易及其他交易员那里赚取收入的一个重要途径。交易所可以为数据流本身以及交叉连接(即交易所数据中心内将其系统与用户系统连接,并传输同步订单簿所需数据的光纤光缆)收取大量费用(此类"纽带"方面的深度经济模型,

---

[1] 正如第 1 章所指出的,订单簿在"暗池"中是不可见的。事实上,订单簿的不可见性正是它们被称为"暗池"的原因。然而,由于这些交易场所被视为特殊类别(并且通常是怀疑的对象),这一事实反而表明公开的订单簿已成为常态。关于"暗池"的历史,参见 MacKenzie(2019d)。

参见 Budish, Lee & Shim, 2019)。

欧洲的"纽带"

与美国一样,全球大部分地区的股市交易(例如,远东、澳大利亚、印度和巴西等地)也受到高频交易的影响,尽管这种影响的程度不一定与美国一样彻底。然而,本书主要关注美国,并在一定程度上讨论了欧洲,那里股市转型几乎同样完整。涉及的过程也相似,因为欧洲同样有类似的"纽带"机制在发挥作用,高频交易算法也能获取类似的信号类别。

高频交易在欧洲股市最初并不成功。21世纪早期,大多数欧洲股市交易仍发生在传统的交易商—客户市场中(本书第4章将讨论这种市场类型;在欧洲股市中,交易商主要是总部位于伦敦的投资银行),或者在所谓的"国家冠军"交易所进行,如巴黎证券交易所和伦敦证券交易所。尽管巴黎和伦敦有着悠久的面对面交易历史,但是它们已经转向电子交易,并成功抵御了来自竞争对手(前高频交易时代的电子交易场所)的零星挑战(Muniesa, 2003; Pardo-Guerra, 2010 & 2019)。受访者 AF 和 BF 曾在一家美国高频交易公司工作,该公司"拥有所有(交易所)会员资格",但正如 Automated Trading Desk 在20世纪80年代末期在美国发现的那样,该公司发现"我们的交易所成分、清算成本……所有这些成本"使得高频交易做市交易"太高了"。简单来说,"对我们来说,交易成本太高了"(BF)。

然而,21世纪早期,高频交易在美国的初步盈利使得相关公司尽管规模仍然有限,但比 Automated Trading Desk 十年前拥有更多的资金和员工。AF 和 BF 所在的公司将部分资源用于改变欧洲经济环境中制约高频交易发展的因素。BF 向收购了 Island 的机构网络公司提出建议,创建一个新的泛欧洲电子通信网络。与美国不同,欧洲有多个清算所,这使得在欧洲创建新的电子通信网络变得更加困难。传统的欧洲清算所通常与现有的交易所有着密切的联系,似乎并不热衷于新的电子通信网络。因此,机构网络公司在欧洲的新电子通信网络——Chi-X, 2007年4月推出,最终不得不说服比荷卢银行 Fortis 建立一个全新的清算所——欧洲多边清算设施(European Multilateral Clearing Facility),并提供比现有清算所更低的费用。Chi-X 承诺其股市交易将像 Island 一样"快十倍,便宜十倍"(受访者 EA)。Chi-X 的速度主要来自超快速的撮合引擎,其代码由前 Island 程序员编写。此外，新的交易平台与欧洲新兴的高频交易行业关系密切：2008 年 1 月，两家高频交易公司成为 Chi-X 的股东(Instinet, 2008)。2008 年 10 月，美国电子通信网络优佳另类交易系统(如上所述，由高频交易公司"交易机器人"创建)也推出了一个类似 Chi-X 的欧洲分支，最初同样由欧洲多边清算设施作为其清算机构。

与美国类似，这些新的欧洲股市交易平台的出现，并非有意为之，而是得益于监管变化。尽管欧盟政策制定者和政治家普遍同意资本市场联盟项目是"一项旗舰工程"——将各国市场整合为一个统一的欧盟市场，但如何实现这一目标始终存在持续的分歧(例如，见受访者 SC 和 II 的描述)。英国"在荷兰、爱尔兰以及斯堪的纳维亚等国家的支持下"(SC)，希望让股市交易走向竞争开放，而另一个由法国主导的阵营(包括西班牙、意大利和有时的德国)则希望保护"国家冠军"交易所(Quaglia, 2010)。这一阵营的影响可以在 1993 年欧盟的《投资服务指令》中看到，该指令允许成员国实施"集中规则"，这实际上要求市场参与者只将订单路由至本国证券交易所。

经过"激烈且复杂的"谈判，以及"现有股票交易所和新兴交易商/场外交易(即经纪商－客户)之间的激烈冲突"(Moloney, 2014: 438)，欧盟于 2004 年批准了《金融工具市场指令》(European Union's Markets in Financial Instruments Directive)。这些冲突并非针对新兴的类似电子通信网络的交易平台，因为在 2004 年它们尚未出现在欧洲。但新平台从《金融工具市场指令》中受益匪浅。正如《另类交易系统规定》在美国的作用一样，《金融工具市场指令》为设立类似电子通信网络的"多边交易设施"提供了明确的程序，并且对交易商所施加的"最佳执行"要求使得交易商在面对新平台时，如果其价格优于传统交易所，便难以忽视这些新平台。压力被施加到欧洲的其他股票交易清算所，要求它们与欧洲多边清算设施实现电子化的"互操作性"(受访者 EA 和 BF)。这些压力一部分来自商业竞争，另一部分来自布鲁塞尔的政策制定者。正如在美国，一个更加一体化的清算系统促进了交易场所之间的竞争。最重要的是，用一位新交易平台高层人士 GX 的话来说，"《金融工具市场指令》打破了集中化规则……如果这些规则仍然存在，BATS 和 Chi-X 则可能就不会出现了"。

围绕 Chi-X 和优佳另类交易系统展开的、改变欧洲股市交易格局的过程，确实与美国 5～10 年前的情况非常相似。新的交易平台快速又便宜，最低价格波动幅度比传统平台更小,促进了高频交易。同时,高频交易又帮助这些平台迅速增长。例如,最初 Chi-X 在欧洲股市交易中的份额仅为 1%～2%。后来,Chi-X 向经济学家阿尔伯特·门克维尔德(Albert Menkveld)提供的数据表明,一家高频做市公司开始在 Chi-X 进行交易。笔者的访谈也表明,这家公司之前曾因费用过高而放弃交易欧洲股票,后来它支持了 Chi-X 的创建。门克维尔德的数据揭示,Chi-X 的订单簿中的买卖价格迅速且显著地得到改善,"买卖差价下降了 50%",Chi-X"跃升为欧洲市场的双位数份额"。到 2011 年,Chi-X 超越所有传统交易所,成为欧洲最大的股市交易平台(Menkveld,2013:713—714)。

结语:Automated Trading Desk 和高频交易新世界

尽管美国和其他地方的股市交易发生了巨大的变化,但高频交易公司并没有像当初在"纽带"首次启动时那样,继续获得从天而降的丰厚收益。Automated Trading Desk 的"小额订单执行系统投机者"一样的算法以及后来在 Island 和其他电子通信网络上的交易,在 1995—2001 年间确实赚取了可观的利润。根据 2001 年惠特科姆报告中的数据,在 2001 年第一季度,Automated Trading Desk 每天平均交易约 5 500 万股,平均每股获利近 0.9 美分,这一盈利率大约是笔者采访的高频交易者接受度的 20 倍。Automated Trading Desk 在南卡罗来纳州的芒特普莱森特社区(Mount Pleasant)建设了一座 3 500 万美元的抗飓风总部,设计现代化,类似校园风格,带有反射池和绿化;选择了一个雄心勃勃的邮政地址——11 eWall Street,这个地址与当时仍部分手动交易的纽约证券交易所相呼应。南卡罗来纳州州长出席了新大楼的奠基仪式。当记者乔·科利尔(Joe Collier)于 2002 年到芒特普莱森特社区报道 Automated Trading Desk 时,被 Automated Trading Desk 所在的购物中心里昂贵的汽车所震撼(当时,Automated Trading Desk 尚未迁入新办公室)。他遇到了一名 21 岁的查尔斯顿大学学生,在 Automated Trading Desk 工作两年后赚足了钱,买下了"一栋房子和一辆保时捷 Boxster"(Collier,2002)。

然而,尽管科利尔在撰写这篇报道,但 Automated Trading Desk 的情况再次变得不妙。2003 年,该公司"承认亏损 1 600 万美元"(Swanson & Whitcomb, 2004),这个数目对于仍然只是中型企业的 Automated Trading Desk 来说相当庞大。具有讽刺意味的是,Automated Trading Desk 命运多舛的原因之一恰恰是美国股市交易转型中的一个关键因素：十进制化。如前文所述，十进制化是美国证券交易委员会强制实施的将股票定价从以 1/8 或 1/16 美元为单位的价格，转变为最低价格变动单位为 1 美分的过渡，这一过渡于 2001 年 4 月完成。

惠特科姆曾积极倡导这项改革，并预期典型的价差(即股票最高买价和最低卖价之间的常规差额)会从 1/16 美元(6.25 美分)降至大约 2.5 或 3 美分。然而，在过渡后不久，大多数交易活跃的股票的价差迅速坍塌至 1 美分(惠特科姆访谈 2 和 3)。这是从人工交易到算法交易转变的决定性时刻。随着买卖价差缩小至 1 美分，人工做市交易经济上通常不再可行。然而，这一变化对 Automated Trading Desk 造成了影响。毕竟，Automated Trading Desk 本身也在某种程度上是一个做市商，即使是非正式，而更小的价差减少了做市商的收入。此外，此前纳斯达克等主流交易场所的粗糙定价网格与 Island 等新兴交易平台的更精细定价网格之间的差异曾带来盈利机会。而十进制化通过监管强制要求所有交易场所采用统一的定价网格，从而消除了这些机会。

然而，Automated Trading Desk 困难的更深层次的原因源于高频交易速度竞赛。Automated Trading Desk 很快意识到，虽然其系统比最快的人类交易员都快，但很可能比许多新兴高频交易公司慢。Automated Trading Desk 做出了应对，削减成本并筹集资本，例如，通过出售并回租其新总部。它加大了改进预测模型的力度，并设立了"攻克延迟工作组"(惠特科姆访谈 2)，去消除系统中的延迟。Automated Trading Desk 确实取得了显著的速度提升，但其与延迟的斗争也造成了附带损害。在更新算法时，一名年轻的交易员兼程序员不小心将加号和减号弄反了。"不幸的是，错误发生在库存(程序持有的股票)的解释上"，惠特科姆说。"原本应该将库存保持在零附近，这是我们的初衷，但程序使其呈'几何级数'般增加……它一倍一倍地上翻，最终变得不可收拾。"该交易员在 52 秒内"意识到：出了大问题，并按下了红色按钮(停止交易)。但此刻，我们已经损失了 300 万美元"(惠特科姆访谈 2)。Automated Trading Desk 的系统以前有风险控制，可以阻止几何级数的增加，但这些控制措施在减少延迟时被移除了。

Automated Trading Desk 并不是通过赢得速度竞赛而生存下来，而是找到一个新的市场定位。它将其在高频交易中积累的建模和技术专长应用于成为新一代高科技"批发商"之一。正如第 1 章所述，这些公司执行来自公众的订单，这些订单通过经纪商转发到批发商手中，使公众能够进行交易。由于普通公众通常缺乏金融专业人士所掌握的未被广泛知晓的信息，因此成本足够低的批发商可以像 Automated Trading Desk 那样实现自动化做市，能够支付零售经纪商以获取订单，并且即便是1美分的价差也能稳定地获利。尽管这些零售订单需要按照普通人类标准快速处理，且算法仍然需要进行自动化价格预测，以决定是否在内部完成订单还是将其转发至公开市场。但在这些市场上，所需的速度远低于高频交易的要求。"你实际上只有几百毫秒甚至最多一秒钟的时间来响应"，受访者 BD 说。

2007年7月2日，银行巨头花旗集团宣布以6.8亿美元收购 Automated Trading Desk，但并非作为高频交易公司，而是作为一家批发商。受访者 BD 表示："花旗收购的是 Automated Trading Desk 的'批发做市业务'。"这次收购的日期具有重要意义。在"大稳健时期"(the great moderation)(Bernanke, 2004)的一段时间里，一些评论家认为花旗等银行变得过于自信，而这个看似温和的时期很快就以最戏剧化的方式结束了。在花旗支付巨额资金收购 Automated Trading Desk 后的几周内，包括花旗集团的银行系统开始步入困难处境。

这家陷入困境的银行并未从其昂贵的收购中获得成功。2014年10月的一个下午，一位受访者带笔者参观了 Automated Trading Desk 在12年前建造的新办公楼，这些办公室仍是花旗收购的批发业务的基地。这里一片寂静，停车场几乎空无一人。虽然交易日已结束，但时间并不算晚。20世纪90年代和21世纪初期，Automated Trading Desk 的办公场所充满活力，年轻的交易员兼程序员们在交易结束时"使用强大的联网的计算机玩射击游戏，如《反恐精英》《毁灭战士》和《雷神之锤》，来发泄他们的沮丧和压力"，然后"回到办公室继续处理数据和编写代码"(受访者 BT)。

空荡荡的停车场是一个预兆。到2016年5月，Automated Trading Desk 不复存在：花旗集团将其批发业务出售给了芝加哥对冲基金和高频交易公司"城堡投资"，后者将其关闭，并将其业务合并到自己的批发业务中。然而，尽管 Automated Trading Desk 的故事已经结束，但它所帮助创建的世界并没有消失。下一章将通过考察国债和外汇市场，展示这个世界的特殊性。这些市场在面对高频交易的挑战时，比股票市场更成功地保持了传统的交易秩序。

第 4 章　交易商、客户与市场结构的关系

2007 年 10 月,在纽约曼哈顿市中心一间拥挤的办公室里,一位做了三十多年国债买卖的美国国债交易商,向笔者生动地描述了 20 世纪 80 年代末投资银行所罗门兄弟(Salomon Brothers)鼎盛时期的繁忙与喧嚣的债券交易大厅,那是《虚荣的篝火》(Wolfe,1988)和《说谎者的扑克牌》(Lewis,1990)中的世界。

受访者 YA 是一位交易商,这天下午边工作,边与笔者分享故事。交易商的角色由来已久:向机构投资者等客户出售证券,从客户手中购买证券,并通过与其他交易商的交易来清算这些交易头寸。交易商还可仅作为代理人,代表客户买卖。然而,随着受访者 YA 职业生涯的发展,国债交易商的工具也发生了变化。三十年前,几乎所有的交易都需要人声参与:在交易大厅里大声喊叫,客户与交易商通过电话交谈,交易商间经纪人(其角色是协调交易商之间的交易)通过始终开着的电话线路交谈。

如今,YA 主要通过电子方式进行交易。就在笔者刚到时,他下单购买了 5 000 万美元的美国国债两年期票,这个过程和回复常规电子邮件一样简单。他打开连接电子交易系统 BrokerTec 的界面,通过键盘和鼠标选择他想买的国债、数量和买价。当他确认订单时,屏幕上会弹出一个窗口,询问他是否确认下单。只需轻轻移动鼠标并点击"是",订单便提交了。几乎同一时刻,该报价与其

他所有匿名报价一起，出现在 BrokerTec 的电子订单簿上。

在大多数报价中，他的买价很可能是少数几个由人工操作完成的。大部分在 BrokerTec 上的买卖由算法执行，尤其是高频交易算法。它们运行在计算机服务器上，或者在专用的硅芯片（如第 5 章中描述的现场可编程门阵列），这些服务器位于新泽西州的 NY2 计算机数据中心，BrokerTec 的计算机系统正位于该数据中心。交易商的出价将通过光纤光缆跨越哈德逊河，传输至 NY2 数据中心，到达后即刻进入市场参与者所说的"国债三角"：三个互联的数据中心，通过光缆、微波和毫米波相连（第 5 章将对此展开讨论）；每个数据中心都装满了计算机服务器，用于国债和国债期货的交易（见图 4.1）。

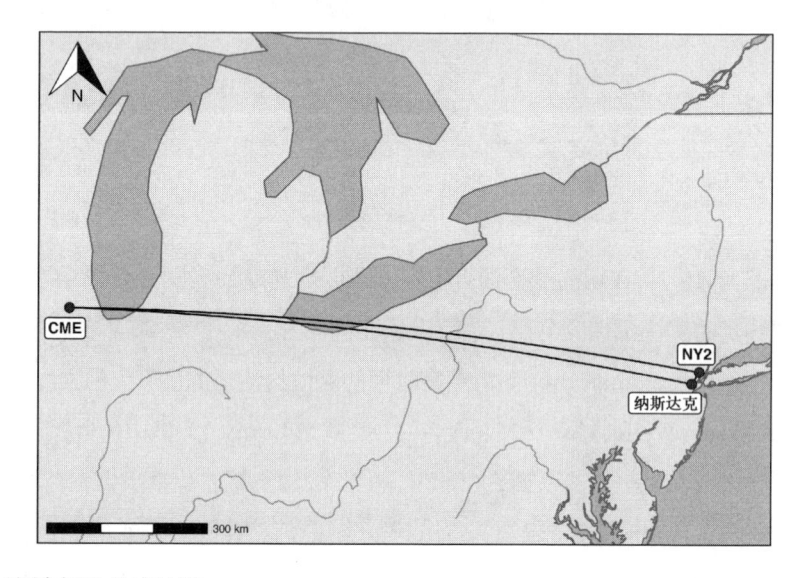

资料来源：作者访谈。

图 4.1 "国债三角"

不过，受访者 YA 有另一种选择，可以绕过这个超高速的自动化国债三角。他展示了自己如何使用另一种交易系统，即彭博的固定收益交易系统（Fixed-Income Trading，FIT）。在 FIT 上买卖与在 BrokerTec 上出价不同。他的 FIT 窗口有包含 23 家主要国债交易商名字的按钮。除了一家公司，其他都是大型银行，它们获得了由纽约联邦储备银行（the Federal Reserve Bank of New York）授予的官方资格。纽约联邦储备银行是财政部的市场代理人。唯一不是银行的这家公司是美国建达公司（Cantor Fitzgerald），稍后会提到。受访者 YA 点击这些按钮,向相应的一级交易商发送询价请求,询问他们愿意以什么价格出售5 000万美元的两年期国债。他们的卖价几乎瞬时显示,由一级交易商的自动化系统生成。再点击几下,他就能找到一个可以接受的卖价,但他没有这么做——这只是演示。他选择了一个标准的小额交易。在一个每天买卖大约5 000亿美元的国债市场中,这笔交易算得上"小"。2020年3月,由于疫情导致的市场动荡,日交易量甚至高达1万亿美元。[1] 如果他的请求是针对更大数量的报价,那么这一请求将会转交给人工处理,而他不想因为浪费交易员的时间而惹人厌烦——与BrokerTec不同,FIT并不是匿名的。事实上,如果有一笔足够大的交易要做,他并不需要使用FIT这样的系统。他可以通过彭博即时通信工具与一级交易商协商达成一对一的交易。他甚至可以做三十年前人们会做的事情:拿起电话,通过口头交谈完成交易。

交易商与客户

笔者的受访者能够通过报价请求、即时消息或电话与非匿名的一级交易商进行交易,这一过程直接且常规,表明国债市场在很大程度上仍然是一个交易商—客户市场(见图4.2)。正如第1章所述,这种市场结构基于社会经济角色的区分。那些被归类为客户的机构——包括最大的对冲基金、投资管理公司或非金融公司以及较小的银行等,并不直接相互交易,而是通过交易商进行交易。相比之下,交易商(在国债交易中,最大的交易商如今基本都是大型银行)既与客户交易,也相互交易,在后一种情况下通常通过交易商间经纪人进行。换句话说,在交易商—客户市场中,交易商是"价格制定者"(持续或根据请求发布其交易价格),而客户本质上是"价格接受者"。[2] 交易商与客户的区分并非绝对严格。像受访者所在的小型交易商公司既可以拥有自己的客户,也可以与更大的交易商建立客户关系,但这一区分仍然构建了交易的方式。事实上,我们在本书中已经遇到过交易商—客户市场:如第3章所述,纳斯达克受到小额订单执行系统操作员、Island和其他电子通信网络的挑战,让这种市场结构变得不可持续;此外,欧洲股票市场中也存在一个交易商—客户市场,与基于交易所的交易竞争。

---

〔1〕 数据来源:https://www.sifma.org/resources/research/us-treasury-trading-volume/,访问日期:2020年5月25日。
〔2〕 笔者使用"基本上"一词,因为一个重要且有价值的客户确实有一定能力与交易商就价格进行协商。

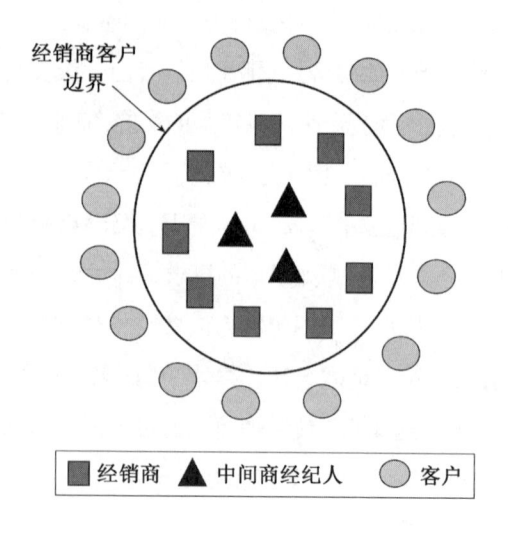

图 4.2 交易商—客户市场结构

正如这两个案例一样,世界上一些主要金融市场中的交易商—客户市场结构已被大幅削弱,并且多数被算法与匿名电子订单簿结合的新型市场结构所取代。诚然,这种削弱并未完全完成。例如,个人和机构投资者仍无法完全无中介地进入美国股票交易的主要机制,他们必须通过一个在美国证券交易委员会注册的"经纪—交易商"来进行交易。然而,如果大型投资管理公司愿意,实际上完全可以通过经纪—交易商获得所谓的"直接市场接入"(Direct Market Access),使得其人工交易员和算法可以直接进行交易,并且仅受到经纪—交易商系统的有限电子监督。[1] 换句话说,股票交易实际上已经成为市场参与者所称的"全对全市场":在这个市场中,任何主要参与者愿意的话,都可以直接进行交易,且交易商与客户之间的区别已经不再具有决定性意义。正如我们在第 3 章中看到的,大多数大型全对全市场在其核心都设有匿名的电子订单簿,而这正是高频交易算法蓬勃发展的市场类型。

然而,正如表 4.1 和 4.2 所示,匿名订单簿/高频交易市场结构远非普遍存在,在一些市场中交易商仍然扮演着重要角色。本章考察了主权债券和外汇市场,高频交易算法在这两个市场中取得了一定的进展,但尚未完全取代传统的交

---

[1] 关于欧洲股票交易中直接市场准入的监管,请参见 Lenglet & Mol(2016)。许多机构投资公司对直接市场准入持谨慎态度,有时是出于一个普通的原因:担心出现诸如本应买入却卖出,或本应卖出却买入等错误(受访者 IA)。如果代表他们交易的经纪自营商犯了这样的错误,则必须自行承担费用予以补救。

易商—客户结构。这两个市场所面临的问题并不是对技术变革的全面抵制;尽管电子交易已广泛采用,但其结构方式仍然在很大程度上保持着交易商与客户之间的区别。在很大程度上,特别是在主权债券市场,市场分化,存在专门用于交易商间交易(如 BrokerTec)和交易商与客户间交易的独立电子系统(如彭博FIT)。

表 4.1　主要高流动性金融工具类别之间的市场结构差异

金融工具	美国	欧洲
期货	以匿名订单和高频交易为主	以匿名订单和高频交易为主
流通股	主要由匿名订单和高频交易主导	主要由匿名订单和高频交易主导
主权债券	经销商客户市场,但经销商间交易中存在匿名订单簿和高频交易	电子交易很多,但经销商—客户市场几乎完好无损,几乎没有高频交易
外汇	经销商客户市场;部分被匿名订单和高频交易所殖民	经销商客户市场;部分被匿名订单和高频交易所殖民
列出的选项	匿名订单簿,但只有有限数量的"经典"高频交易;一些面对面的交易(在新冠病毒危机中暂停)	一些匿名订单交易,但有很多交易商中介

资料来源:作者访谈。

表 4.2　选定市场中由交易商中介的交易比例(除非另有说明,数据为 2015 年)

美国股票	17%
欧洲股票(2018 年)	19%
美国国债	65%
美国金边债券	90%
德国债券	>95%
外汇	60%
利率衍生品(如掉期)	90%

资料来源:Anderson et al. (2015),Cave(2018)。

交易国债

令人惊讶的是,股票和主权债券的交易差异巨大,因为它们曾经是相似的。股票和债券曾在纽约证券交易所、伦敦证券交易所以及巴黎证券交易所的交易大厅买卖。20世纪20年代,美国的债券交易开始从纽交所转移到通过电话进行的交易商—客户市场:首先是国债和市政债券的交易,接着在20世纪40年代,企业债券的交易也转移到这一模式(Meeker, 1930:260; Biais & Green, 2019)。大宗机构投资者看似更倾向于与交易商私下交易,而不是在纽交所这样的公开市场中进行交易,而交易商对这些贵宾客户也只收取相对较低的价格差价。与此相反的是,在21世纪的头十年,零售投资者(即个人投资者),通过交易商交易债券所支付的成本,比20世纪20年代纽交所的交易成本还要高(Biais & Green, 2019)。如第2章所述,比亚斯(Biais)和格林(Green)也指出,市场被视为最具流动性市场的这一观念,包含着自我实现的预言:投资者通过将交易发送到该市场维持流动性,从而使得"流动性可能并不会倾向于最有效的交易场所"(Biais & Green, 2019:270)。

第二次世界大战导致美国政府借款大幅增加,促使财政部及其市场代理机构纽约联邦储备银行(the Federal Reserve Bank of New York)开始与国债交易商密切合作(例如,通过战后不久成立的财政借款咨询委员会;McCormick, 2019)。1960年,纽约联邦储备银行开始指定选定的银行和证券公司为一级交易商。[1] 这些公司承担了在国债初次拍卖中出价的责任,并协调这些债券的后续交易。

所罗门兄弟公司可能在这些一级交易商中最为引人注目,受访者YA描述了那里典型的交易商—客户互动:"客户会打电话来,他们要么确切知道自己想做什么,要么与你展开对话。"例如,客户可能会问:"你看到了什么?……你们的交易台在尝试做什么?"如果客户决定购买5 000万美元的10年期国债,那么接电话的所罗门销售人员:

> 很可能会站起来,朝着交易台大喊:"汤姆,为某某客户(说出客户名字)报价5 000万美元的10年期国债。"……然后交易员会向你喊出一个价格……你告诉客户这个价格,客户随后有机会决定是否接受(受访者YA)。

如前文所述,交易商曾经并且仍然利用交易商间市场来平仓他们在与客户交易中持有的头寸。在20世纪80年代,交易商间交易主要通过美国建达公司

---

[1] 1960年最初的一级交易商名单可在以下网址查阅:https://www.newyorkfed.org/markets/primarydealers,访问日期:2019年1月27日。

等交易商间经纪人,这些经纪人通过永久开放的电话线与每家交易商的每位交易员连接,为他们提供服务。同样,这几乎是一个完全由男性从事的职业。最初,交易商间经纪人会口头向交易商反复报出"市场报价",即当前价格列表。但到了 20 世纪 80 年代,所有主要的交易商间经纪公司都为交易商提供了显示屏,价格可以在屏幕上显示(受访者 XV),见图 4.3。然而,向客户提供这些价格屏幕是禁忌。当交易商间经纪人 RMJ 证券公司(RMJ Securities)在 20 世纪 80 年代末开始这样做时,"引发了轩然大波,对吧?"(受访者 XV)。RMJ 证券公司"几乎在一夜之间失去了他们所有的(交易商间)业务"(受访者 XP)。在一周内,该公司改变了策略,重新回到其作为交易商间中介的传统角色。

资料来源:照片由受访者 XU 提供。

图 4.3 20 世纪 80 年代末,国债交易商的交易员办公桌

作为最大的交易商中介,美国建达公司并不像 RMJ 证券公司那样容易受到惩罚。交易商普遍认为它的屏幕是交易商间市场中不可或缺的工具,并且它能够在没有报复的情况下,至少让一些非交易商访问这些屏幕,如受访者 CY 和 MG,他们是芝加哥交易所的交易员,交易国债期货。最初,既没有交易商,也没有芝加哥公司可以直接在美国建达公司或其他交易商中介提供的屏幕上报价,他们必须请交易商中介来做。1999 年,建达公司将其内部电子系统重新命名为

"eSpeed","通过你自己的键盘和输入交易的能力,使交易商可以直接访问建达公司的电子交易商间市场国债订单簿"(受访者 YD)。

然而,交易商的客户仍然无法访问 eSpeed。交易商担心总有一天建达公司会通过授予客户访问权限来"绕过银行"(受访者 XO),从而将国债市场转变为全对全市场。"(我们)(一级交易商)聚在一起",受访者 XO 说:"商议组成一个交易商联盟,让(客户)可以直接访问我们的买卖价格,而不用通过建达公司。"成果是 1998 年推出了电子交易系统 Tradeweb,其结构与本章开头描述的彭博 FIT 系统相似。它不是一个匿名订单簿,而是一种自动化手段。借助这个方式,机构投资者客户可以通过电话联系少数几个交易商,请求他们报价。在这个过程中,双方都知道彼此的身份。作为一种尊重交易商—客户差异的创新,并且只需要对现有工作流程做出适度的变化(用结构化的电子查询代替电话或临时的彭博即时消息),Tradeweb 取得了显著的成功。

一级交易商也不满足于让建达公司的 eSpeed 主导电子交易商间交易。一位交易商说:"你不能只与一个人做生意。你就是不能只与一个人做生意……你不能让霍华德(美国建达公司的著名首席执行官霍华德·卢特尼克)拥有所有的信息。"(受访者 XO)另一家由一级交易商组成的联盟 BrokerTec 成立,并于 2000 年推出了一个竞争性的匿名电子交易商间交易平台。然而,建达公司随后遭遇了可怕的人间悲剧。该公司的主要办公室位于世贸中心北塔的 101~105 层,正好在 2001 年 9 月 11 日被劫持的客机撞击点的上方。在这次袭击中,建达公司的 658 名经纪人和其他员工不幸遇难,超过公司员工总数的 2/3。建达公司的首席执行官霍华德·卢特尼克的弟弟也在事件中去世,而他本人之所以幸免于难,是因为那天早上他儿子开始上幼儿园,他想陪儿子一起去。不过,eSpeed 的计算机系统位于新泽西州罗谢尔公园的哈德逊河对岸。交易平台很快恢复了运行,eSpeed 和 BrokerTec 在交易商间国债交易市场份额的争夺中继续激烈竞争。

在国债交易中,类似于"纽带"(见第 3 章)过程的情况开始显现。高频交易公司在股票交易中积累了经验和资本,开始向 BrokerTec 和 eSpeed 试探。交易平台预见到一些交易商可能会"非常不高兴,因为市场正在被稀释"(受访者 CA),但也知道给予高频交易公司接入权限可能会大幅增加交易量。一旦一个平台允许高频交易公司进入(笔者的采访提供了初步证据,表明最初市场份额较小的 BrokerTec 是第一个这样做的平台),另一个平台也不得不这样做。受访者 AB 说,他所在的高频交易公司积极参与交易商间的国债市场,"对我们来说,在 BrokerTec 和 eSpeed 上运营非常重要……因为这个平台不会将我们踢出去,不会担心我们帮助另一个平台夺取更多的市场份额"。当交易商意识到他们现在有了强有力的竞争者,高频交易公司"更快,它们会挑选那些(未及时更新报价的交易商)"(受访者 CC),但"这时为时已晚"。"对于 BrokerTec 和 eSpeed 来说,允许高频交易者参与的优势非常明显"(受访者 CC)。

如同股票交易一样,BrokerTec、eSpeed 与高频交易公司之间的"纽带"彻底改变了国债交易商市场。例如,BrokerTec 和 eSpeed 都有一个名为工作协议(Workup protocol)的功能,对于受访者 AC 等高频交易员来说,这令人非常恼火。在交易达成后,这个功能会暂停交易,以便双方(假定为人类)有机会在相同价格下开展更大规模的交易谈判。这种暂停是从人类经纪人协调交易商交易的方式继承而来,并且变得越来越短,最终使得 eSpeed——尤其是 BrokerTec,在结构上与适合高频交易的股票交易场所非常相似。例如,2012 年,BrokerTec 开始租用纳斯达克的超快速 Genium Inet 股票交易撮合引擎技术,这是第 3 章中讨论的 Island 撮合引擎的衍生版本,速度是 BrokerTec 之前系统的 30 倍(受访者 CC)。2013 年,纳斯达克从建达公司手中收购了 eSpeed。这解释了图 4.1 中,除了 NY2 (BrokerTec)和芝加哥商品交易所外,国债三角的第三个顶点是纳斯达克的数据中心。到 2015 年,在成为主导的交易商平台 BrokerTec 上,交易量前十的公司中只有两家是交易商(J. P. 摩根和巴克莱银行),见表 4.3。其余八家公司都是高频交易公司,并且如同第 1 章中提到的,在 2015 年短短两个月内,这些公司交易的国债总值约为 7 万亿美元。

表 4.3 2015 年 5 月和 6 月在 BrokerTec 平台上国债交易量最活跃的参与者

参与机构	交易量(十亿美元)	"十大"交易量份额(%)
跳跃	2 291	28.5
城堡	1 004	12.5
泰莎	905	11.2
KCG(骑士资本 Getco)	798	9.9
摩根大通	649	8.1
Spire-X(塔)	564	7.0

续表

参与机构	交易量(十亿美元)	"十大"交易量份额(%)
XR 交易	554	6.9
巴克莱银行	483	6.0
达尔文	400	5.0
里格尔湾	400	5.0
总体前十大交易量	8 049	

资料来源:BrokerTec 的未公开名单,由 Smith(2015)转载。Smith 指出,前十名的交易量似乎超过了根据 BrokerTec 公布的 2015 年 5~6 月日均交易量推算出的总交易量,因此这些数据很可能涵盖了稍长的时间段。然而,高频交易公司(尤其是 Jump)的主导地位与受访者的描述相一致。

全对全的国债市场:直接匹配

尽管一些交易商心怀不满,但无论是 BrokerTec 还是 eSpeed,在允许高频交易算法进入交易商间国债市场的问题上,都未遭遇强烈的反对。受访者 CA 表示,交易商"真正更关心的是不在屏幕上显示客户流量"。换句话说,确保客户继续仅通过交易商进行交易,而不是直接交易。然而,2016 年笔者在纽约进行采访时,一个新的匿名电子订单簿交易平台 Direct Match 正准备推出,该平台旨在让客户不仅与交易商交易国债,还可以相互交易。这是一项有争议的举措。在笔者关闭录音设备后,前交易商 GN 说,哪怕仅仅邀请这种"全对全"交易平台的代表在一级交易商处进行演示,也"可能会威胁到职业生涯"。尽管如此,这一平台还是引起了广泛关注,时机似乎也很有利。如前文所述,最大的交易商几乎都是银行,而 2008 年金融危机以来,监管机构实施了更严格的资本要求,特别是对允许的杠杆比率的限制,这限制了银行在不从投资者那里筹集更多资金的情况下可以承担的交易头寸规模,从而大大降低了银行持有大量债券库存的意愿和能力。

实际上,Direct Match 旨在为国债市场打造一个类似于 Island 的平台,即第 3 章中讨论的电子股票交易场所。一位深度参与 Direct Match 的受访者 CC 表示,国债市场"必须变得更像股票市场"。Direct Match 的撮合引擎采用了与 Island 相同的基本设计,并且像 Island 一样,它计划提供比 BrokerTec 和 eSpeed 更小的"最小报价单位"(价格的最小变动单位)。如果 Direct Match 能像 Island 那样取得成功,高频交易与匿名订单簿的结合则可能会彻底改变整个国债市场,而不仅仅是交易商间市场。

Direct Match 的主要障碍是清算问题。如前文所述,在股票和期货交易中,一个中央清算所站在交易双方之间(从卖方买入,再向买方卖出),既保持了交易双方的匿名性,又保护了每一方免受另一方匿名违约的风险。在国债市场中,这一角色由固定收益清算公司(Fixed Income Clearing Corporation)承担,因此交易平台必须能够接入固定收益清算公司。然而,成为固定收益清算公司会员的资格要求一直很高,"净资产至少为 2 500 万美元,且拥有 1 000 万美元或以上的现金"(Smith,2016:44)。Direct Match 作为一家小型初创公司,无法满足这些要求。不过,它已经获得了一家大型银行(该银行是固定收益清算公司会员,但既不是一级交易商,也不是国债的一级交易商,因此似乎不存在利益冲突)的初步同意,由该银行负责处理 Direct Match 上线的交易清算。然而,访谈对象 CC 说,就在 Direct Match 即将上线的大约一周前,这家银行"开始不接电话了。最终打通电话,他们却退出了,理由是存在利益冲突。具体情况却从未得到真正解释"。由于无法接入固定收益清算公司,又无法筹集到 2 500 万美元用于其会员资格,Direct Match 最终未能上线。

高频交易公司与双边交易

Direct Match 试图通过开放和匿名的电子订单簿,在国债市场上效仿股票的"全对全"交易。股票交易还出现了"暗池"(Dark Pools),即订单簿对参与者不可见的电子交易平台。例如,受访者 CC 的高频交易公司曾成功地建立了自己的股票交易暗池,而且将这一想法和软件转移到国债交易上本应顺理成章。尽管如此,受访者报告称,"技术迫使我们"在国债交易中走了不同的路线。国债市场中,最重要的技术系统是 Ion 集团的聚合器,它收集市场上显示的买卖价格。一个带有隐藏订单簿的暗池将对 Ion 系统以及大多数市场参与者来说是不可见的。

因此,CC 所在的公司和其他活跃在 BrokerTec 和 eSpeed 上的高频交易做市公司,并未尝试为国债交易建立暗池。总体而言,它们也没有寻求直接与交易商的客户进行交易,因为培养这些客户意味着要花钱(受访者 AG 表示:"我们需要一个销售团队出去和每个人交谈。"),而且没有成功的保证。相反,高频交易公司寻求通过与单个交易商建立直接双边交易,对它们在 BrokerTec 和 eSpeed 上的活动进行补充:最初是中型国债交易商(如 Jefferies 和加拿大皇家银行),最近甚至与最大的交易商也做了此类安排。在这样的安排下,高频交易公司向交易商提供可电子执行的国债价格流。例如,这些价格可以被整合到交易商的 Ion 系统中。同时,(在某些情况下)交易商的系统也向高频交易公司提供可执行的价格流。对于高频交易公司来说,这种私下的双边安排具有吸引力。因为其算法不会像在 BrokerTec 和 eSpeed 等匿名订单簿市场中那样,面临被其他更快的高频交易算法"抢单"的风险。因此,高频交易公司可以提供比这些市场更优的价格,这反过来也使与高频交易公司进行双边交易对交易商具有吸引力。

这些私密的非匿名双边安排之所以引人注目,是因为高频交易公司小心翼翼地避免利用其系统的速度优势,受访者 CA 说:

> 如果高盛在他们的订单簿上留下了一个过时的价格……而我随后以这个价格成交……我将接到高盛的电话,"嘿……那有点让人难受,别再这样做了",或者我们可以修改(交易)。我们确实会这么做……如果我们赚了太多(利润),有时我们的策略则会锁定(自动关闭)。换句话说,我们会停止与高盛交易,因为我们赚得太多了。

私下双边安排的一个弊端在于其高昂的成本。建立这类安排不仅耗时耗力,还需满足技术和监管要求,尤其是"了解你的客户"规则。然而,2015 年推出的新平台 Liquidity Edge,借鉴了下文将讨论的外汇交易平台 Currenex 所使用的软件,成功将国债双边交易系统化,从而有效降低了成本。与 Direct Match 不同,Liquidity Edge 并非一个完全公开的"全对全"交易平台,但它与外汇交易中的类似平台一样,不仅允许银行交易商,还允许高频交易公司向客户以电子化方式传输可执行的国债价格。交易在公开透明的环境下进行,而非完全匿名(交易对手可以知晓参与者的识别号码及其交易类型)。公司还可以自主选择"向谁报价(传输可执行价格)以及报价的方式('激进或保守')"(受访者 GL),这意味着银行无需担心被算法更快的参与者频繁抢单。尽管如此,受访者 GL 指出,银行对新平台的优点看法不一。GL 表示,"这取决于你在银行里与谁交谈",尤其是交易柜台并不总是满意。但银行似乎保留了足够多的盈利业务,因此并未公开反对 Liquidity Edge。

"记住,今天是星期四"

高频交易已经在美国国债的交易商间市场中扮演了重要甚至主导的角色,但在与客户的交易中,重要性则显得较低,并未出现一个完全成熟的、匿名的"全对全"国债市场,交易商—客户的交易结构在国债交易中至少暂时没有完全消失。与股市交易的另一大区别是,国债市场没有类似于美国证券交易委员会对股市交易的干预措施。我们在第 3 章中看到过这些干预措施,它们有助于重塑市场结构,间接促进了高频交易的发展。美国证券交易委员会在国债市场的作用远弱于股市,它也没有为国债制定类似于那些已经改变美国股票交易结构的措施。国债免于受到许多证券交易法律框架的约束,如 1934 年证券交易法和 1975 年证券法修正案,而这些法律赋予美国证券交易委员会权力。美国证券交易委员会必须与美国财政部及其代理人纽约联邦储备银行共享对国债交易的有限管辖权,而这两个机构至少在近期出现流动性问题以前,似乎都对现状感到满意。一位前美国证券交易委员会官员(受访者 RF)表示,"美国证券交易委员会很难在财政部反对的情况下采取行动"。

财政部在国债市场中一直扮演借款人的角色,纽约联邦储备银行创建并监管着一级交易商系统。但近几十年来,除了两个真正的例外,政府机构并没有干预国债市场的结构,这两个例外也没有引起人们的注意。第一个发生在 1991—1992 年,当时发现所罗门兄弟公司的一个高级交易员未经客户同意,以客户名义在拍卖中出价,规避了"反逼仓"规则,即单个公司不可以在任何拍卖中购买超过 35% 的国债。对此,财政部、美国证券交易委员会和纽约联邦储备银行扩大了国债拍卖的参与权限,并加强了对这些拍卖的监管,但同时维持了一级交易商制度。第二次干预发生在 2014 年 10 月 15 日,国债价格剧烈波动,价格急剧上升然后迅速回落。尽管如此,市场结构并没有发生重大监管变化,只是在 2017 年引入了类似于企业债券交易报告和合规引擎(Trade Reporting and Compliance Engine)的国债交易报告系统。[1]正如第 3 章所讨论的,几乎所有美国股票交易都通过统一的全国清算和结算系统,最终由国会强制实施。但是,大量国债交易发生在固定收益清算公司的监管范围之外。尽管高频交易公司是国债交

---

[1] 与公司债券的公开交易报告不同,美国国债交易和合规引擎的报告仅限于监管机构(只发布汇总数据),且报告时间要求为一天之内,而非公司债券交易中的 15 分钟内。

易商市场中的重要参与者,但它们通常并不是固定收益清算公司的成员,而是通过与固定收益清算公司成员实现银行间接访问。

为什么在国债交易和结算中政府监管机构没有像对股市那样进行干预？2016年10月,一位前财政部官员(受访者VS)对笔者说:"记住,今天是星期四。""在大多数星期四——实际上,是大多数工作日,国债都需要出售。"他继续说道,"通常从周一到周四,每天都有一个或多个拍卖,作为一级交易商,无论喜欢与否,你都必须提交报价"。他说,对于财政部来说,这种义务是"令人安心的",一级交易商制度使得纽约联邦储备银行能够"从道义上进行劝说"。国债市场"与股票市场不同……这是一个特殊的市场……它是资助主权的市场"。

即使没有一级交易商的协助,美国很可能仍能维持几乎不间断地国债销售(即便在当前政府赤字大幅增加的背景下,需要销售的国债规模非常庞大),但政策制定者无法提前对此做出确定性判断。因此,一级交易商似乎享有布劳恩(Braun,2018)所称的"基础设施性权力",即私人参与者通过成为国家财政运作机制的一部分而积累的权力。这种权力极大地限制了政策制定者采取干预措施的意愿,因为这些干预措施可能增强竞争(类似于股票交易中的干预措施),但也会削弱一级交易商系统,甚至导致银行不愿意承担一级交易商义务。政府对国债交易的监管干预较少,这使得国债市场的交易商—客户结构比股票市场中的类似结构保持得更加完整。国债市场中的高频交易在很大程度上不得不与现有的市场结构妥协,而不是像股票交易中那样帮助推翻该结构。

高频交易受阻：欧洲主权债务

高频交易在欧洲主权债务交易中的进展,相比其在美国国债交易中的部分成功,要有限得多。与美国类似,欧洲的主权债务交易也分为两部分:交易商间市场和交易商—客户市场。尽管电话交易仍然重要,尤其是在英国,但这两个市场都有成熟的电子交易系统。与美国情况相同,客户使用Tradeweb和彭博的系统(或MTS的交易商—客户系统,详见下文)从一级交易商那里获取电子报价。

据笔者所知,与美国相比,一个极其显著的差异在于目前没有任何高频交易公司能够进入欧洲主权债券的交易商间市场。英国的交易商间市场仍然由语音经纪人主导(受访者FZ)。而欧元区的交易商间市场则与美国更为相似,因为那里有一个历史悠久且广泛使用的交易商间电子平台——MTS。MTS成立于

1988年,最初由意大利财政部和中央银行创立,名为 Mercato dei Titoli di Stato,1997年私有化,并于1998年推出了泛欧交易商间平台 EuroMTS。尽管 BrokerTec 和 eSpeed 也推出了欧洲主权债券交易平台,但直到2006年,它们的市场份额合计也仅为0.1%(Persaud,2006,表1)。而且访谈数据清楚地表明,它们至今仍完全被 MTS 所压制,用受访者 EK 的话来说,MTS 几乎已成为:

> 欧洲"共同遗产"的一部分(即欧盟成员国的义务和权利):特别是如果你加入了欧元区,就必须拥有自己的 MTS 市场,因为它不仅为你提供债券交易,还提供回购协议(即以债券为抵押品进行贷款购买债券的能力,参见 Gabor,2016),这对货币市场至关重要。

政府、一级交易商和 MTS 成为 MTS 集团(2003:3)所描述的"流动性协议"的一部分。这一协议涉及一级交易商,这些交易商在美国和欧洲几乎都是大型银行(参见 AFME 2017年的名单)。一级交易商承诺参与政府债务管理机构出售主权债券的拍卖,并通过"遵守特定标准"持续发布可执行报价,以促进这些债券的后续交易(MTS 集团,2003:3)。这些参与投标和持续做市的义务往往会导致亏损(受访者 YB;参见 Lemoine,2013),但银行仍然选择继续担任一级交易商,部分原因是担心被"列入……黑名单"(受访者 YB),从而被非正式地排除在更有利可图的政府业务之外,如债务承销和私有化项目。

2006年,美国的高频交易公司在 BrokerTec 和 eSpeed 平台上成功交易美国国债后,开始向 MTS 提出申请,希望进入欧洲交易商间主权债券市场。在欧洲,MTS 占据着绝对主导地位,因此并未出现类似 BrokerTec 和 eSpeed 之间为争夺市场份额而激烈竞争的局面,而这种竞争曾为高频交易进入美国市场提供了契机。然而,MTS 的规则也曾受到批评,例如,在伦敦交易商间经纪商 ICAP(收购了 BrokerTec)委托的一份报告(Persaud,2006)中,批评了意大利等地某些规则会指定 MTS 为一级交易商,成为履行做市义务的唯一平台。当高频交易公司开始提出接入请求时,MTS 的领导层怀有高频交易赋能的增长和国际化的雄心(Chung & Tett,2006),"感到有必要倾听(并)开始对话"(受访者 YB)。

在美国,据笔者所知,竞争性的交易商间平台在未公开,且未征求美国财政部或纽约联邦储备银行许可的情况下,向高频交易公司开放了权限。而在欧洲,情况则截然不同,很可能由于 MTS 在欧元区的半官方角色,MTS 决定公开谈论与高频交易的"对话",其首席执行官还向《金融时报》谈及此事(Chung & Tett,

2006)。交易商的反应极为抵触,尽管欧洲一级交易商协会的语气较为克制——"允许第三方接入……可能会扰乱欧元政府债券市场的微妙平衡"(Chung & Tett, 2007),但在幕后,"交易商群体……简直暴跳如雷,他们真的暴跳如雷"(受访者 YB)。一位银行家警告《金融时报》:"人们非常愤怒。你可能会引发一场全面的反抗……这会把整个系统撕裂。"(Chung & Tett, 2007)

受访者 YB 表示,这场争议导致 MTS 的几位高级主管失去了工作,而任何允许高频交易公司接入欧洲主权债券交易商间市场的提议似乎都被无限期搁置。高频交易的受访者描述了英国、欧元区以及其他欧洲地区的交易商间市场,称其无法接入。"他们不让我们进"(受访者 BU),这是"一家我们进不去的俱乐部"(受访者 AG)。[1] 这并非任意排斥,而是明确规则和默认的理解。规则包括:例如,参与交易商间市场的最低资本要求,这些要求远远超过大多数高频交易公司可用的资金(参见 AFME 2017 年中的要求)。默认的理解是,"会员资格仅限于机构中介(本质上是银行)"(Ministero dell'Economia e delle Finanze, 2017:11)。

当然,规则可以被修改,默契也可以被打破,但欧洲各国政府无论其整体意识形态多么支持竞争和"新自由主义",都未采取实际行动。自 21 世纪初以来,欧盟在股票交易市场结构方面进行了大刀阔斧的改革(例如,取消了集中交易规则;参见第 3 章),但这些改革并未延伸至主权债券交易领域。正如深度参与监管改革的受访者 SC(他是一名从政者)透露的那样:

> 交易商……必须拿到政府债务管理办公室的授权才能参与交易……但是自营交易公司,比如高频交易公司,在大多数情况下并不符合这些标准。

笔者:你觉得监管部门或者政治领域的人对这点非常满意吗?

受访者 SC:他们能够控制少数交易商,因此也能够控制初级发行,也就是主权债券的初始拍卖。而如果完全开放给更多的受众,他们就不可能做到这一点。

例如,受访者 CR 说道,意大利财政部对非银行机构(如高频交易公司)"有些不适应",因为它们的进入会进一步减少"作为一级交易商的营利能力",并可

---

[1] 笔者所知的唯一涉及欧洲主权债券的高频交易发生在意大利证券交易所(Borsa Italiana),规模相对较小,该交易所已使"政府债券……像(股票)一样可电子化交易并……进行集中清算"(受访者 CR)。然而,该交易仍然依赖于银行间市场的价格信息,而这些价格(对高频交易而言相当反常)有时需通过电话获取。

能威胁到银行愿意承担这个角色的意愿。同样,一位一级交易商详细阐述了政府为何对高频交易公司提出的"算法交易提升市场效率"这一论点持保留态度:

(你)可以尽情地大喊大叫,谈论消除(准入门槛的问题),但……如果我是意大利(政府)的债务管理人,手上有2万亿欧元的债务需要偿还,其中每年需要发行3 000亿欧元,我才不在乎你是不是美国的对冲基金,也无所谓你跟我谈什么价格效率。你还是从哪里来回哪里去吧……如果你想参与,就得向我保证你会购买我3%的债务,并且拿到银行牌照,然后才能加入;否则别来烦我……如果我是个明智的监管人,是个理智的政务人员,那么我应该在困难时期为人民服务,还是去迎合这些(算法交易)天才的利润?(受访者YB)

2019年,笔者参加了一场主权债务会议,许多欧洲国家债务管理部门的成员也出席了这次会议。有些人对银行是否能够持续大规模做市政府债务表示担忧,尤其是在意大利,国家债务特别庞大,因此其主权债券市场也非常庞大。尽管如此,对于一级交易商制度以及由此形成的"交易商—客户"市场结构,政府债务管理部门的承诺似乎依然坚定。因此,短期内高频交易公司似乎没有成为欧洲主权债券一级交易商的前景。

外汇:"你这是让我当众脱衣服"

与股票、期货和主权债券类似,外汇市场对21世纪初新兴的高频交易公司同样具有潜在的吸引力。当时,电子外汇交易已相当成熟,主要货币对(如欧元—美元、美元—日元、美元—英镑等)的交易量十分庞大。然而,与主权债券市场类似,高频交易在外汇市场中遭遇了一个基本完整的"交易商—客户"市场结构。尽管高频交易最终在国债市场中站稳了脚跟,这点与欧洲主权债券市场不同,但正如我们将在下文和第6章中看到的,这一成果是在与现有参与者长期博弈并对外汇市场既定秩序做出重大妥协之后才实现的。与主权债券市场相比,外汇市场结构政治的核心始终是私营部门机构。由于外汇交易本质上是一种跨国活动,其市场结构的多数方面都不在各国政府监管机构的管辖范围内。[1]

---

[1] 各国政府确实会通过干预外汇交易来影响汇率(尽管频率比过去减少),但此类干预通常在现有市场结构内进行。在过去十年间,各国监管机构也开始识别并惩罚外汇交易中的特定"市场操纵"行为,但并未试图改变该市场的整体交易组织方式。

从传统来说，外汇市场的主要交易商一直是大型商业银行。直到20世纪90年代初，即使是最负盛名的投资银行也仅仅是这些商业银行的"客户"。受访者FU回忆道，即便是"高盛也只是客户，而非交易商"。在20世纪70年代和80年代的大部分时间里，外汇市场的运作方式与国债市场类似。客户需要进行货币交易时，会打电话给某家交易商银行的销售人员，询问报价。如果达成交易且交易规模较大，交易商就会通过在交易商间市场进行交易来平仓所承担的风险。同样，这几乎完全是一个男性主导的职业，有时甚至带有一些夸张的色彩，正如萨尔辛格所记录的那样(Salzinger, 2016)。交易商间市场的交易也是通过电话进行的，要么直接打电话给另一家银行的交易商口头达成交易，要么通过一个或多个交易商间经纪人进行交易，后者则是通过永久开放的电话线与经纪人交谈，这与国债市场的操作方式相同。在外汇交易中，电话交流还辅以电传信息，用于确认口头达成的交易。电传系统使用电传打字机，类似于第3章中描述的机构网络公司所使用的设备，它允许大型组织之间交换通常由操作员预先在穿孔纸带上准备好的信息。

在将价格显示引入计算机屏幕并最终推动电子交易进入以电话为主导的外汇市场的过程中，英国新闻服务和金融数据提供商路透扮演了关键角色。路透在这一过程中必须谨慎行事，以避免引发交易商的强烈反对。这一变革的先行者之一为受访者FV，他回忆自己曾试图说服一位欧洲大陆的外汇交易商，将其指示性报价显示在路透的屏幕上，供其他银行的交易室查看。但是他却得到了一个令人难忘的回应："但是(FV)先生，你这是让我当众脱衣服。"一些路透员工，尤其是那些在美国工作的员工(当时机构网络公司等已经展开电子交易的早期实验)，对引入完整的外汇交易商间电子交易的想法充满兴趣。然而，其他人则意识到，如果路透直接推进这一举措，那么交易商将难以接受。

路透引入的垫脚石是其所谓的"路透监控交易系统"(Reuter Monitor Dealing)，后来更名为"对话交易系统"(Conversational Dealing)。这种电子"对话"形式简短，类似于电传的文本信息，由交易员直接发送，而不是常见的操作电传系统的文职人员，这取代或补充了交易员通过电话与其他银行的同行协商交易的方式。这些信息通过路透自己的网络分发，速度足够快，使得一家银行的交易员能够与另一家银行的交易员进行类似对话的信息交换，询问报价，并在报价可接受时达成交易。1975年，路透向欧洲银行展示了该系统的原型，并谨慎地强调，它并不涉及自动匹配买卖价格的电子交易。唐纳德·里德(Donald Read)在其公司历史介绍中引用了路透内部报告：

> 我们的演示强调了这一目标并不涉及当前市场实践的变化。交易商之间的个人接触这一敏感话题不会因为这些提案而受到破坏。交易商仍然会使用电话。我们并没有尝试创建一个匹配系统(Read,1999:366)。

尽管外汇交易员中最具影响力的组织国际外汇交易员协会(Association Cambiste Internationale)表示"我们不会接受自动化交易"，但它仍然"支持"威胁性较小的对话式交易系统，因为它保留了交易的"人对人"特性(受访者FS)。然而，开发这一系统远非易事。路透内部的技术人员(他们是工会成员)与为该项目引入的非工会顾问之间关系紧张，同时，说服欧洲仍处于国有垄断地位的电信公司向路透租赁必要线路也极具挑战性。[1]

尽管面临这些困难，路透监控交易系统(Reuter Monitor Dealing)于1981年在欧洲和北美成功推出，随后于1982年在中东和远东地区上线(Read,1999:369)。事实证明，该系统在交易员中广受欢迎。它能够向其他银行的同行发送近乎即时的电子信息，提升了他们常规工作的效率，同时仍保留了足够的灵活性，可以在协商交易的信息中添加一些客套话或有用的信息，从而维护了交易商之间宝贵的友谊和人际关系。事实上，这些信息为卡琳·诺尔·塞蒂纳(Karin Knorr Cetina)和乌尔斯·布鲁格(Urs Bruegger)在"金融社会研究"这一学术领域的经典研究提供了重要数据来源。[2] 到1993年，《金融时报》报道称，全球有19 000台路透终端支持对话式交易系统，并且"全球约50%的外汇交易通过这些终端完成"(Blitz,1993)。

在20世纪80年代末，路透早期系统的广泛使用再次引发了交易商的警觉。当时，路透着手开发一套完整的交易商间匹配系统，而这套系统正是它最初为了平息外界对"对话式"电子交易的反对而曾公开否认的计划。彼时电子匹配的想法已经不像20世纪70年代那样引发巨大争议，但路透可能进一步夸大了其作用，让主导外汇交易市场的银行深感担忧。受访者FT回忆了与其他银行家的讨论："有人……问道，'你觉得路透在外汇业务中的市场份额是多少？'另一个人回答，'哦，大概50%……对了，他们正在搞的这个2000-2(电子匹配)是什么东

---

[1] 反对意见认为，路透希望租赁的线路不仅供其自身使用，还将提供给"第三方"(即银行)，从而涉足电信供应商的业务领域，并在某种程度上成为电信服务提供商。最终，在1977年，相关的欧洲机构——欧洲邮政与电信委员会(Comité Européen des Postes et Télécommunications)，同意允许第三方使用，但前提是路透需支付额外费用(受访者FS)。

[2] 关于该研究，请参见Knorr Cetina & Bruegger,2002a、2002b。

西？'"受访者 FT 回答道：

> "哦"，我说，"看起来他们正试图将经纪人的工作自动化。""经纪人占多少市场份额？""30％～35％。"你可以看到，那一刻所有人都恍然大悟。他们（路透）正从50％的市场份额扩大到85％，而这可是我们（交易商）的生意。现在，这对（交易商的）特许经营权构成了真正的威胁……我们必须马上采取行动。

同样，国债交易商也担心美国建达公司会允许交易商的客户进入电子交易市场一样，外汇市场中的同行也担心路透做同样的事情：

> 一些银行交易商……认为，路透如果愿意，则可以通过将更多系统销售给非银行客户来改变外汇市场的结构。这些客户已经成为国际资本流动的重要推动者。（Blitz, 1993）

与后来美国国债交易中发生的情况一样，全球十几家主要的外汇交易银行组成了一个联盟，旨在建立一个"电子经纪系统"（Electronic Broking Services），以与路透竞争。此外，另一个财团 Minex 则专注于将电子交易引入东亚的银行。例如，1992年，路透、电子经纪系统和 Minex 在悉尼举行的国际外汇交易员协会（Association Cambiste Internationale）年会上展开了正面交锋。据报道，路透的展台耗资100万美元，不仅设有号称"全城最佳酒吧"的区域，还配备了一个可容纳80人的剧院，用于展示其全新的电子交易系统。（anon, 1992）

电子经纪系统的构建是一项极具挑战性的技术工程。尽管大部分物理基础设施已经存在——联盟成员花旗银行（Citibank）拥有一个覆盖全球大部分地区的电子网络，并将其提供给电子经纪系统使用，但外汇交易的两个特殊之处必须被纳入考虑。首先，在外汇交易中，在某种意义上每个参与者"看到"的都是一个不同的市场。这是因为外汇市场缺乏类似于股票、期货以及（在较小程度上）国债市场中的清算所机制。正如前文所讨论的，清算所通过将一笔交易即刻转化为两笔交易，能够消除市场参与者面临的交易对手违约风险。这两笔交易有一笔发生在卖方与清算所之间，另一笔在清算所与买方之间。2002年以来，虽然出现了一个由银行拥有的外汇结算系统，即"持续联系结算系统"（Continuous Linked Settlement），但它并非清算所；它仅保障交易双方之间的最终货币转账安全。因此，在外汇交易中，每个参与者都面临交易对手违约的风险，直到交易通过持续联系结算系统处理完毕。因此，每家银行都会持续计算并限制其对其他银行的敞口：

如果我没有(与其他银行的)信用额度,或者我的信用额度用完了,我就看不到他们的报价……这意味着你不能像纳斯达克这样的交易所那样播报价格……你必须为每个人计算并发送特定的价格。每个人看到的价格都是不同的。(受访者 FL)

外汇交易的第二个特殊之处是,与其他类别的金融资产相比,它在更大程度上"随太阳移动"(受访者 FL;另见 Knorr Cetina & Bruegger,2002a),其每日周期从东亚开始,转移到欧洲,最后到达美洲。电子经纪系统的设计主要有两种竞争方案:一种是采用单一的中央系统,维护银行间信用限额的矩阵并在全球范围内匹配所有交易;另一种则是在东京、伦敦和纽约设置三个相互通信但独立的撮合引擎。在实际测试中,第一种单一撮合引擎无法满足需求。"当五十家银行连接到(中央)撮合引擎时,它无法正常运行"(受访者 FL)。因此,当电子经纪系统于 1993 年推出时,采用了三个撮合引擎的设计,全球的外汇交易银行连接到这些引擎,在某些情况下通过未设有撮合引擎的城市中的中介节点进行连接。

电子经纪系统在全球的雄心与复杂性使其在初期遇到了一些困难,但全球主要交易银行对其给予支持,它们的交易商也被激励在电子经纪系统发布买卖价格(据受访者 FL 所述),因此在它与路透的竞争中最终在电子匹配外汇交易的市场份额上取得了显著胜利。东亚系统 Minex 最终并入了电子经纪系统。据受访者透露,路透的系统在"光缆交易"(即英镑兑美元的交易。之所以称为"光缆",是因为跨大西洋电报在这一市场中曾扮演传统角色)以及英联邦货币交易中占据了主导地位,而电子经纪系统则成为全球其他主要货币兑换(如德国马克和后来的欧元兑美元、日元兑美元)交易商间电子交易的主要平台。

然而,值得注意的是,有些事情并未发生。首先,早期的自动化程度非常有限。在电子经纪系统的初期,几乎所有交易都是由人工直接发起的,使用的是专门设计的键盘。直接通过计算机连接到电子经纪系统"是被合同禁止的。你不应该将任何自动化的、非人工的设备连接到系统上"(受访者 FL)。这就是为什么雷曼兄弟的交易员开发了图 1.2 所示的 Clackatron。它通过敲击电子经纪系统的键盘来操作,但并未直接连接到系统上。[1] 其次,"对话式交易"与使用电

---

[1] 与当时其他电子交易系统(如机构网络公司和 Globex)一样,一些用户通过屏幕抓取绕过了"非人为操作"限制(如第 3 章所述),而 Clackatron 的输入很可能也是通过这种方式生成的。

子经纪系统(或有时使用路透匹配系统)的电子交易并行存在。[1]最后,或许也是最重要的一点,外汇交易的"交易商—客户"结构并未发生根本性变化。"你不能直接过来说,'我想在电子经纪系统上交易'",受访者 FL 说,"如果你与银行没有信用关系,你就看不到他们的报价。因此,这样做毫无意义。"电子经纪系统以及在某些市场中同样重要的路透匹配系统成为交易商日常工作的一部分,但并未改变由"交易商—客户"分工所构建的实践方式。正如一位前交易员(受访者 XI)告诉笔者的那样:

> 一笔典型的交易是,做对冲基金的交易员会打电话给销售人员说,"我们能要一个 1 亿美元兑日元的报价吗?"销售人员就会喊过来,我会查看电子经纪系统,判断汇率是会上涨还是下跌,然后喊回去。只需他们交易,我就拿到(交易)头寸,非常标准的流程。

"嗯,这就是外汇市场的运作方式"

然而,在 21 世纪初,外汇市场的"交易商—客户"结构受到了新的电子交易平台的挑战。这些平台往往受到 Island 和类似股票交易平台成功的启发。"让我们把思维拉回到那个时代",受访者 FX 说,20 世纪 90 年代末"是互联网 1.0 时代,那是一个非常非常激动人心的时期",大量互联网企业如雨后春笋般涌现。建立一个面向更广泛客户群的外汇交易电子系统,而不仅仅是服务于主导电子经纪系统和路透的大型交易银行,这样的项目极具吸引力。围绕这一项目,许多公司得以将自己包装为互联网初创企业,并在 20 世纪 90 年代末有利的融资环境中获益。

这一时期推出的大多数新电子交易平台并未挑战外汇市场的现有结构,也就是划分为作为交易商的"报价方"和作为客户的"接受方"。其中一些平台只是由银行建立的系统,允许其客户通过电子方式而非电话获取报价。花旗银行和大通曼哈顿银行在 20 世纪 90 年代末推出了此类系统(anon,2000),最终所有主要的外汇交易银行都纷纷效仿。其他系统如 FX Connect、Atriax 和 Currenex,则是多个交易商向客户以电子化形式推送报价的平台,客户也可以通过这些平台向多个交易商请求报价。同样,这类平台顺应了外汇市场现有的结构,而非与之对抗。

然而,有两个新的电子外汇交易平台确实为客户提供了很多能力,不仅是根

---

[1] Knorr Cetina(2007:713, 718−721) 讨论了交易员如何将电子交易平台与对话式交易相结合。

据交易商报价进行交易,还允许他们在平台的电子订单簿中发布自己的报价。其中之一是 1999 年推出的 Matchbook,主要面向个人交易者以及类似小型对冲基金的交易团体。Matchbook 基于一个经过重新设计的撮合引擎,该引擎由一家电子股票交易平台 NexTrade 开发,它自认为"旨在以外汇市场的民主化为目标,就像 Island 在股票市场中所做的那样"(受访者 FX)。然而,Matchbook 发现,如果没有银行的参与,那么,它需要自己的交易商来填充其订单簿。当 2000 年互联网泡沫破裂时,Matchbook 发现进一步融资非常困难,因而最终关闭。不过,另一个新平台 Hotspot 则提供了一个电子订单簿,允许企业、机构投资者和其他传统大型客户自己发布买卖价格,而不仅仅是根据交易商的价格执行交易。

> 我们希望银行也能参与进来,所以……虽然不能说很快,但一些银行逐渐适应了……并开始意识到,好吧,我们仍然可以从这一过程中赚钱,而且还可以从……那些不一定是我们客户的客户身上赚钱(受访者 FW)。

高频交易公司进入外汇交易市场的速度比进入国债交易商间市场要慢得多(受访者 AB 说)。

> 那是一个特别难以打入的市场……真的,它是一个银行交易商网络。现有的平台主要是为银行交易商网络服务的……而且,银行当然希望保持这种状态。当时他们从这些市场中赚了很多钱。

要在外汇交易中实现实质性参与,一家高频交易公司必须找到一家愿意为其提供担保并承担与其交易涉及的信用风险的银行。"当有人打电话来"请求访问交易平台时,受访者 EN 说,"我们会问他们是否与银行有合作关系"。

然而到了 2005—2006 年,高频交易公司开始寻求并获得进入市场的途径。银行是庞大的机构,其不同部门可能有不同的优先事项。尽管一家银行的典型外汇交易员不太可能欢迎来自高频交易的竞争,但其主经纪商业务部门却可以并且确实通过赞助高频交易公司的交易,向其提供信贷,然后赚取费用。笔者的访谈中有一些证据表明,第一家向高频交易公司开放的外汇交易平台是 Hotspot。访谈对象 FU 说:"他们来者不拒。"在股票交易中,高频交易公司帮助那些允许其参与的交易平台扩大市场份额,这在外汇交易领域也开始了。Hotspot 的市场份额扩大了,这给其他交易平台,特别是电子经纪系统,也带来了开放市场的压力。访谈对象 FU 回忆说,他曾与拥有电子经纪系统的银行交谈,告诉他们必须做出选择。要么开放市场,包括对高频交易开放,同时也对交易过程持有

"一定控制权",要么让交易流向 Hotspot,进而"失去控制权"。即便是在 Hotspot,高频交易公司的进入也引发了交易商银行的极大不满。银行用来在 Hotspot 上报价的系统运行缓慢,访谈对象 FW 说:"当市场变动时,他们可能需要 100 毫秒(1/10 秒)才能调整价格。"此外,银行的系统偶尔会出现故障,导致价格冻结。因此,高频交易公司在一段时间内"轻松赚了不少钱",代价却是银行的利益受损(访谈对象 FW)。

然而,外汇交易在结构上不同于股票和期货交易。在股票和期货交易中,清算所的存在使得买卖双方可以在无须知晓对方身份的情况下完成交易。正如前文所述,外汇交易并非单一市场,而是大量双边交易关系的集合,这些交易关系很少能始终保持匿名状态。即使在新的交易平台,银行也有可能发现那些使其亏损的市场参与者至少有一个身份号码。一位受访者这样说道:

> 有时候,具体取决于你是谁,会有一些客户识别码……比如"40657"。这样银行就可以说:"我受够 40657 了。我每个月在这个人身上损失 5 万美元,他甚至不是我的客户。"

有时,交易平台会驱逐那些因引发过多投诉而成为焦点的高频交易公司。受访者 BK 提到,他的公司曾尝试在一个新平台上交易,"但仅仅两天后就被拒绝了,因为他们认为我们的交易行为太有掠夺性"。不过,驱逐的情况并不常见,"因为平台从你身上赚到了钱"(受访者 FI)。更常见的情形是,银行要求交易平台停止向特定参与者提供可执行的报价,比如通过将该银行对其参与者的最大信用敞口设为零,而平台通常会同意这一请求。受访者 FW 回忆了这一过程,并描述了银行和高频交易公司双方的愤怒情绪:

> 当时的情况是银行非常愤怒。因此,电子通信网络(也就是电子交易平台)基本上都设置了过滤器,所以我们可以屏蔽高频交易者对某些做市商的访问权限,这就是可用措施。然而,高频交易者会抱怨:"为什么我不能获得更多访问权限?"
>
> 你让平台上的每家银行都对你感到不满……他们不愿意向你推送可执行的报价。
>
> "这不公平。"
>
> "嗯,这就是外汇市场的运作方式。"

然而,银行因与高频交易公司交易导致亏损而拒绝向其展示报价,这只是解决方案的一部分。这种做法并不能阻止高频交易公司在电子经纪系统和其他交易平台上以更低的价格抢单,尤其是在这些平台在一定程度上追随 Island 的脚步,采用"十进制化"之后——将最小价格变动单位缩小到原来的 1/10。[1] 在一个存在多种竞争性电子交易平台的市场中,简单地全面排除高频交易公司并不可行。此外,外汇交易商也缺乏类似于"一级交易商"的角色,而这种角色在维护欧洲主权债券交易的现有结构中起到了关键作用。因此,外汇市场结构上的冲突更多地以不同的、更直接的物质形式表现出来,我们将在第 6 章中进一步探讨这一问题。

不同的历史,不同的信号

本章和前两章讨论的期货、股票、主权债券(尤其是美国国债)和外汇四类金融工具的市场,具有截然不同的历史。它们留下了实质性的痕迹,包括在这四个市场中高频交易可用的"信号"差异,表 4.4 总结了这些差异。由于在第 3 章中已经讨论了美国股票交易中广泛使用的信号,接下来笔者将这些信号与期货、国债和外汇交易中的信号进行对比。

表 4.4　高频交易公司在主要活跃市场中三种信号类别的可用性

信号	期货领先	订单簿动态	碎片化
流通股	是	是的,但"暗池"除外	是
期货	不适用	是	不
基准美国国债	随时间变化	是的,但许多场馆没有订单簿	是的,但高频交易公司在大多数经销商客户场所都不存在,因此可利用性有限
即期外汇	只是偶尔	是的,但许多场馆没有订单簿	是的,但"最后确认"和其他措施通常会阻止 HFT 利用它

资料来源:采访对象。

注:暗池(dark pool)是一种交易场所。尽管可以通过"试探性下单"(pinging)即反复输入小额订单来推断其内容,但暗池的订单簿对参与者并不可见。基准美国国债是指最近发行的 2 年、3 年、5 年、7 年和 10 年期票据以及 30 年期债券。即期外汇(spot foreign exchange)指的是几乎立即交割的交易。"最后确认"(last look)是一种自动化程序,在交易平台的计算机系统根据做市商的报价执行交易之前,该平台会向做市商的系统发送一条消息,提醒其即将发生的交易,并给予其短暂的时间来决定是否拒绝该交易。

---

〔1〕 外汇市场中的传统最小价格变动单位是"点"(pip, percentage in point)。例如,若某一汇率从 1.185 0 变动至 1.185 1,则为 1 个点的变动。"小数化"(decimalization)指的是最小价格变动单位调整为原来的 1/10 点。

期货：无碎片化现象

正如第 3 章所描述的过程，美国股票交易与期货交易之间最鲜明的对比在于股票交易已经分散到多个交易平台（这种碎片化是重要信号的来源），而几乎所有金融期货交易都集中在芝加哥商品交易所这个单一平台。2015 年，芝商所在美国所有期货交易（包括实物商品期货交易）中的市场份额为 89%，其在金融期货交易中的份额更高：例如，芝商所占据了美国 99.97% 的利率期货和期权交易（Meyer，2015）。

由于期货通常"领先"于其标的资产（下文提到的重要例外除外），这使得算法在交易期货时基本上只能依赖笔者重点关注的三种高频交易信号中的一种，即订单簿动态。受访者 AC 说，"一般情况下，期货……在交易最活跃的产品中，无论你交易的是什么，一切都取决于订单簿动态"。显然，来自期货市场的高频交易受访者似乎比股票市场的同行更加专注于订单簿。"欺骗性报价"（Spoofing）似乎也是他们更为关注的问题。这种行为指的是向订单簿中输入买价，以误导那些基于订单簿内容进行预测的算法。但人们视其为市场操纵的一种形式（见第 6 章和第 7 章），现在已被禁止。此外，股票指数期货交易中缺乏碎片化以及由此产生的单一流动性池（最重要的股票指数期货，尤其是基于标准普尔 500 指数和纳斯达克 100 指数的期货，仅在芝加哥商品交易所交易），可能有助于解释"期货领先"在股票交易中持久存在现象，第 2 章中对此有所讨论。

正如第 2 章和第 3 章所述，导致股票市场碎片化的条件在期货交易中并不存在。由于缺少 1974 年《商品交易法修正案》（Amendments to the Commodity Exchange Act）背后类似于国会对结构性改革的推动，且现有期货交易所的支持者影响了修正案的起草，这些修正案并未像 1975 年《证券法修正案》对股票市场那样，要求期货市场建立统一的清算和结算系统，这使得新的期货交易平台难以挑战现有市场的主导地位。此外，与 1975 年立法赋予美国证券交易委员会明确的权力不同，1974 年修正案没有赋予新成立的期货监管机构（即商品期货交易委员会）干预市场结构的权力。与此同时，美国证券交易委员会是一个永久性联邦机构，而商品期货交易委员会则依赖于国会定期重新授权，若未获得授权（如撰写本书时的情况），它只能依赖年度拨款。尽管证券交易委员会的资金也依赖于国会,但受访者 RE 指出,商品期货交易委员会缺乏永久性的绝对保障,这使其在推行可能引发金融行业强烈反对的政策时,比证券交易委员会更加谨慎。

国债与外汇市场

本章讨论的主权债券(尤其是美国国债)和外汇这两种市场中的信号也与股票交易中的信号有所不同。如上所述,美国国债市场(即使是全球流动性最强的基准国债)被分为两个基本独立的部分:一是交易商间市场,高频交易公司自 21 世纪初以来已有参与;二是"交易商—客户"市场,高频交易公司在这一市场中仍处于边缘地位。由于高频交易公司局限于交易商间的主要平台,因此国债交易的碎片化并未被高频交易者充分利用。此外,许多"交易商—客户"交易并不涉及包含确定报价的中央订单簿,这限制了订单簿动态对这类交易的相关性。同时,国债市场也不存在明确的"期货领先"模式。受访者表示,在某些时期,反而是国债现货领先于国债期货。最可能的解释是,由于长期存在的"回购"(Repurchase)机制,国债交易可以实现极高的杠杆率,因为国债可被用作抵押品以担保购买它们的贷款。[1]

在外汇市场,交易分散在多个平台上,但高频交易算法利用这种碎片化的能力仍然有限,原因包括本章前面提到的交易限制以及第 6 章讨论的"物质政治"措施。此外,外汇交易中也没有明确的"期货领先"模式。受访者指出,至少在大多数情况下,外汇即期市场(如 EBS、路透及其新兴竞争对手的平台,它们用于近乎即时交割的货币交易,传统上提供高杠杆率)往往领先于期货市场,这使得来自芝加哥的信号对外汇交易的影响不如对股票交易那样关键。例如,当一条新的超高速光纤光缆铺设完成(如下一章所述),将芝加哥期货市场与东海岸的数据中心(即股票、国债和外汇交易中心)连接起来时,受访者 BB 所在的高频交易公司(同时交易期货和外汇)决定不购买超昂贵的最高速"一级"光纤服务,而是选择了较便宜的服务,其租用的光缆被盘绕以减慢约 1 毫秒的传输速度。相比之下,交易期货和股票,或期货和国债的高频交易公司则别无选择,只能尽可能

---

[1] 关于回购市场及其政治经济学分析,请参见 Gabor(2016)。Brandt, Kavajecz & Underwood(2007)研究发现,回购融资成本似乎影响了美国国债期货市场是否领先于美国国债现货市场,反之亦然。

购买最快的价格传输服务。

因此,不同市场中高频交易算法可用的信号差异,也反映了高频交易公司在物质优先级上的不同。更广泛地说,市场结构中的政治往往是一种物质政治,即如何安排交易的物质世界的问题,因此,现在是时候更深入地探讨高频交易的物质性。

第 5 章 "我不仅会丢掉工作，还会丢掉双腿！"

让我们从一个数据中心开始。图 5.1 所示的芝加哥 Cermak 数据中心在自动化交易的短暂历史中扮演了重要角色。例如，作为历史上最具戏剧性的事件，2010 年 5 月 6 日发生的"闪电崩盘"(详见第 7 章)就是从这里开始的。Cermak 建于 1929 年，最初是一家印刷厂，而且是美国乃至全球最大的印刷厂之一。它那些巨大的印刷机曾印制《时代》和《生活》杂志、西尔斯目录(Sears catalog)及电话簿等。如今，这些印刷机早已消失，但曾经安放它们的特别加固的地板上，现在摆满了一排排的计算机，其中有些属于电信公司。接待笔者参观的向导说，"互联网的骨干"就经过 Cermak。Cermak 的"会面室"是康卡斯特(Comcast)、威瑞森(Verizon)和英国电信(British Telecom)等运营商拥有的独立、私有网络融合的地方，形成了看似统一、无缝的在线世界。芝加哥商品交易所的计算机系统曾设在 Cermak，直至 2012 年迁至前几章提到的专门建造的郊区数据中心，这使得 Cermak 的重要性有所下降。然而，它继续支持自动化交易，许多高频交易公司仍在此运营。

参观 Cermak 就像走进一条条没有尽头也没有窗户的走廊，白色的墙壁和无铭牌的蓝色门让人迷失方向，即使是向导也容易迷路。门后的房间依然嘈杂，但印刷机的轰鸣声已被风扇和硬盘的持续嗡鸣声取代。Cermak 在数据中心中

资料来源：笔者实地拍摄。

图 5.1 Cermak 数据中心

显得与众不同，因为它有多层结构，而这座建筑最初作为印刷厂的设计帮助连接了这些楼层。21 个大型垂直竖井贯穿其中，过去用于升降巨型纸卷，而现在通过竖井铺设光缆，可以巧妙地缩短光缆的长度。

向导的工作是向需要大量算力的公司出售 Cermak 的空间，供他们安装计算机系统。他强调："我的点卖是电力。"到 2012 年，Cermak 已成为伊利诺伊州第二大电力消费者，仅次于芝加哥奥黑尔机场（Equinix, 2012: 5）。Cermak 连接了两个不同的电网，可提供 100 兆瓦的电力，大型柴油罐随时准备为备用发电机提供燃料。向导解释说，这些发电机与邮轮上使用的类型相同，可在两个电网都发生故障时启用。几乎所有流入 Cermak 的电力最终都转化为热量。受访者 CZ 告诉笔者，数据中心的关键参数是功率密度，通常以每个机架的最大电力输入来衡量。这里的机架是指一种标准尺寸的金属框架，用于安装计算机和其他设备。[1] 限制数据中心功率密度的，通常不是电力供应，而是排出建筑物中的

---

[1] 机架（rack）这一术语来源于美国电信行业。即使在今天，机架尺寸通常仍用英寸而非厘米定义。标准机架单元宽度为 19 英寸（48.26 厘米），高度为 1.75 英寸，典型的机架或"机柜"高度为 42 个单元（73.5 英寸，约 1.87 米）。目前，每个机架的功率密度大约可达到 15 千瓦，参见 19 英寸机架及数据中心功耗，均访问于 2019 年 11 月 26 日。

热量,使室内温度足够低,从而保障计算机可靠地运行。以 Cermak 为例,这需要一个高容量的冷却系统,其中包含类似盐水的制冷剂 850 万加仑,即 3 200 万升。在 Cermak 行走时,你经常会看到输送制冷剂的管道,偶尔还会遇到一阵冷风。

即便是向导,也无法进入 Cermak 的大多数房间,因为这些房间受到生物识别锁的保护。即使进入房间,也不能获得所有数据,在放置交易公司服务器的房间里,计算机一般被紧锁在机柜里。笔者对高频交易关键数据中心的了解,更多来自人们的交谈,而非实地观察。尽管不同交易所系统的配置各不相同,但也存在大量的结构相似性,可做一些概括(如图 5.2 所示)。设想某家交易公司的系统组件发出一个买入或卖出的订单。该组件位于交易所计算机所在的数据中心内,而这家公司——我们称之为公司 A,恰好在该交易所进行交易。在物理形态上,这个组件可能是一个完整的计算机服务器,也可能是一个现场可编程门阵列,它是一种特殊类型的硅芯片,本章末尾将对其进行描述。在数据中心内部,对该订单进行编码的电子信息通过光缆传输,通常是以激光产生的光脉冲形式在光纤中传播。本章稍后将作描述的无线技术并非用于内部通信,而是应用在数据中心间通信。一般来说,交易公司会从交易所租赁至少两条光缆,将公司系统与交易所系统相连接。信息通过这些光缆双向流动,而准备两条光缆是非常明智的做法,可预防设备故障导致第一条光缆中断。

对公司 A 订单编码的电子消息很可能通过至少一个数字交换机,再到达交易所系统的一个组件,通常称为订单网关。网关可能是一台计算机服务器,但不一定是一个独立的机器,例如,芝加哥商品交易所现在使用的网关是现场可编程门阵列。订单网关会检查消息格式是否正确,还有可能为其打上时间戳,即记录接收的精确时间,并通过路由选择确保到达正确的撮合引擎。主要交易所有多个撮合引擎,每个引擎维护其交易的特定金融工具子集的订单簿。

如果相关订单簿中包含既有订单,可以匹配公司 A 的系统发送来的订单,撮合引擎将执行交易。例如,传入订单的报价是特定价格或者稍低,撮合的则是等于或高于该价格的现有卖出订单。随后,交易所的计算机系统会向两家交易公司系统发送"成交"消息,通知订单已执行。如果一个订单数额大于另一个订单,则可能仅部分成交。另外,如果订单簿中现有报价无法匹配传入订单,那么

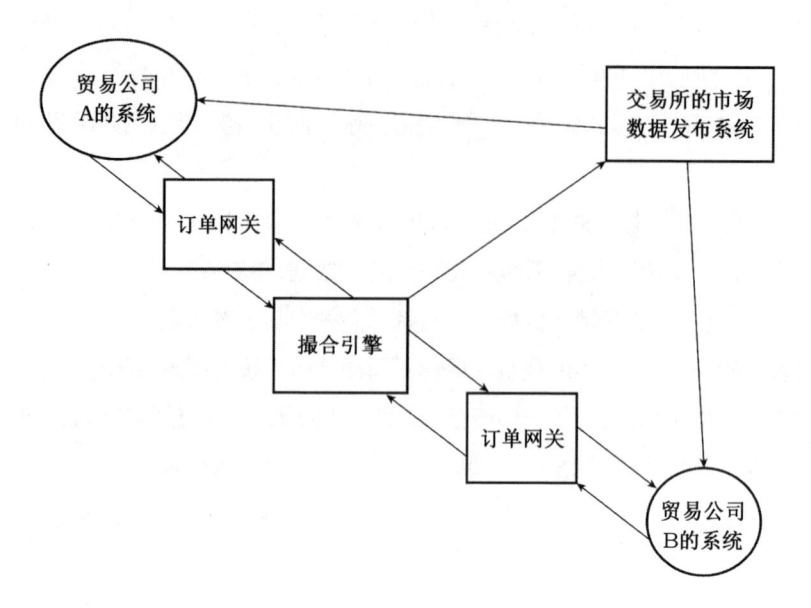

注：箭头表示电子信息的流向。例如，一家交易公司的系统向订单网关发送订单或撤销订单，当订单被添加到订单簿时，网关会向该系统发送"确认"消息。当订单被执行时，网关发送"成交"消息。为了尽快了解不涉及该公司的交易和其他订单簿变化，公司必须向交易所支付费用，以获取其市场数据发布系统的数据流和超高速连接。

资料来源：作者采访。

图 5.2　数据中心内部示意图

该订单将被添加到订单簿中，并向交易公司的系统发送"确认"消息。[1] 同样，如果交易公司的系统发送消息以取消或修改其现有订单，交易所系统完成操作后也会发送确认消息。

撮合引擎还向交易所的市场数据发布系统或数据服务器发送这些消息，包括编码了的新订单，执行以及取消的订单或者修改的消息。[2] 如今，这些消息在发布前基本被匿名处理，即删除提交订单的公司、交易组或个人的标识号。市场数据发布系统通常以光纤中的光脉冲形式，更新匿名订单簿的消息流，然后发送给购买了此类快速"原始"数据流的公司系统。这些系统有时会直接对个别消

---

[1] 如果传入的订单是"立即执行或取消"（Immediate-or-Cancel）订单（参见第 6 章），那么它将直接被取消，而不会添加到订单簿中。

[2] 如第 1 章所述，大多数交易所允许用户系统提交"隐藏"订单（不会通过市场数据发布系统传播给其他用户；此类订单通常在电子队列中排在可见订单之后）和"冰山"订单，这类订单的部分信息可见，而另一部分则隐藏。

息(如报告大额交易的消息)做出反应,但主要使用数据流来维护交易所订单簿的最新"镜像"。[1]借助交易所用于发送成交和确认消息的同一光缆,原始数据流从交易所系统传输到每个公司的系统。然而,数据流和直接消息在交易所系统内的传输路径不同,其中一条路径可能比另一条更快。我们将在本章后面重新讨论这一点,因为这种被称为"微小物质性"的问题可能涉及数据中心甚至单个计算机系统内部的配置和物质程序,从而产生重大影响。

黄金线路

让我们首先考虑"大规模的物质性",即信号如何在数据中心之间传输数千米、数十千米甚至数千千米。对于高频交易算法来说,外部信号往往与其所在的数据中心的内部活动一样重要。从芝加哥到新泽西数据中心的线路是贯穿全球金融数据中心最关键的路径,也是股票、国债、外汇和期权交易的纽带(见图1.4和图4.1)。正如第2章探讨的原因,来自Cermak,尤其是2012年以来从芝加哥商品交易所郊区数据中心发出的信号,对新泽西的算法交易至关重要。

当高频交易在20世纪90年代末和21世纪初开始蓬勃发展时,远距离传输信号的首选技术是光纤,电信公司也铺设了广泛的光纤网络。从人类用途来说,现有网络已经足够快,因此电信公司无需在意信号传输的速度。相反,他们选择了易于获得挖掘许可证的路径,如铁路沿线,并设计覆盖更多人口中心的网络。他们还经常使用中心辐射型配置,信号不是通过两点之间的最直接路径传输,而是通过他们自己的交换机或位于中心位置的数据中心的"会面室"传输。Cermak或新泽西主要电信纽带纽瓦克(Newark)的Halsey就是这种数据中心。正如下文将讨论的,电信公司还会优先考虑维修的便利性,而非最短光缆长度。

在高频交易的早期,Automated Trading Desk这样的先驱者主要与缓慢的人类交易员竞争,当时的光纤网络对高频交易来说已经足够快。然而,到了21世纪初,高频交易公司相互竞争,速度竞赛由此开始。来自芝加哥的信号重要性凸显,意味着高频交易公司开始重视将这些信号传输到东海岸数据中心所耗费的时间。但他们发现,让电信供应商理解这一需求非常困难,简单地要求电信公

---

〔1〕如第2章所述,较早的系统(如芝加哥商业交易所的早期版本Globex)是为人工交易设计的,通常会将多个更新整合到定期"快照"中以呈现订单簿。这种做法受到高频交易从业者的不满,因为它使得高频交易公司的系统难以精确追踪自身订单在执行队列中的位置。随着时间推移,该做法逐渐被文本中描述的"Island风格"程序所取代。

司提供最快的路径并不奏效：

> 你可以去找威瑞森的销售人员,但他们根本没有这样的产品目录。他们只卖线路。威瑞森的配置系统……没法真正理解什么是最短路径。他们只知道你想要一条 T-1、T-3 或其他类型的线路来连接点 A 和点 B,然后他们就根据现有的光缆去配置。[1] 顺便说一句,如果他们需要进行负载平衡,会重新配置(切换到不同的光缆)……他们从没真正想过有人会在意(确切的物理路径)。(受访者 TO)

这种态度在高频交易公司试图招聘电信专家时也很常见：

> 我在寻找新的运营团队负责人时面试了一大批人。每当有人说"我有丰富的经验,知道如何为你省钱"时,我就觉得这不合适。(受访者 CF)

当然,受访者 CF 优先考虑的是传输速度,而不是成本。最终,他找到一位电信公司的销售人员并与其密切合作,因为这位销售人员理解他的目标。这位销售人员随后"提出了一个想法,让他加入(高频交易公司),并带上他的一个同事,建立一条从芝加哥到东海岸的'暗光纤连接',这条连接将遵循'最直接的路径'"(CF)。暗光纤是一种专供特定公司永久使用的光纤,与电信领域常见的共享使用方式不同。

芝加哥的交易员们将这条精心规划的暗光纤称为"黄金线路"。它的速度使这家高频交易公司在 21 世纪头十年的关键时期获得了显著优势,当时高频交易业务正在兴起。这家公司主要是一家做市商,系统性地在订单簿中发布具有吸引力的买卖价格,供其他人执行。正如第 3 章所述,这种电子做市行为有力推动了高频交易友好型交易场所的发展。也就是我们第 6 章将讨论的,做市算法面临的一个主要风险是其报价可能(因未能跟随市场及时更新)变得过时,从而被更快的算法吃掉。拥有从芝加哥到东海岸最快连接的黄金线路使这家做市公司在一定程度上避免了这种风险。相反,如果做市算法面临被吃掉的高风险,那么,它们必须扩大价差,即买价和卖价之间的典型差异,以弥补由此产生的损失,从而使交易场所的价格吸引力下降。因此,尽管无法确定,但在那些关键年份,拥有黄金线路的是一家做市商,而不是第 6 章术语所示的"撮合者"(taker),这

---

[1] T-1(Transmission System 1)是 1962 年美国电话电报公司最早提出的数字传输规范,后来被重新应用于光纤传输中。T-2 和 T-3 是更高容量的版本。

或许具有重要意义。该公司能够大规模做市,加强了高频交易做市与高频交易友好型交易场所之间的关键"纽带"(如第3章所讨论的)。

黄金线路并非一条全新铺设的光缆,而是通过租赁现有的光缆"拼接"或"编织"而成(受访者CC),这些光缆靠近从芝加哥到新泽西北部和曼哈顿的测地线。正如第1章所述,测地线也被称为大圆航线,是地球表面两点之间的最短路径。在过去,即便距离采访已过去十年,笔者的访谈对象对黄金线路的确切路径要么知之甚少,要么不愿透露。如今,受访者CC表示,这条线路大致沿着80号州际公路,穿过俄亥俄州北部、宾夕法尼亚州和新泽西北部。[1]这一描述具有较高的可信度。

"只是铺设光纤"

由于黄金线路由现有光缆拼接而成,所以无法完全遵循测地线的路径。正因如此,至少有一位交易员意识到,如果拥有一条更接近测地线的光缆,任何依赖芝加哥与东海岸之间快速传输价格的算法交易公司将不得不使用它,从而可以收取高额费用。期权交易员丹·斯皮维(Dan Spivey)筹集资金建造了一条全新的光缆,其主要投资者是詹姆斯·巴克斯代尔(James Barksdale),他曾担任网景通信公司(Netscape Communications)的首席执行官,而该公司是网络浏览器的先驱。

斯皮维和巴克斯代尔的新公司Spread Networks与数十个地方政府和土地所有者谈判,以获得铺设这条更直接的新光缆的权利。迈克尔·刘易斯(Michael Lewis)的《高频交易员》(*Flash Boys*,本书附录有关高频交易的文献部分对该作品进行了讨论)的第1章精彩地描述了该公司在谈判铺设光缆权利时面临的困难,包括在"小型铺砌道路、土路、桥梁和铁路旁或下方,偶尔也在私人停车场、前院或玉米地"(Lewis,2014:11)铺设光缆的挑战。随后,公司协调了250个独立团队(每组8人)的工作,他们挖掘、钻孔并铺设光缆。Spread Networks尽可能长时间地保持项目秘密。由于每个团队只负责一小段路线,工人们很难猜测其目的。他们被告知,如果有人问他们在做什么,他们应该简单地回答:"只

---

〔1〕受访者TO告诉我,黄金线路(Gold line)的关键组成部分是一条由互联网服务提供商UUNET多年前铺设的旧电缆。他表示,这条电缆的传输容量有限,而且UUNET为了节省成本,并未按常规做法将其铺设在管道中,而是直接埋入土壤。然而,由于该线路的路径优越,使其比替代方案更快。不过,笔者未能找到独立的证据加以证实。

是铺设光纤"(Lewis,2014:8)。Spread Networks花费了至少3亿美元铺设新光缆,据一位受访者表示,也可能高达5亿美元。但是,他的赌注被证明是正确的,交易公司将别无选择,只能支付高额费用去租赁光缆中的光纤。前高频交易员彼得·科瓦奇(Peter Kovac,2014:3)报告称,租赁费用为每月17.6万美元,并要求签订长达数年的租赁合同。

接近测地线带来了物理上的困难。例如,阿勒格尼山脉横亘其中,尽管受访者TO说,现有描述(包括作者及其同事的描述,MacKenzie, Beunza, Millo & Pardo-Guerra 2012)夸大了岩石钻孔的程度,然而,最具说服力的是刘易斯(2014:20—22)描述的两个看似微小的事件。第一个事件发生在芝加哥曾经高度工业化的南部郊区,Spread计划的路线与卡柳梅特河(Calumet River)交汇。Spread在河下尝试了六次钻孔,均告失败,最终在发现一条长期废弃的水下隧道后,才克服了这一障碍。第二个事件发生在宾夕法尼亚州一个乡下小镇,位于宽阔的萨斯奎哈纳河(Susquehanna River)上一座桥的东侧。Spread设法获得了许可证,可在桥梁混凝土的支撑中钻孔,并在路面之下铺设光缆。然而,在桥的东端,道路沿着河岸延伸,而不是继续向东。为了让Spread的光缆继续向东延伸,公司需要获得在两个停车场任意一个的下方铺设光缆的许可证。每个停车场的所有者都收到超过10万美元的报价,但最初两人都拒绝了。其中一人经营一家冰激淋工厂,担心光缆可能会成为未来扩建的障碍;另一人则与Spread在该路段雇用的承包商发生过争执。直到第二位停车场所有者后来做出让步,新光缆的东部和西部才得以连接。

这两个事件是我们称之为高频交易"地理位置霸权"(the tyranny of location)的首次明确体现。正如第1章所述,爱因斯坦物质性(当纳秒变得重要时,光速成为约束条件)使高频交易对精确的空间位置极为敏感。Spread的光缆本可以在其他地点穿越卡柳梅特河,也可以绕过宾夕法尼亚州的停车场。但这样做会引入微小却可能至关重要的时间延迟。据笔者所知,隧道和停车场的所有者都没有意识到他们控制着突然成为"瓶颈"点(引自受访者DE,见第1章)的地方。用行动者网络理论的术语来说,这是一个字面意义上的"必经之路"(Callon,1986:204,205—6)。然而,那些拥有或控制关键位置的人很快意识到,他们可以为进入或通过这些"瓶颈"点收取高额费用。正如第1章所讨论的,用经济学家的术语来说,这些所有者可以收取"租金",远高于说服他们允许进入或通过的最低费用。可想而知,大多数在美国乡村小镇拥有停车场的人会很高兴接受远低于10万美元的费用,以换取停车场部分区域几天内被围起来进行挖掘、光缆铺设并重新铺面的轻微不便。[1]

  Spread的新光缆于2010年8月开始运营,其西端最初是Cermak数据中心,后来进一步向西延伸至芝加哥商品交易所的新郊区数据中心。从Cermak出发,光缆沿着密歇根湖岸向南边和东边延伸;然后穿过印第安纳州和俄亥俄州的农村;沿着伊利湖南岸,再穿过宾夕法尼亚州的农村到达新泽西州和纳斯达克的数据中心;然后向北转向纽瓦克的Halsey数据中心(如前文所述,这是新泽西州的主要电信纽带);接着连接到其他新泽西金融数据中心,最后到达曼哈顿。这条接近测地线的路线是光缆的设计初衷,但速度优先还带来了其他影响,这些影响甚至在刘易斯的《高频交易员》精彩章节中也没有讨论。在铺设普通电信光缆时,施工队伍的标准做法是增加一定的预留长度(通常为光缆总长度的5%~10%):

  当你铺设光纤时,你会留出一些预留长度……你在每个放大器中心或检修井处将光缆盘绕起来,这样做的原因是每隔一段时间光纤就会被切断。有人在施工,火车脱轨,桥墩侵蚀,无论什么原因,光缆都会断裂……你需要一根稍微松散的光缆,这样你可以将两端拉在一起,接合它们,然后就可以继续使用了。(受访者TO)

Spread Networks很难让铺设光缆的工人(如前文所述,他们并不知道光缆的用途)偏离这一标准做法:

  在Spread,我们与施工队伍不断发生争执,因为他们想按照他们一贯的做法行事:"为什么你不想在网线中预留长度?"他们不理解针对延迟的考量:"你为什么在乎几微秒(百万分之一秒)?"(受访者TO)

  速度优先也影响了交易公司使用新型光缆的方式。现代光纤传输采用了一种称为密集波分散复用(dense wave division multiplexing)技术,其中一根光纤上的多个通信通道通过使用不同波长的光来避免光学干扰。电信公司希望最大化每根光纤的传输容量,因此可能会使用多达100个不同波长的通道。公司会接受这种密集包装导致的少量光学干扰,并通过软件处理传输的消息,添加额外

---

[1] 事实上,由于该地点极其重要,Spread似乎直接出价超过10万美元,而不是等待业主提出要价。

的二进制数字以检测和纠正传输错误。这种称为"前向纠错"(forward error correction)的技术会引入微小的延迟,因此高频交易公司通常不大使用。相反,受访者 TO 说,他们在 Spread 光缆的单根光纤中使用了少得多的通信通道(可能只有 10 个)。

然而,速度并不是 Spread 光缆的唯一优先考虑。另一个优先考虑的是感知公平性,这或许令人惊讶。如果一位用户担心其他用户仍然能够获得速度优势,那么招揽新用户将变得困难。因此,Spread 投入了大量精力确保支付高级访问费用的用户不会遇到这种情况。[1] 芝加哥和新泽西之间的距离很远,沿途需要光学或电光放大器,Spread 一共建造了 11 个混凝土掩体来容纳这些设备。掩体只有约 15 米长(50 英尺),但正如受访者 TO 所说,"实际情况是,光缆途径的路线一会儿上坡,一会儿下坡,一会儿拐弯,反正是蜿蜒曲折。要是这种情况重复 11 次,累积起来的延迟就很明显了"。即使光脉冲以每秒 20 万千米(约每秒 12.5 万英里)的速度传播,通过掩体的不同路径也可能导致显著的时间差异。因此,Spread 格外谨慎,确保每位用户的光纤在每个掩体中的路径长度相等。一位受访者告诉笔者,Spread 甚至对不同光纤束中玻璃材质的微小物理差异进行了补偿(笔者尚未亲自去验证这一点)。折射率略低的光纤通过轻微盘绕使其长度略长,以确保传输时间尽可能相等。

Spread Networks 铺设的新直连光缆对交易产生了立竿见影的影响。那些之前无法支付或选择不支付使用该光缆高昂费用的自动化交易公司,突然发现在某种情况下自己处于相当严重的劣势。例如,受访者 CV 的公司曾是芝加哥国债期货以及底层国债证券交易领域颇具影响力的先驱。"我付不起 Spread Networks 的价格",CV 说,"我的规模还不够大"。他说,其他公司凭借在新泽西—芝加哥路线上更快的网速"正在击垮我们":

> 你根本来不及连上那条线路。交易的另一头你也抓不住。举个例子,你在新泽西下单(买国债),等你下单的时候,机会早就没了……整个过程堪比灾难现场,公司亏得一塌糊涂。

---

〔1〕 如第 4 章结尾所述,还存在第二级订阅用户,他们支付较低的费用,但传输时间比高级订阅用户慢大约 1/1 000 秒。"这里确实有一个机柜,光纤在其中绕来绕去,会增加 1 毫秒的延迟"(受访者 TO)。

"便宜、安静且快速"

尽管 Spread Networks 专注于速度,但它无法改变第 1 章提到的物理现象:光在光纤玻璃中速度会减缓。Spread 使用了朗讯(Lucent)的 True-Wave ® RS 光纤。这种光纤的折射率最低,传输速度最快,并且在使用时无需频繁地进行放大,因而无需建设大量会导致延迟的中继站。TrueWave 玻璃的折射率约为 1.47(Lucent Technologies,1998;具体值取决于使用的波长),这意味着光在其中的传播速度仅略高于爱因斯坦极限(即光在真空中的速度)的 2/3(见表 5.1)。[1] Spread Networks 光缆的规划者非常清楚,潜在的替代方案是通过大气进行无线电传输,其折射率随着气压、温度和湿度变化,但也不过略高于 1.0,这意味着无线信号几乎能够以真空中的光速传播。在过去的几十年里,微波无线传输确实广泛应用于长途电话通信,尤其是 20 世纪 50 年代,美国电话电报公司建立了一个广泛的美国微波网络,即长线系统(Long Lines System)。然而,随着光纤光缆的普及,该网络被逐步淘汰。

表 5.1　从芝加哥商品交易所数据中心到纳斯达克新泽西数据中心的最先进单向传输时间(单位为毫秒)

在网格传输之前	大约 8
网格传输(2010 年 8 月)	6.65
光纤传输(折射率 1.47)	5.79
微波链路(2010 年 9 月)	5.7
最快微波中继器(2016 年 5 月)	3.98
爱因斯坦理论极限	3.94

资料来源:Laughlin et al. (2014), Alex Pilosov, McKay Brothers/Quincy Data,以及其他。

注:爱因斯坦极限是指信号以真空光速沿测地线传输所需的时间。自 2016 年以来,微波链路有所改进,但最新的传输时间并未完全公开。由于 2012 年芝加哥商品交易所数据中心搬迁等原因,这些比较并非完全同类对比。

---

[1] 关于光纤制造的生动描述,参见 Crawford(2019)。尽管折射率效应是光脉冲在光纤中传播速度比真空中慢的主要原因,但光脉冲还会在光纤壁上多次反射(这在光学上称为全内反射,所带来的低衰减使得光纤能够在长距离上传输光信号而无须放大)。虽然光脉冲的反射本身不会降低速度,但由于光纤的核心可能不到 10 微米(百万分之一米)厚,光脉冲的传播路径并非完全直线。感谢格雷格·拉夫林对这一点的澄清。

微波无线传输，尽管常被视为过时技术，最初似乎对Spread超高速光缆构不成威胁。微波是一种"视距"技术，它需要从发射源到接收器之间呈现几乎完全直线的大气路径。由于地球曲率，任何长距离路径（如芝加哥到新泽西）都需要中继器（通常位于高塔上，如图2.2所示）来接收、放大，有时进行电子滤波并重新传输信号。这些设备会引起延迟，尽管在人类感知中几乎可以忽略不计，在日常使用微波时也无足轻重，但这些延迟似乎会抵消微波相对于Spread Networks光缆的任何速度优势。

然而，微波中继设备的延迟可能只是其设计者没有将速度优先考虑的结果，因此微波可能仍然比Spread Networks接近测地线的光缆更快，对吧？第一个为高频交易建立芝加哥—新泽西微波链路的人是具有苏联教育背景的计算机科学家亚历克斯·皮洛索夫（Alex Pilosov），他移民到美国后为多家华尔街银行提供咨询服务，并成立了一家提供高速互联网连接的企业。"我卖掉了房子"，他告诉笔者，"还借了很多债"。但他手头的资金仍只有约50万美元，这对于一个大型工程项目来说非常有限。他说，这个项目必须"便宜、安静且快速"。他无法承担巨额开支，以免引起资源更为丰富的潜在竞争对手的注意，也不能让自己的链路在运营和盈利前经历漫长的延迟。

2009年，皮洛索夫开始拜访高频交易公司，希望招揽客户。他给人一种与众不同的印象。亚历山德拉·劳莫尼尔（Alexandre Laumonier）在一篇关于高频交易微波链路的精彩描述中（见附录文献）提到，皮洛索夫的曼哈顿公寓经常变成"极客、艺术家、作家和活动家"的避风港，包括一些参与"占领华尔街"运动的人（Laumonier, 2019:48）。皮洛索夫告诉笔者，有一家高频交易公司给他取了绰号"小猫"，因为第一次见面时他穿的T恤上有小猫图案。在拜访各家高频交易公司时，皮洛索夫并未透露他计划使用的传输技术，只是说他的链路将"比光纤更快"。有一家高频交易公司向他承诺，如果皮洛索夫确实能提供这样的链路，他们将支付费用，于是皮洛索夫存入了一笔保证金，"只是为了证明我不是疯子"。

皮洛索夫找到了一家捷克斯洛伐克小公司，其微波中继设备在当时的行业标准下已属高速。这种高速性能实际上是其设计简约性的意外衍生产品。皮洛索夫出资委托该公司对设备进行改进，以进一步提升其传输速度。他与主要合作伙伴、工程师兼计算机科学家安东尼·卡佩拉（Anton Kapela，关于其事迹，可参阅Laumonier, 2019:49—51）始终将微波链路保持低调运作。在设备部署过程中，皮洛索夫并未在 Cermak 大厦或新泽西端点的数据中心屋顶安装可能暴露身份的天线，而是将天线放置于稍远处。有个阶段，他甚至利用一辆天线车来运行链路，把车停放在一家靠近新泽西数据中心的保龄球馆停车场内。他成功说服了该保龄球馆的经营者，允许他将车辆停放在其停车场中，从而巧妙地规避了潜在的暴露风险。

皮洛索夫亲自对微波链路的最佳路线进行了详细的研究，发现实现密歇根湖上的视距无线连接（从芝加哥算起约 80 千米宽，或 50 英里）的方法是在湖边摩天大楼顶部安装天线。他选择了怡安中心（Aon Center），高 347 米，超过 1 100 英尺。他编写了计算机代码，以确保与其他信号的干扰不会成为联邦通信委员会批准其天线链路的障碍。他推迟提交必要的"路径协调通知"，因为这"会提醒其他人我正在建造一些东西"。他自己进行了结构计算，以证明他选择的塔台足够坚固，可以支持他想安装的天线。他提交了必要的文件以获得塔主、市政当局等的许可。这是一项事事须亲力亲为的工作。劳莫尼尔（Laumonier, 2019:53）描述了一件小事，皮洛索夫曾给新泽西一栋建筑的管理员送了几瓶苏格兰威士忌，希望管理员对他在屋顶安装天线时睁一只眼闭一只眼，他还从屋顶拉了一根光缆到人行道。皮洛索夫绞尽脑汁地节省开支。他告诉我，有一座塔台曾是美国电话电报公司长途通信网络的一部分，上面仍保留着一根旧天线。皮洛索夫将其重新启用，没有购买新的替代品。

地理位置的束缚暂时得以缓解。为了履行与高频交易公司客户的合同，皮洛索夫的微波链路只需比 Spread Networks 的光缆更快即可。微波相对于光纤的物理速度优势为他提供了相当大的灵活性，使他能够偏离测地线，选择成本不高且能快速安装天线的塔台。他甚至找到了一条全程使用 6GHz 无线电频率的路线，这是美国商用微波频率中最可靠的一种，但由于其普及性，某些塔台上存在与现有链路干扰的风险，导致无法安装新的 6GHz 无线电设备。皮洛索夫的路线向南延伸至匹兹堡南部郊区（距测地线约 100 千米，或 60 英里）。但即便如此，皮洛索夫和卡佩拉（Kapela）仍成功实现了比 Spread 光缆更快的目标，参见表 5.1。[1]

然而，没有任何微波链路能够完全摆脱物质世界的偶然性，无论是处于建设

---

〔1〕 皮洛索夫路线的地图可见于 Laumonier(2019)插图部分。选择南下至匹兹堡的原因之一是有助于将网络扩展至华盛顿特区——一个对金融交易至关重要的宏观经济数据发布地。皮洛索夫说："由于各种商业原因，这一计划最终未能实现。"但其他公司确实建立了从华盛顿到芝加哥和新泽西的连接。

阶段还是已经投入使用。用于传输和接收微波信号的天线往往形状笨重,通常又大又重。一个大型天线的直径可达 2.4 米(接近 8 英尺),重量可达 500 磅,近乎 1/4 吨[1]。这些天线需要被吊装到超过 100 米(约 300 英尺)高的塔台上,并且必须精确安装,做好防水处理,同时天线和光缆必须牢固在塔台上,以抵御强风(见图 5.3)。要完成这些工作,不仅需要塔台工人具备攀登高塔和在塔顶作业的勇气与体力,还需要他们对细节保持高度精准的关注。皮洛索夫发现,他所雇用的塔台工人虽然具备技术能力,但责任心并不总是能够到位。他注意到,有时天线没有正确对齐,光缆也未能牢固地安装在塔台上,此类问题时有发生。他的公司以及笔者采访过的至少另外两家公司最终决定,不再仅仅依赖承包商,而是雇用自己的塔台工人。皮洛索夫告诉笔者,他组建了一支"全职"的小团队,驻扎在宾夕法尼亚州西部路线的中点附近,以便"应对紧急情况并进行日常维护"。尽管他的网络是在短时间内快速搭建起来的,但其可靠性却令人印象深刻。他说道:"我认为最长的一次中断时间是 24 小时,原因是雷击。"这种雷击本不应损坏他的设备,但当他进一步调查时发现,原来是用于保护设备的铜接地线被人偷走了。

资料来源:由 McKay Brothers 提供。

图 5.3 微波天线

---

[1] 皮洛索夫告诉我,除了重新使用的 Long Lines 天线(非常重)之外,他的天线重量通常低于 150 磅。

"宁可常拿第一,不要永列第二"

尽管皮洛索夫竭力隐瞒他所从事的具体项目,但高频交易公司很快便意识到微波链路在交易领域的巨大潜力。一旦有人提供比 Spread 更快的链路,推断其背后的技术也就并非难事。自 2011 年起,大约有 15～17 条芝加哥至新泽西的微波链路相继建成。对于确切数量,受访者们的说法并不完全一致。这些链路之间的速度竞争重新点燃了因地理位置而产生的租金压力。皮洛索夫告诉我,在他完成链路大约 1 年后:

> 其中一家塔台公司找到我,问:"到底发生了什么?现在又有 6 个人想建这条纽约到芝加哥的路线,用的都是基本上相同的塔台。他们都(说他们)计划的商业目的是应对灾难重建。"或者其他差不多的鬼话。我跟他们说:"好吧,我告诉你发生了什么,但你得答应我,你得向他们收 3 倍的钱。我保证他们会付。"结果确实如此。

部分新链路由高频交易公司直接委托并拥有,但它们如今多数已在竞争中落败,仅剩下两条主要的超高速、接近测地线的链路。其中一条属于 Vigilant,由高频交易公司 DRW 所有;另一条属于 New Line,由高频交易公司 Getco(后被富途收购)和 Jump 联合拥有。Vigilant 和 New Line 最早的竞争对手是麦凯兄弟(McKay Brothers),该公司由罗伯特·米德(Robert Meade)和斯特凡·泰奇(Stéphane Tyc)创立,二人均为物理学家,且在金融领域拥有丰富的工作经验。尽管米德和泰奇过去曾参与交易,但麦凯兄弟本身并不从事交易业务。它向交易公司出售私人带宽,类似于微波的暗光纤,或者通过其关联公司提供快速数据服务。Vigilant、New Line 和麦凯兄弟在速度方面展开了激烈的竞争。其他高频交易公司所拥有的较旧且较慢的链路,如今大多已被出售或直接废弃,因为运营一条速度低于麦凯兄弟链路的链路已几乎没有实际意义。[1]

米德和泰奇在哈佛大学攻读物理学博士学位期间相识,他们根据哈佛大学的戈登·麦凯应用科学实验室(Gordon McKay Applied Science Laboratory)命名了麦凯兄弟公司(McKay Brothers)。尽管泰奇表示,他们"投入了大部分个人资

---

[1] 2018 年,Anova Financial Networks(本章后续将讨论其在新泽西的毫米波和激光链路)收购并优化了一条从芝加哥出发的现有微波链路。此外,专业通信服务商 Scientel Solutions 似乎正在建设一条全新的链路,但其客户身份尚不明确。

金"到这个项目中,但与皮洛索夫相比,他们拥有更多资本,并且工作节奏更为稳健。他们深知,新建的链路终将面临激烈的竞争,因此专注于设计一种能让竞争对手难以企及甚至无法超越其速度的链路。为此,他们必须打破传统电信微波网络设计的保守模式。这种传统模式极为注重可靠性,但几乎忽视了速度的重要性。正如泰奇所说:

> 我们意识到……网络设计其实不用那么"老套又保守"。微波工程师们以前的方法虽然好用,但也设了不少限制,而我们把它们放宽了。这让我们能专注优化最重要的总路径长度。我们死磕这个参数,努力优化,打造出一个持久耐用的网络。

米德和泰奇将部分中继器之间的距离设置得比传统做法更远。一方面是因为他们需要跨越密歇根湖;另一方面是因为更长的"跳跃"(即塔台之间的间隔)可以最大限度地减少中继器的数量,从而降低由此产生的延迟。他们最长的跳跃距离约为 110 千米(70 英里左右)。泰奇说,"大多数微波工程师会告诉你,这是疯狂又愚蠢的举动",因为他们认为,这种间距会使信号传输变得不可靠甚至不具可行性。泰奇回忆,曾有一位工程师甚至"断言超过 50 千米的微波链路是不可能实现的"。

追求速度并不仅仅依赖于长距离的跳跃。如前文所述,在美国可用于商业微波传输的 6 GHz、11 GHz、18 和 23GHz(即吉赫兹)波长中,6 GHz 最为可靠。随着频率的升高,链路更容易受到"雨衰"(rain fade)的影响,即在降雨时信号会衰减甚至丢失。泰奇解释说:"雨滴是导电的,它们会与电磁场相互作用……当电磁场在雨滴中移动电子时,会消耗能量,从而导致信号衰减。"然而,如果麦凯兄弟公司仅使用 6 GHz,则他们将不得不偏离测地线,原因是他们建造链路时,靠近测地线的 6 GHz 链路已经过于密集,因而无法仅依靠这一频率。因此,米德和泰奇的公司不仅使用 6 GHz,还采用 11 GHz、18 GHz 甚至 23 GHz 的频率,以尽可能接近测地线,尽管他们清楚这会增加因降雨而导致中断的风险。正如泰奇对笔者说的那样:"我们有一个小口号:宁可常拿第一,不要永列第二。"

麦凯兄弟的新链路于 2012 年 7 月投入使用。彼时,微波速度竞赛早已如火如荼,而且如上文所述,此后竞争越发激烈。微波传输的每一个环节都面临着无情的审视。以前的做法是将中继设备放在塔基机房内的机架中,这意味着信号必须先从塔顶下来,再从塔底上去,因此,如今用于高频交易的微波链路的中继设备经过防水处理，并放置在塔台的高处，紧挨着天线。令皮洛索夫大为震惊的是，尽管数字系统具有先进的滤波技术，可有效降低信号干扰的风险，但是却遭舍弃，更为简单的纯模拟中继器却受到青睐，只因后者能带来更高的速度。这表明，技术的复杂程度与速度并不总是同步提升。

高频交易的早期微波链路大多依赖于现有的通信塔，有时也会借助像怡安中心这样的建筑物。麦凯兄弟最初也将怡安中心作为跨越密歇根湖西端的关键节点。然而，现有的这些塔台往往存在诸多不足：它们的位置未必能完美契合测地线，有的可能已经布满天线或者租赁成本过高，因为塔台的所有者已经意识到可以借此收取高额租金。例如，笔者曾咨询泰奇，为什么麦凯兄弟链路的初始路线有一个令人意外的弯折，他说这是为了绕开一座通信塔。该塔台的运营商曾同意租赁，但后来又突然给麦凯打电话，试图"强硬"地为自己争取利益，原因是他们知道麦凯需要这座塔来完成链路的搭建。

为了在速度上保持竞争力，就有必要尽快建造新的塔台。例如，一条严格遵循从芝加哥到新泽西北部测地线的微波路线必须穿越伊利湖，但即使穿越的距离较长，路线也可能离湖南岸不远（见图1.4）。2018年1月，泰奇告诉笔者，实际上并不需要真的穿越湖泊。他说："靠近伊利湖就够了。"然而，同年11月，他报告称麦凯公司正把他们的路线进一步靠近测地线，并且现在确实会穿越伊利湖。距离南岸约5千米（或3英里）的凯利斯岛上，有一个小社区已经同意建造一座高塔。劳莫尼尔（Laumonier, 2019：57）报告称，这座塔高137米，即450英尺。泰奇表示，这座塔"将改善手机信号覆盖范围"，因为它不仅安装了手机天线，还有微波碟形天线，"还为岛屿带来了收入"。而从麦凯公司的角度来看，这座塔台使穿越伊利湖成为可能，而且不再需要一次过长的跳跃，而是通过两次更为合理的跳跃来实现。

在芝加哥至新泽西的一条路线上，爱因斯坦极限略低于4毫秒，而速度差异极为微小，这充分展现了该路线微波速度竞赛的白热化程度（见表5.1；1毫秒等于千分之一秒）。2020年5月，泰奇告诉笔者，从芝加哥商品交易所数据中心到NY4/5数据中心集群的三条最快微波链路之间的速度差距已缩小至1微秒（百万分之一秒）以内。他预计，其他新泽西终端（纳斯达克和纽约证券交易所数据中心）的链路也将很快达到这一水平。如此，微小的速度差距意味着必须对任何可能的延迟来源保持高度警惕。其中一个重要因素是"光纤尾"，即公司设备从数据中心到最近微波天线之间的短距离仍需通过"低速"光纤传输。早期，离芝加哥商品交易所郊区数据中心最近的几家相互竞争的微波网络公司，都把天线安装在稍远的塔台上。2016年，高频交易公司Jump Trading的一家关联公司以近1 400万美元的价格购买了数据中心附近道路对面的一块土地，并在该地的一角放置了一台发电机和两个微波天线(Louis, 2017)。Jump的这一不惜血本举措很可能源于其竞争对手DRW的关联公司Webline Holdings的行动。Webline Holdings获得了联邦通信委员会的许可，在距离芝加哥商品交易所数据中心更近的杆子上安装了微波天线，这些杆子比传统的通信塔更接近数据中心。与此同时，麦凯兄弟也获得了当地市政当局的批准，在Jump天线所在道路的对面建造了一座新的小型塔台。

在这场竞争中，目标不再仅仅是将天线尽可能靠近被视为建筑整体的数据中心，而是精确考虑天线进入建筑物的具体位置。芝加哥商品交易所从不允许公司将天线放置在数据中心屋顶的最佳位置，公司只能使用有限的入口点（受访者对确切数量存在分歧）。此外，芝商所还明令禁止公司将设备放在距离入口点100英尺（约合30米）以内的位置。"我们的天线距离入口点101英尺"，泰奇在2018年11月告诉笔者，"我们真的用卷尺量过。我们刚好超过100英尺，就是为了确保完全符合芝加哥商品交易所的规定"。

每一分努力都在为微波链路节省微小却在经济上至关重要的传输时间。然而，不久之后，所有这些艰苦且花血本的努力都被数据中心所有者建造的另一座塔台所超越——这座塔台距建筑物更近。在本书撰写之际，这座新塔台已位于距离数据中心最近的地点。它比Jump、DRW和麦凯兄弟安装在数据中心入口点附近的天线最多只近几十米，但新塔台进一步减少了光纤尾长度，这让速度竞赛的参与者别无选择，只能支付费用将自己的微波天线安置在上面。遗憾的是，笔者未能查明这究竟需要多少费用。

因此，微波速度竞赛的显著特征在于对精确位置的极端敏感性以及由此引发的"地理位置霸权"。它还揭示了技术与日常物质世界之间复杂而微妙的联系。其中最为关键的是，雨水可能导致高频段（尤其是18GHz和23GHz）的微波信号衰减，甚至可能引发链路中断。如前文所述，由于测地线沿线低频段的拥挤，高频交易公司往往不得不选择这些高频段。令人瞩目的是，正如下一章将详细描述的那样，即便在当今高度自动化的高科技市场中，价格模式有时似乎也会受到芝加哥与新泽西之间是否下雨的影响。此外,雪,尤其是湿雪,也可能造成信号干扰,而强风则可能会使天线偏离位置,同时使塔台工人难以安全校正。更令人意外的是,像夏天日出这样温和的自然现象所引发的"管道效应",也可能导致微波链路的衰减。在这种气象环境中,与可能导致污染物浓度增加的因素类似,局部大气条件导致微波信号路径弯曲、衰减甚至无法接收。[1]泰奇说道:

> 管道效应通常发生在……日出前后,或者……这段时间存在一个恒定温度的热源,比如夏天被加热的湖泊。晚上周围的地面变冷,但湖泊保持温暖。

皮洛索夫也提到,在他的链路上,"夏天的早晨基本都能感受到信号衰减"。

新泽西的毫米波与激光

芝加哥至新泽西的光纤和微波链路对高频交易的重要性,源于我所称的"期货领先"信号,其历史在第 2 章中有所探讨;或者更广泛地说,源于期货交易、股票及其他基础金融工具买卖之间的联系。随着美国股票交易场所数量的增加,另一类信号的重要性也在上升。笔者称之为"碎片化"信号,即同一股票在不同交易场所产生的信号(见表 3.2)。这些交易所、交易平台以及它们的撮合引擎几乎都位于新泽西数据中心三角区(见图 1.3)。靠近哈德逊河的第四个数据中心 NJ2 在过去非常重要,但在高频交易中已不再扮演重要角色。[2]由于所有主要股票都在新泽西的股票交易数据中心进行交易,这些数据中心之间的数据传输——参与者称之为新泽西"城域网",已成为与芝加哥微波链路几乎同等重要的活动。类似地,大伦敦地区也有一个城域网链路集群,芝加哥的 Cermak 与芝加哥商品交易所郊区数据中心之间也是如此。为简化讨论,笔者在此主要关注新泽西,它也是最重要的集群。出于同样的原因,笔者也不讨论除芝加哥—新泽西之外的其他金融世界长距离微波路线。其中最重要的包括连接华盛顿特区(美国宏观经济数据发布地)与芝加哥和新泽西交易数据中心的链路以及连接伦

---

[1] 关于大气波导效应及其他微波信号衰减的常见原因,参见 Manning(2009:51−52, 155−172)。另一种相对容易纠正的问题是"多路径传播"(multipath propagation)(Manning,2009:171−172)。如泰奇所述,它发生在信号因湖面反射或大气分层等因而被接收多次,从而在某些点产生相长干涉,而在其他点产生相消干涉。该问题可通过在同一塔上放置两个相距一定距离的天线接收信号,并由自动控制系统选择最佳信号来解决。不过,这一方案会稍微增加延迟。

[2] 第 3 章提到的电子股票交易平台 BATS 由高频交易公司 Tradebot 于 2005 年创建,最初撮合引擎位于 NJ2,目前已迁至 NY5。

敦金融市场与法兰克福的链路,劳莫尼尔对这一条路线有详细探讨(Laumonier, 2019)。

如今,新泽西各股票交易数据中心之间传输速度的重要性已成为一种公理,但这一点并非一开始就被充分认识。正如 Anova Financial Networks 创始人迈克·佩西科(Mike Persico)所言,当他于 2009 年首次参与新泽西城域网时,"低延迟(快速)只是一个营销术语"。使用这一术语的人往往"并不真正相信它,也没有进行真正的实践"。例如,大银行作为机构投资者的经纪人,通常只是从电信公司租赁光纤链路,却没有详细询问这些链路的具体路径。因此,正如受访者 TO 透露的那样,银行租赁的光缆可能并未直接连接新泽西股票交易数据中心,而是借助纽瓦克的电信纽带 Halsey 实现间接连接。例如,刘易斯在《闪电小子》(2014)中报道的投诉,即高频交易算法不当处理机构投资者的订单,很可能源于银行未能充分关注这些订单在数据中心之间分发的物理路径。

即使是受访者 UD 这样的金融通信网络专家,最初也未将速度纳为优先考量。他说,"当时的重点更多是确保网络的稳定运行和一致性,而不是优化低延迟"。他最终确实打造了一个低延迟的伦敦光纤城域网,但这几乎纯属偶然。"2007 年……光纤是按千米计价的……因为预算有限,所以我选择了购买最短的路线,这自然也意味着最便宜的光纤网络。"换句话说,试图省钱间接导致他节省了传输时间。

无论在伦敦还是在新泽西,速度的低优先级并没有持续太久。一些专业公司开始在新泽西数据中心之间建设高速和直连的光纤路线。他们知道,仅靠租赁现有光缆无法打造具有吸引力的新泽西高速城域网。但是,他们也不希望承担挖掘全新路线的高昂成本。麦克·佩西科(Mike Persico)认为:

> 单纯靠租赁,你根本没法获得一条有竞争力的专线。最后肯定还得去找所谓的"私人通行权"。多数情况下,这地方要么是大学,要么是企业。你申请使用他们的土地,他们授予你地役权,允许你去挖地……铺光纤,然后把它连到公共区域。这种操作行话叫"微建设"。简单说,就是在战略路段搞点小建设,把一条普通线路优化改善。

当佩西科的公司 Anova 在新泽西进行微建设时,他了解到亚历克斯·皮洛索夫建造的长距离微波链路甚至比 Spread Networks 接近测地线的光缆更快。因此,他开始考虑在新泽西尝试类似的技术。然而,在新泽西使用微波并不理想。受访者指出,其传输容量局限在大约每秒 90～150 兆比特。对于从芝加哥到新泽西的数据传输来说,这并不是一个主要限制,因为只有少数芝加哥期货合约对新泽西的股票和其他基础现金工具(如国债)交易至关重要。这些期货合约主要包括股票指数期货(尤其是第 2 章讨论的 ES),交易最为活跃的国债和利率期货,还有主要的能源期货、外汇期货、黄金期货和白银期货。正如佩尔西科所说:

> 没有多少人会把谷物(即谷物期货)或鸡蛋(鸡蛋期货)放在微波线路上。这些并不重要,因为它们更像孤立的(市场)。从芝加哥商品交易所的数据中心导出(市场数据)的原因是它们对(在其他地方交易的)相应产品有影响。

当股票交易信号来自其他交易所的同一股票时,情况就有所不同。高频交易公司通常会交易数百甚至数千种股票,因此它在一个数据中心的算法需要掌握这些股票在其他新泽西数据中心订单簿中的动态。这可能意味着,一个数据中心的全部订单簿更新信息可能需要传输到其他数据中心(尽管如下文所述,仍然可以对信息流进行战略性"编辑")。通过微波及时传输此类大量数据往往非常困难,有时甚至缺乏可能性。

佩西科和其他人开始寻找替代传输技术,并锁定了毫米波无线传输作为候选方案。毫米波传输通常用于将手机基站连接到母公司的计算机系统,因此适合的毫米波无线电设备(工作在 E 波段频率范围,70GHz～80GHz)很容易获得。关键在于,毫米波链路的传输容量(约 1 Gb/秒,即每秒 10 亿比特)远高于微波链路。通过两台毫米波无线电设备协同工作,并使其波交叉极化(一个与另一个相差 180 度),带宽可以增加到 2 Gb/秒。佩西科表示,这在 2010 年已足以传输几乎完整的股票交易数据流。

然而,毫米波的高传输容量也带来了一个主要缺点:它比微波传输更容易受到雨水的影响。佩西科将这个问题交给了公司的工程师:

> 那时候我正在寻找高容量、低延迟的无线电设备,结果发现了毫米波,但它的缺点是,为了达到(几乎 100%的)可用性……这个电信标准,只能让天线之间的距离控制在一到两英里以内(也就是说,天线链路只能有很短的跳跃距离)。当时我看着工程师,问道:"假设不下雨,它们能传输多远?""它们可以传输 12～15 千米。"我说:"好的,这正是

我所了解的。"他们说:"它的可用性会很差。"我问:"降到95%?"他们回答道:"是的,非常糟糕。"我说:"那就建吧。"他们看着我……然后说:"这太疯狂了。"

在毫米波链路中放置许多天线和中继器会大大减慢速度,这就是为什么佩西科愿意接受更高的雨水中断率以实现更高的速度。然而,潜在的承包商与他的工程师一样对此持怀疑态度:

他们会笑着说:"我要告诉你两件事:(1)你是个白痴;(2)我们不会这么做,你应该说'谢谢',因为我在帮你,因为这永远不会成功。"

尽管面临诸多质疑,佩西科依然坚持下来,并于2010年底成功开通了金融行业首条毫米波链路。这条链路将纽约证券交易所连接到位于新泽西的NY4数据中心,那里是新兴电子股票交易场所Direct Edge的撮合引擎所在地。然而,这种连接是间接的。尽管纽约证券交易所于2010年8月在新泽西开建了新的数据中心,但最初并不允许外部直接访问。交易公司只能通过多个纽约证券交易所"存在点"(POP)与之连接,其中一个位于曼哈顿的111 Eighth Avenue数据中心,该中心在互联网中扮演着关键角色(Blum, 2012:163-164)。佩西科的新毫米波链路从那里延伸到NY4,全程11千米(约7英里),分为两段适中的跳跃:一段从111 Eighth Avenue跨越哈德逊河对岸;另一段从河对岸延伸至NY4。这条新链路一经推出便取得了巨大的商业成功。佩西科说,"我们有一批容量,在6小时内就全部卖完了"。

随后,人们开始在新泽西的数据中心之间(如图1.3所示)努力构建快速的毫米波网络,至少创建了7个这样的网络(参见Tyc 2018年的列表)。与芝加哥—新泽西路线一样,保持这些链路的路径尽可能接近新泽西数据中心之间的测地线至关重要。因此,一些特定的位置变得异常抢手,无论它们是塔楼还是合适的高楼。它们通常位于不起眼的工业区。正如佩西科所说:

有时候,这些房东最后会得到相当于Willy Wonka金票的东西,因为他们买下这些房产时,压根儿没想到会有这种好事,结果突然之间……它就特别赚钱。[1]

---

[1] 在罗尔德·达尔(Roald Dahl)的儿童文学《查理和巧克力工厂》(Dahl, 1964)中,工厂主人威利·旺卡(Willy Wonka)在巧克力棒中藏了五张金色门票。找到门票的人可以参观对外保密的工厂,并终身免费获得巧克力。贫困男孩查理找到第五张门票后,最终成为旺卡的继承人。

光纤尾在新泽西与在芝加哥一样是个问题。理想情况下，一条链路最后一段的天线应该直接安装在它所连接的两个数据中心的屋顶上。然而，纳斯达克和纽约证券交易所数据中心的屋顶访问受到限制（SEC，2013b & 2015）。天线可以放置在NY4数据中心的屋顶上，但具体位于屋顶的哪个位置非常重要。在我与泰奇的一次采访中，他使用了麦凯兄弟的卓越系统，该系统不仅展示了公司无线链路的确切路线，还显示了数据中心的布局：

> 例如，如果你看着NY4，再覆盖上数据中心的实际地图，就会发现屋顶上的轨道……这里（他用手指着）有一条轨道，这里（再次指着）他们可以……下去（将光缆引入建筑物）。我们在NY4的机柜离那条轨道不远。光缆从这里（指着）下去，进入我们的机柜，与旁边的客户高效地连接起来。这就是我们努力优化的细节。

纽约证券交易所数据中心是新泽西毫米波传输"最大的技术挑战之一"，佩西科说：

> 它建在一个碗状地形中（也就是低洼地）。碗边上都是古老的森林。所以，从纽约证券交易所数据中心去NY4、NY5和纳斯达克数据中心的路没几条。从地图或谷歌地图上看，有些（角度）可能是去目的地的最佳选择，他们（当地社区）也许会让你建一座塔台，但你不能碰一棵树……所以……最早的一些网络公司只能绕着走。

在纽约证券交易所数据中心建造一座高塔台本可以解决地形洼地的问题，但泰奇表示，这样的塔台太过显眼，数据中心周围的富裕社区不太可能批准这种方案。佩西科说，最终的解决方案是在数据中心以南一段距离的地方建造一座高塔，该区域更容易获得建设许可。接下来，他们可以"向下发射"毫米波——从高塔上的高位天线向靠近数据中心的低位天线传输毫米波，其角度足以越过洼地边缘及其上的树木。

然而，毫米波对雨的敏感性仍然是一个长期存在的障碍，不仅影响其在金融领域的应用，也影响其在将手机基站连接到主系统中的应用。针对毫米波的后一种用途，一家名为AOptics的公司提出了通过大气层进行激光传输的补充技术。激光传输几乎不受雨的影响，但雾是一个主要问题；而毫米波在雨中会受到严重干扰，但在雾中表现良好。基于战斗机之间激光通信的技术，AOptics开发了一种结合毫米波和激光的双模传输技术。

在新泽西城域网提供毫米波链路的 Anova Financial Networks 与 AOptics 成立了一家合资企业,将后者的激光技术应用于金融领域。佩西科通过杂志上的一篇文章了解到这项技术,"文章介绍了国防部如何在战斗机上使用它。他们会将激光安装在飞机的腹部。它会安装在一个 360 度的万向节上,可以旋转,使战斗机能够相互通信"。佩西科推断,如果 AOptics 的自适应(即自对准)激光技术在这种高度苛刻的环境中有效,"那么如果塔台在风中扭曲和摇摆,它是否也能工作?"Anova 从 AOptics 获得了该技术的许可,最后在 AOptics 未能找到其主要移动电话客户而倒闭时购买了其全部权利,并且在新泽西股票交易数据中心之间建立了一个抗天气的集成激光/毫米波链路网络,使用计算机控制的混合设备(如图 5.4 所示)在天气条件变化时无缝切换激光和毫米波传输。[1]

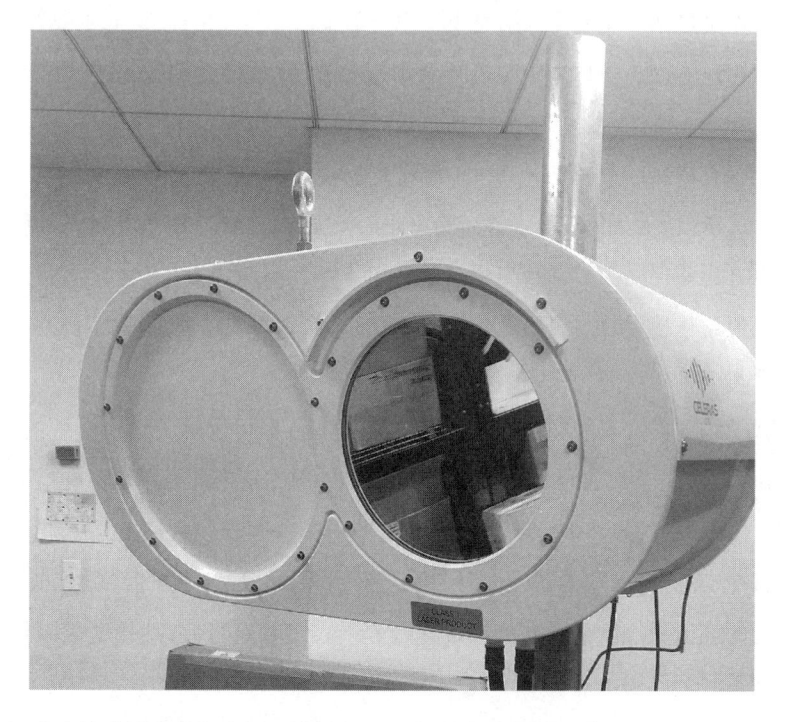

注:毫米波系统在左侧,激光系统在右侧。作者实地拍摄。

图 5.4 Anova Financial Networks 的集成毫米波/大气激光单元

尽管技术如此先进,一个极其平常的物质现象却可能带来重大困难:由于设

---

〔1〕佩西科解释,该混合系统在字节级(byte-level)进行切换(字节由 8 个二进制位组成)。因此,它可以通过激光发送数据包的一部分,同时通过毫米波发送另一部分。

备需要露天放置在塔楼或高楼顶部,鸟粪会不可避免地落在激光单元的玻璃上,有可能阻挡信号。佩西科告诉我:

> 实际上,我们花费了七位数(超过 100 万美元)来开发一种抗鸟粪的涂层。在测试涂层时,我们用蜂蜜来模拟鸟粪,因为它们的黏度相似。我们(把蜂蜜倒在单元上)来开发一种能让鸟粪自动脱落的涂层。

物质约束与结构优势

比鸟粪更棘手的问题是,随着新泽西数据中心股票交易量的增加,订单簿更新消息的速率开始超过毫米波链路每秒 1GHz 的传输容量。来自纳斯达克和纽约证券交易所等场所的数据突发可能达到甚至短暂超过光纤光缆通常承载的每秒 10GHz 的容量。泰奇表示,这种突发通常持续时间较短,"至少 10 微秒",但"绝不会……10 毫秒"。但在突发期间传输的数据对交易至关重要。

在其他新泽西数据中心进行股票交易的公司可以支付费用给纳斯达克和纽交所,通过这些交易所的附属公司接收利用毫米波传输的完整原始数据流。然而,当每秒 10GHz 的数据突发需要通过容量有限的无线"管道"传输时,就会遇到网络专家所称的"缓冲延迟":数据传输达不到数据接收的速度(Tyc 2018)。不过,拥有自己的毫米波链路(至少有一家公司)或租赁此类链路上私有带宽的高频交易公司可以绕过这一限制。他们可以将原始数据流"编辑"至每秒 1GHz 或更低,仅保留对其算法交易有用的信号,从而无须缓冲即可传输。例如,这类公司可能仅通过毫米波传输实际交易数据,而不传输其他订单簿更新信息,甚至只传输领先股票的交易数据,而非全部股票数据;同时,依赖光纤电缆或更为"共享的"的毫米波服务来更新其系统在其他数据中心的完整订单簿镜像。

这种能够先于他人接收对交易有用信号的能力,无疑是一种结构性优势的来源。因此,通信供应商麦凯兄弟提出,通过采用另一种无线传输技术——本地多点分配服务(Local Multipoint Distribution Service),可以抵消这种特定的结构性优势,这一观点引起了广泛关注。本地多点分配服务使用的频段为 26GHz～31.3GHz,介于微波和传统的 E 波段毫米波(通常指 60GHz～90GHz 区间的频段)之间。20 世纪 90 年代末,美国联邦通信委员会拍卖了本地多点分配服务频率的使用权,当时人们普遍认为该技术将用于本地电视广播。然而,这一预期并未实现,因此赢得新泽西州本地多点分配服务使用权的竞标者实际上并未使用这一频段。泰奇提到，2013—2014年，麦凯兄弟"找到频段所有者并且询问，'我们可以租赁这些频率吗？'"以便连接新泽西的数据中心。在与所有者达成协议后，麦凯兄弟随即与无线电专家合作，开发用于在该频段传输和接收信号的无线电设备；由于该频段此前从未被使用过，市场上并没有现成的本地多点分配服务无线电设备可供购买。

泰奇表示，从数字技术的角度来看，本地多点分配服务无线电设备与传统E波段毫米波无线电设备并无显著差异，但前者的模拟组件更易于优化，尤其是能够实现更高的"线性度"。因此，本地多点分配服务的传输容量可以更接近信息理论在给定信道物理特性下所提出的最大可能值（即更接近"香农极限"）。[1]这使得本地多点分配服务的容量优于E波段。麦凯兄弟报告称，它能够实现每秒5GHz～7GHz的传输容量，几乎接近完整原始数据流的最大数据速率。根据麦凯的计算，这种更高的容量（加上本地多点分配服务链路比E波段略快，因为本地多点分配服务需要的中继次数更少，且其链路能够更紧密地贴合大地测量线），足以消除私有链路传输准公共数据的结构性优势。[2]然而，正如第7章所述，麦凯兄弟于2019年夏季全面投入使用的本地多点分配服务网络，并非新泽西数据传输物质政治经济学的最终篇章。

小尺度物质性

高频交易的"大尺度物质性"（数据中心之间的数据传输机制）还涉及更大规模的跨洋传输问题：海底光纤电缆、短波无线电链路（Van Valzah, 2018）以及未来可能出现的低轨道卫星群，它们能够跨越大陆去传输金融数据。不过，我暂且搁置这些内容（关于它们的讨论，请参见 MacKenzie, 2019c），并通过回归"小尺度物质性"来结束本章对高频交易物理性的探讨，即数据中心内部的具体运作。

对于高频交易较具争议性的方面，我在研究的早期阶段开始有所了解。2011年10月，我与一位年轻的芝加哥交易员第一次会面。他告诉我："大家都在做同地托管。"高频交易公司将他们的计算机系统安置在与交易所系统相同的

---

[1] "香农极限"（Shannon limit）以麻省理工学院电气工程师兼数学家克劳德·香农（Claude Shannon）命名，他在信息理论和通信信道容量方面做出了奠基性研究。

[2] 参见 Tyc(2018)。由于本地多点分配业务（LMDS）频率低于E波段，因此受降雨影响较小，可以进行更长距离的跳频传输。此外，相关区域内没有其他LMDS链路可能会干扰麦凯兄弟的信号，从而便于将天线安装在最优的、尽可能贴近测地线的位置。笔者使用"准公共"一词是因为这些交易所数据源是商业产品。

建筑中。他接着问道:"但你怎么获得交易信息?你在等待交易所提供信息吗?"他指的是图 5.2 中所示的路径,即信息通过交易所出售给交易公司的数据流,然后从交易所的市场数据发布系统流向交易公司的系统。他继续说道:"有些公司确实在等待,但也有公司并不等着交易所告诉他们交易信息。"我对这个问题感到好奇,试图进一步追问:

作者:"哦,那你是怎么做到?……"

受访者 AC:"这个我不能说……我的意思是,我不仅会丢掉工作,还会丢掉双腿!"

AC 在我们后续的一次会面中说,这不仅仅是一个生动形象的比喻。他曾收到公司一位高级员工的警告,"他脸上的表情非常严肃,一丁点开玩笑的意思都没"。在与笔者第一次会面的一年半后,AC 在《华尔街日报》发表了一篇文章(Patterson, Strasburg, & Pleven, 2013),阐述了他所指的机制,因此他愿意明确讨论这一问题。如果一家交易公司在芝加哥商品交易所的某个订单簿中提交了买入或卖出报价,并且该报价被执行,那么报告该交易的"成交"消息通常会先通过芝加哥商品交易所的数据流迅速到达该公司的系统,早于实际的交易行动。一家芝加哥交易公司汇报了两者的时间差:在 2012 年 12 月和 2013 年 1 月的两周内,平均时间差为 1~4 毫秒,即 1/1 000 秒(Patterson et al., 2013:2)。AC 表示,由于这种时间差,在订单簿中放置小额"侦察订单"以提前获取价格变动的信息颇具价值。

2018 年,总部位于休斯敦的高频交易公司 Quantlab Financial 向《华尔街日报》透露,在 2017 年 12 月,芝加哥商品交易所系统的"成交"消息到达 Quantlab 系统与出现在芝加哥商品交易所数据流之间的中位时间差约为 100 微秒(Osipovich, 2018)。Quantlab 的首席运营官约翰·迈克尔·胡思(John Michael Huth)将这种时间差称为"漏洞",并指出可以通过"金丝雀订单"(类似于 AC 提到的"侦察订单")加以利用:

(这)不仅提供了实质性的优势……还激励了扭曲真实供需的异常行为……因为最大的成交优势由最接近执行队列顶部的订单获得,公司有动力精心布置探测订单以获取最大的时间优势。参与者可能会在一个价格水平上放置小额的一手被动买单,虽然预期它们会亏损,但在早期成交信息的基础上积极卖出却可获得更大利润。这些探测订单有

时被称为牺牲性的"金丝雀订单"。(Huth, 2018)

芝加哥商品交易所的一位发言人向《华尔街日报》指出,他们已经"大幅减少了公开市场数据与私人交易确认之间的延迟"(Osipovich, 2018);Quantlab 的数据确实仅为 2013 年报告的平均时间差的 1/20 左右。此外,成交消息比交易所数据流中的相应交易报告更快到达,并不一定是交易所有意为之的结果。将订单簿更新信息汇编成数据流需要计算机进行额外的处理,从技术上讲,很难确保简单的成交消息不会更快(受访者 BM)。同时,成交消息并不一定需要优先发送。欧洲领先的期货交易所——总部位于法兰克福的 Eurex,过去也曾优先发送成交消息,但在 2012 年,Eurex 重新配置了系统,现在其数据流中的交易报告几乎都比私人成交消息更早到达(Osipovich, 2018)。

关于报告订单执行的"成交"消息,是否应在交易所数据报告执行之前发送,是一个涉及物质政治经济学的问题,高频交易领域对此意见不一,双方观点都很强烈。几位芝加哥交易员为优先发送成交消息进行了辩护。其中一位表示,你"获得成交"是因为你"承担了风险",而且无论如何,"这是众所周知的事情"。如果受访者 AC 的经理认为其他交易公司没有注意到这种时间差,那他就错了。2013 年 5 月,笔者在芝加哥,正值《华尔街日报》关于这一现象的原始文章发表一周后(Patterson et al., 2013),另一位交易员(受访者 AJ)告诉笔者,时间差最初是"几秒",现已缩小到"一到两毫秒",他特别反对将这一问题描述为对他所在的高频交易公司有利的"漏洞":

我没有获得 50% 的成交,所以时间差对我的伤害大于好处……(它)对所有获得成交的人都有利。事情就是这样。

AJ 甚至向该文章的编辑投诉,并告诉后者他不再愿意与《华尔街日报》的其他记者合作。

6 年后的 2019 年 10 月,受访者 DI 告诉笔者,他认为成交消息提前到达是一种受欢迎甚至是必要的激励,尤其适用于那些系统速度并非最快的公司,有助于它们在期货合约中做市(在订单簿中提交买卖价格)。他说,这是"一种创造优势的方式"。如果他的公司系统收到期货合约(如国债期货或股指期货)的成交通知,而这些合约的价格往往在标的资产之前变动,公司就可以有效利用这一点。DI 说道:"你可以在 BrokerTec 或纳斯达克'避开'……或者'积极行动'。"换句话说,如果你的多个算法在 BrokerTec 上为国债做市或在纳斯达克上为股票做市，那么它们可以取消即将失去时效性的买卖价格；它们也可以通过执行其他公司的过时报价获利。他补充说，由于系统更改所致，现在 Eurex 的成交消息在交易所数据流中相应信息之后到达，正在"失去对市场的控制"。他认为原因是，除了最快的高频交易公司外，其他公司缺乏在 Eurex 做市的动力。有消息称 Eurex 正在试验第 6 章中讨论的"速度缓冲"，他认为这是交易所采取了令人不快的、姗姗来迟的措施，为较慢的做市算法提供物质保护。

光缆、接近硬件与消息的物质性

关于成交消息是否应比交易所数据流更快的激烈争论，是高频交易"小尺度物质性"在政治经济学中的一个例证。技术系统配置方式具有经济后果，在广义上还具有政治性，原因在于不同的配置方式仅对部分参与者有利，而对其他参与者不利。另一个具有经济后果的问题是数据中心的光缆布线，特别是连接交易公司同地托管服务器与交易所系统的光缆。如前文所述，同地托管是指将交易公司的服务器安置在与交易所计算机系统相同的建筑中。由于光缆中的光脉冲每 20 厘米需要大约 1 纳秒（十亿分之一秒）的时间，因此缩短 1 米的光缆可以节省 5 纳秒。十年前，这可能只会带来非常小的优势；但现在，在许多交易所中，5 纳秒的优势很可能决定交易的成败。

在同地托管的早期，交易所通常没有固定的程序来规定交易公司的服务器置于数据中心的位置。受访者 BZ 表示，在这种情况下，"你必须弄清楚事物的位置"，包括交易所的撮合引擎具体位于何处。"你必须从物理上理解布局"，不仅是空间布局，还包括信号经过的每一台数字交换机。获得这种位置信息可能涉及 BZ 所说的"简单社交工程"，即"请人喝啤酒"，并且根据所获得的位置信息采取行动。他说："你必须认识人，能够将你的设备放到数据中心中（最好的）位置。"

在笔者的采访中，尤其是在研究初期（2011—2013 年），经常听到一些传闻，说高频交易公司秘密钻穿墙壁（Cermak 则是钻通大楼的地板）以缩短连接交易所撮合引擎和市场数据发布系统的光缆。如今，大多数主要交易所都制定了政策，规定"交叉连接"光缆（即连接每个同地托管交易公司服务器与交易所系统的光缆）的长度必须固定且相等。通过（盘绕）将距离交易所系统较近的服务器的光缆加长，这一政策得以实施。实际上，盘绕光缆法也使 NY4 和 NY5 两座独立建筑作为一个数据中心运行。无论交易公司的系统在这些数据中心处于哪个位置,连接到交易所的交叉连接光缆长度都相同。

然而,公司仍然可以通过为更高容量的光缆付费来获得速度优势,将其系统连接到相关交易所。[1]正如新泽西的毫米波链路一样,更高的传输容量意味着更低的缓冲延迟。在某些情况下,更昂贵的连接还可以绕过数字交换机,后者会因为通过较便宜连接的信号引入微小但显著的延迟。2017年1月,一位受访者告诉我,他的公司测量了一家交易所的平均时间差,其最慢和最快的光缆连接存在3微秒(百万分之三秒)的差异,可能产生重大影响。

高频交易中对物质世界的密切关注不仅限于光缆和交换机。2011年11月,在参加的第一个高频交易会议上笔者就学到了这一点。当时,一家技术公司的销售人员在午餐时间分坐到各桌,试图向交易公司推销用于封装其计算机服务器的液冷系统,还有一种完全浸入冷却液中特殊设计的服务器。他们的卖点是,高频交易公司可以安全地对他们的计算机"超频",或以高于设计的速度运行,而通常情况下这会使计算机过热并出现故障。

最为重要的是,高频交易算法的编程必须考虑到运行这些程序的机器的物质性。高频交易中广泛使用C++编程语言,许多受访者认为它是最适合高频交易的语言,因为一定程度上它能够在物理层面实现对计算机程序"接近硬件"的控制,而其他编程语言则难以实现。受访者CZ表示,使用C++,"你可以构建一个抽象层,在需要时,你可以直接突破它深入硬件"。需要注意的是,并非所有的高频交易受访者都是C++的爱好者。Java的支持者认为,熟练使用Java可以达到类似的速度。事实上,要想引发高频交易从业者之间展开激烈辩论,最简单的方法通常就是询问哪种编程语言最满足这一活动的需求。

高频交易物质性的另一个方面是买入报价、卖出报价、订单簿更新和其他消息的物理形态。这些消息通过连接交易公司系统与交易所系统的光缆,以计算机专家称为数据包的形式传输:结构化的二进制数字集,每个数字集可能由几千个二进制数字组成。在数据中心的光缆中,数据包实际上是激光生成的光脉冲集合。因此,数据包的传输和接收需要时间。编码数千个二进制数字的光脉冲无法一次性传输。在标准的10GHz连接(即每秒可以传输约100亿个二进制数

---

[1] 2019年,纳斯达克系统的1Gbps(千兆比特每秒)基础连接费用为每月2 500美元,而40Gbps连接费用为每月20 000美元(参见纳斯达克交易价格表,访问日期:2019年4月14日)。

字)上,每个二进制数字平均需要1/10纳秒来传输或接收,一个典型大小的数据包(例如5 000个二进制数字)大约需要500纳秒才能完全接收或传输。因此,交易公司的系统可以通过"逐位"(逐二进制数字)处理传入的数据包来节省时间,而不是像几乎所有其他计算形式中那样,等待完整的数据包被接收并检查传输错误后再开始处理。数据包具有标准格式,数据包开头的二进制数字可能包含对交易至关重要的信息。

消息物质性最吸引人的方面是基于订单、买入报价和卖出报价物理性的高频交易技术。这些技术很重要,但不可避免地具有一定的技术性,因此读者如果愿意,可以跳过本节的其余部分,直接阅读本章的最后一节。除了两个例外(Mavroudis & Melton,2019:158;Mavroudis,2019:8),这些技术在高频交易的学术文献中尚未得到重视,仅在交易员马特·赫德(Matt Hurd)提到过。这里发挥作用的是受访者DH所说的"在硬件级别可以玩的奇怪技巧,你可以在网络上做一些奇怪的事情,使事情变得快一点",特别是订单的放置和取消可以通过受访者DD所说的"推测"来加速,而GR则称之为"推测触发"。例如,如果一家公司的系统预期价格变动,则它可以立即向交易所系统发送编码、响应该订单变动的数据包或一系列其他数据包。如果在发送过程中没有收到包含该变动证据的数据,系统可以取消订单,例如,通过简单地停止传输,或者通过DD所说的"扰乱校验和"(scrambling the checksum)。[1]在这两种情况下,交易所系统都会将传入的数据包视为格式错误或存在错误,并将其丢弃,这意味着实际并未下单。

DD表示,有时"数据包发送抢占……可能是更系统的……你可能总是在发送(数据包)……不管怎样,希望你可能在某个时间点获得触发,以便向数据包添加(适当的二进制数字)"以将其转换为有效订单。当笔者第一次了解到不完整订单消息的抢占式发送时,无法确定这是否为常见现象。但逐渐地,笔者意识到这很可能相当普遍。受访者CS引用的42纳秒的超快响应时间(见第1章)就涉及这一点。在传统计算机系统中如此快的响应时间不可能实现;它需要下一节描述的那种专用现场可编程门阵列(field-programmable gate array)芯片。据笔者所知,传入信号和传出订单都必须通过现场可编程门阵列中被称为串行器/解串器(serializer/deserializer)的部分,DD估计这在每个方向上需要大约20纳秒,

---

[1] 数据包或消息的"校验和"(checksum)是一个特殊的数据字段,其中包含基于其他二进制数字的数学函数值。接收系统可以通过重新计算该函数来检查传输过程中是否出现错误。

因此推测触发似乎是实现 42 纳秒响应时间的必要条件。

推测触发似乎相当普遍,以至于芝加哥商品交易所和欧洲期货交易所(Eurex)这两大全球领先的期货交易所都感到有必要减轻其影响。它们担忧的是它们的系统会被交易公司系统推测性发送然后通过临时技术(如扰乱校验和)取消的订单消息淹没。芝加哥商品交易所已申请了一项检测推测触发的专利(Lariviere et al.,2018),而 Eurex 则在 2020 年 2 月告诉其市场参与者,它正在采取"措施阻止可能对市场和系统结构有害的行为",这些行为会导致"系统资源过度占用"(Eurex 2020)。Eurex 并没打算禁止推测触发,而是打算提供一种机制,现已开始发送订单消息片段的参与者系统,可借助该机制发送包含"丢弃 IP(互联网协议)地址"的片段来转移。由此形成的效果是:推测订单的片段不需要由订单网关处理,因此不会使 Eurex 的核心系统过载。[1]

硬连线高频交易

高频交易对速度的需求使其越发深入地嵌入物质世界。早在 2016 年 10 月,受访者 AG 就表示,现在,最快形式的高频交易所需的计算"都在现场可编程门阵列和硬件中"。现场可编程门阵列(见图 5.5)是一种硅芯片,其中印有许多甚至堪称巨大的"门"(实现简单逻辑功能的小电路),它们可以通过使用者用电子方式配置现场可编程门阵列,以执行特定的计算任务。典型的此类任务包括处理和编辑来自交易所的数据流、检测简单信号的存在(如相关期货合约中的价格变动、订单簿不平衡或大额交易),然后向该交易所发送适当的订单或取消订单。交易公司的传统计算机服务器还可以在交易过程中,对现场可编程门阵列进行电子重新配置。然而,现场可编程门阵列能够"在没有 CPU 参与的情况下对传入信号做出反应"(受访者 CS;CPU 是计算机的中央处理器),这就是其速度优势的来源。[2]

---

[1] 由于 2020 年 3 月新冠疫情导致的市场剧烈波动,欧洲期货交易所(Eurex)推迟要求会员公司使用"丢弃"(discard)IP 地址的规定,截至本书撰写时尚未重新引入该要求。受访者 GR 指出,该要求可能只是部分解决方案,因为交易所系统中处理传入消息的交换机仍可能过载。

[2] 通过设计专用集成电路(ASIC)或许可以进一步提升速度。ASIC 是一种硅芯片,其电路被永久硬件化,以执行特定计算。然而,笔者的访谈中仅听到关于 ASIC 使用的传闻。这可能是因为使用者不愿透露相关信息,但也可能是由于高频交易算法需要频繁更改,而 ASIC 的设计和制造过程既缓慢又昂贵。一个可能的情境(但我无法证实)是,高频交易公司使用 ASIC 来处理"行情数据解析"(即对交易所数据流的处理,因为其格式相对稳定),而交易本身仍依赖可重编程的现场可编程门阵列。

"我不仅会丢掉工作,还会丢掉双腿!"

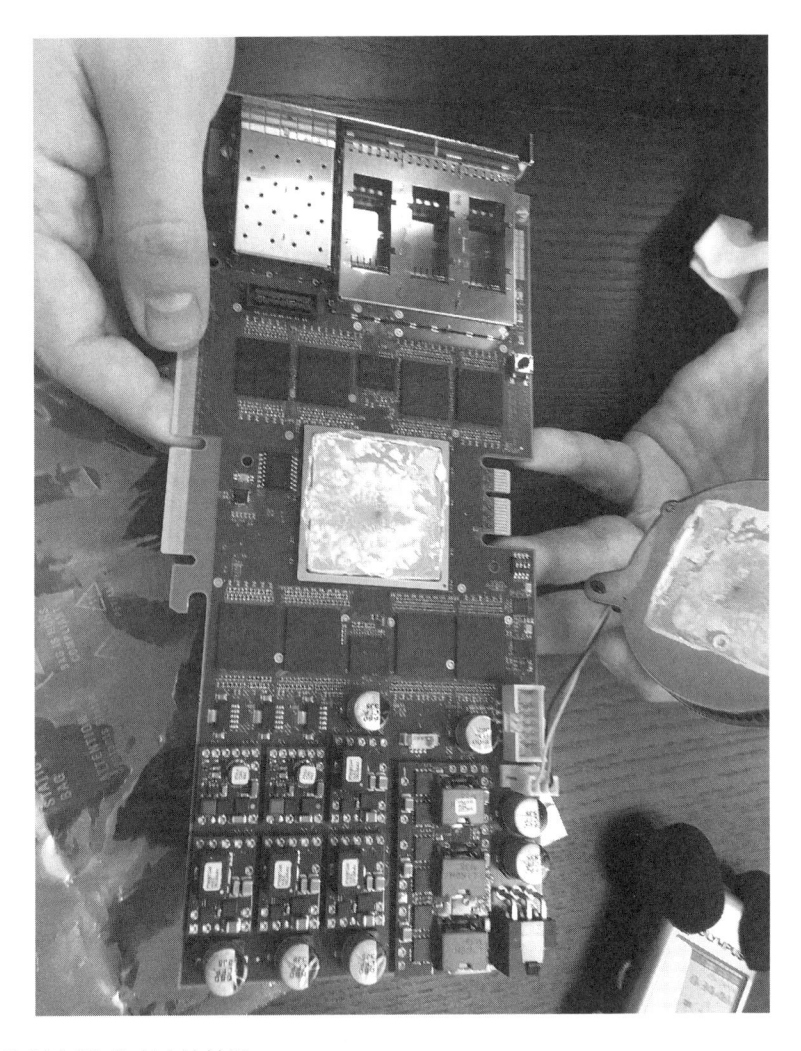

资料来源:作者实地拍摄。

图 5.5　用于编程和测试的"开发套件"中的现场可编程门阵列,即中央带有白色膏体的大芯片

配置现场可编程门阵列芯片的层次结构是一个固有的物质过程。受访者 CN 说:"我是一名受过软件培训的人。"在 2017 年采访他时,他的交易公司已开始在现场可编程门阵列中实施高频交易。"在软件中,现在的一切都是虚拟的。我可以拥有任意多的内存。"现场可编程门阵列则不然,其物质性永远不能被忽视。CN 继续说道,"(现场可编程门阵列)芯片有这么大,所以你面临的是房地产问题"。如果你试图进行的计算或其内存需求"不适合芯片,你就完了"。也就

是说，在现场可编程门阵列中实现算法是不可行的。正如空间位置在高频交易的"大尺度物质性"中至关重要一样，它在现场可编程门阵列芯片的层次上也同样重要。现场可编程门阵列中的计算与大多数计算机设备一样，由"时钟"协调：一个以微小、规则的时间间隔发送电脉冲的振荡器。"如果你设计中的元素"——也就是现场可编程门阵列芯片中不同位置的物理电路，实现了你试图硬连线到现场可编程门阵列中的计算，如图 5.5 所示。CN 说，"由于物理距离分开太远，如果信号无法在下个时钟周期之前到达它必须到达的地方，那么你的设计就不稳定。"受访者 UC 也同意，现场可编程门阵列中的物理位置"非常重要"。尽管现场可编程门阵列设计师使用的工具能够自动化处理必要的"布局和布线"（如其名称所示），但是"人们会间接依赖工具"来影响物理位置。CN 认为"这是一件很难做对的事情"，UC 也赞同"理解它的物理限制是最难的(技能)"。

现场可编程门阵列芯片的物质配置似乎与政治经济学问题相距甚远，但值得注意的是，这些芯片中硬连线的通常是超快的检测和响应简单类别信号的能力，如"期货领先"信号，我们在第 2 章和第 3 章探讨了其中蕴含的政治经济学。笔者还发现耐人寻味的是，至少一些从事现场可编程门阵列设计(以及以其为基础的超速数字交换机)业务的人似乎对这种活动感到不安。笔者从未直接询问与笔者交谈的人对高频交易速度竞赛的看法，因为由他们自己提出这个话题，如何提出，都更有启发性。多数情况下他们不会提及；他们倾向于认为，这些竞争是事物现状和必然的一部分。因此，在一次行业活动中，笔者在实地考察中与一位为高频交易提供基于现场可编程门阵列技术的供应商交谈，当时笔者感到震惊。原因是，他在开始与笔者交谈的五分钟内，说他认为自己参与了一场"军备竞赛"。他指着摆在他面前的超快速数字交换机说："你会在军火展上看到类似的东西。"他具有学术背景，更愿意从事研究和写作，却发现学术薪水不足以维持他在心仪的城市过上期望的生活。

另一位现场可编程门阵列专家 UC 说，现场可编程门阵列的专业供应商"每隔一段时间就会发布一个更新，这将使现场可编程门阵列的处理时间减少 5～10 纳秒"。他建议道，削减纳秒最终可能在网络安全等其他领域具有优势，但目前来说：

> 我不认为……除了金融业之外，还有什么行业能为此付费……这……让人感到麻木，尤其是看到整个行业内有很多受过长期培训的人

在日夜兼程地削减纳秒。如果你把这种脑力用于其他事情,也许会产生不同的结果,但这就是现实……

然而,为什么今天的交易世界"就是现实"?为什么一场昂贵的速度"军备竞赛"会深度嵌入高频交易的物质性中?要回答这个问题,我们必须研究高频交易算法相互作用的机制,这是下一章的主题。

第6章 高频交易算法如何互动，交易所怎样施加影响

高频交易的算法通过出价购买股票或其他金融工具，或者取消或修改其现有的买入或卖出报价来行动。[1] 我们将会阅读到，取消操作与报价或出价同样重要，下面让我们从后两者讲起。市场参与者将买入或卖出分为两大类。这种分类乍一看似乎只是小技术细节，但事实上这是高频交易诸多方面的核心分歧，笔者为自己花了很长时间才意识到这点感到难为情。它是该领域速度竞赛的核心，有时成为参与者技能组合的典型特征，偶尔还是他们的自我认同的一部分。

我们将这两类订单分别命名为"做市"(making)与"吃单"(taking)，尽管市场参与者对其称谓不尽一致。两者的区分依据看似微不足道，即该订单价格与订单簿中既有订单价格的关系。我们再次参考第1章中用作例证的订单簿(见图6.1)，为方便起见，此处再次展示。假如某参与者出价29.49美元买入股票，此订单通常被视为"提供流动性""增加"或"被动"订单。在下文中，我们称之为"做市"订单，因其在做市活动中具有系统性应用。撮合引擎无法立即执行该29.49美元的买入订单，因缺乏与之匹配的卖出报价。因此，该订单将被纳入订单簿中29.49美元的买入队列，留存其中以供其他参与者执行——这正是"做

---

[1] 其中前两种操作有时可能会触发"自匹配"预防规则。如本章后文所述，该规则可能导致算法取消该公司另一算法已提交的订单，而不是提交新的买入或卖出报价。

市""提供流动性"或"被动"等术语的由来。该订单将持续存续,直至被执行或取消。在大多数交易所中,每一价格的买入或卖出队列均依时间优先原则排序,新提交的29.49美元买入订单须待该价格下所有先前订单执行或撤销后,方可获得执行机会。反之,若买入价格上调1美分至29.50美元,则该订单被归类为"吃单"订单(亦称"主动"或"移除")。撮合引擎可即时执行此订单(若订单量过大,或仅部分成交),因为订单簿中存在匹配的29.50美元卖出报价。执行过程中,该操作将移除订单簿中的既有卖单,因而衍生出"吃单"或"移除"的称谓。

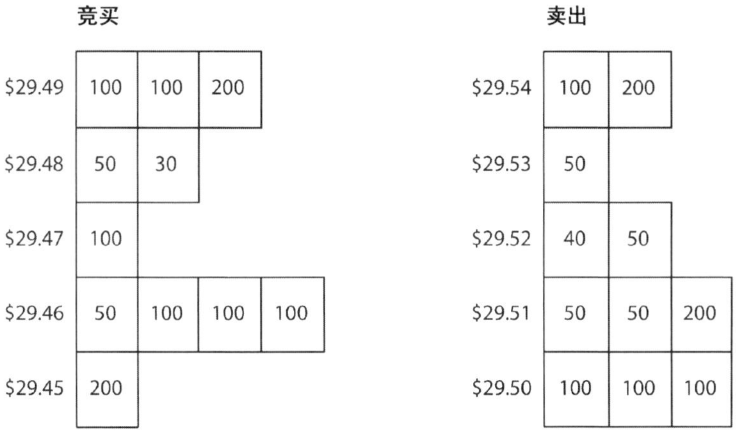

竞买				卖出			
$29.49	100	100	200	$29.54	100	200	
$29.48	50	30		$29.53	50		
$29.47	100			$29.52	40	50	
$29.46	50	100	100	100	$29.51	50	50	200
$29.45	200			$29.50	100	100	100

注:在大多数交易所中,每个价格的买入和卖出订单均按时间排序,最早提交的订单(位于本图左侧)优先执行。

图 6.1 订单簿

在高频交易盛行的交易所中,大多数"做市"订单和"吃单"订单均由算法生成。交易算法之间直接互动的核心机制(包括机构投资者使用的执行算法;但本章的重点在于分析高频交易算法间的相互作用)[1],在于将这些订单彼此匹配的简单过程。"吃单"订单与同价位的"做市"订单相匹配,即与之执行交易。这一机制看上去极其简单,令人无法想象其背后蕴含的深远影响,而且在现代电子交易所中,"做市"订单与"吃单"订单之间的价格差异通常也确实微乎其微。例

---

[1] 很难让高频交易受访者详细谈论他们的算法如何与执行算法互动。这个话题较为敏感,因为人们指控高频交易算法会"嗅探"并利用执行算法(Lewis 2014)。此外,交易员往往也难以确切知道他们的算法是在与谁进行交易。然而,在本章描述的核心机制("挑选"市场做市算法的"过时"报价)下,这种困难相对较小,因为通常只有另一种高频交易算法才能具备足够的速度来成功"挑选"高频交易做市算法的报价。

如,在图 6.1 中,"做市"买入价与"吃单"买入价之间的 1 美分差额仅占市场价格的 0.03%,类似幅度的差异颇为常见。然而,这一简单机制与微小差额却产生了深远共振,催生了第 5 章讨论的复杂物质安排,并且在某些时候在某种程度上至少对部分参与者而言,承载了一定的道德与情感重量。

在深入探讨算法"做市"与"吃单"的物质实践之前,有必要对这种道德与情感重量稍作探究。在访谈过程中,BQ 使用了异常强烈的措辞,但其背后的情感并非独有:"我倾向于在'做市'型(高频交易)公司工作,因为我认为'吃单'行为存在固有的邪恶。"这种对"做市"的道德偏好源于其最系统化的形式——做市的正当性。如前几章所述,做市涉及算法持续在订单簿中维持买入和卖出订单,价格分别接近最高的买价和最低的卖价。以图 6.1 的订单簿为例,队列首位的 29.49 美元买入 100 股订单和队列首位的 29.50 美元卖出 100 股订单,可能均由同一做市算法提交。尽管其目标是经济性的,也就是赚取这两个价格间 1 美分的差价以及交易所为激励做市提供的可能性"折扣"或其他报酬,但是算法"做市"却承袭了传统人类角色的正当性,即做市者的角色。这类做市者始终准备买入或卖出所交易的金融工具,卖出价格高于买入价格。过去这一差价比例通常远超表 6.1 中的 1 美分。[1]

由于其他市场参与者的买入和卖出订单仅零星到达,因此做市商——无论是人工还是算法,也为那些希望即时交易的市场参与者提供服务。受访者 OH 回忆了 2007—2008 年间她在全球金融危机高峰期就职于一家算法做市公司(笔者曾多次访问该公司并与其他员工交谈)时发生的一件事,并强调了这一正当性来源的力量。一名软件开发者离开公司时说:"我没法再面对祖母,告诉她我在金融行业工作。"该公司的首席执行官召集所有员工在位于办公室中心的大型开放式交易室开会,并(据笔者的受访者回忆)对他们说:"我将向你们解释为什么可以坦然面对你们的祖母:因为我们是做市商,我们提供流动性。"另一位受访者 OG(他成功地将另一家算法做市公司转向"吃单"策略)描述了来自公司交易员的阻力:"问他们,我们做吃单业务吗?'不!,他们会强烈反对,就像你在问他们会不会刺伤自己的姐妹。但是,我们不得不做出改变。"

专注于吃单的专家拒绝将做市道德化,事实上,一些专注于做市的专家也是

---

[1] 请回忆纳斯达克做市商避免使用奇数 1/8 报价的情况,这使得价格差异在 20 世纪 90 年代初期往往高达 25 美分(参见第 3 章)。

如此。例如，来自同一吃单公司的受访者 BY 和 CV 指出，吃单在经济学家所谓的价格发现中扮演核心角色；通过套利（见下文）保持不同市场价格的一致性；为希望使用做市订单交易的人提供"服务"（受访者 CV），与吃单相比，做市订单在其他条件相同的情况下成本更低；一个显而易见的事实是，没有吃单，交易所将不会有任何交易。此外，对做市正当性的呼吁有时会掩盖自动交易实际操作中所谓的"瑕疵"（rough edges）。在 2019 年阿姆斯特丹的一次交易员会议上，笔者聆听了一位荷兰金融监管机构高级成员对荷兰高频交易公司的激烈辩护。他赞扬"过去被称为自营交易员或高频交易员的做市商"，认为"交易场所的交易之所以可能，全因做市商的存在"，并对法国同行发起了隐晦的攻击——法国的大银行仍活跃于交易领域，不仅缺乏荷兰那样的高频交易公司，而且试图对自营交易公司施加银行式的资本要求。然而，就在前一天，在一家咖啡馆与一位经验丰富的阿姆斯特丹交易员 CS 交谈，他告诉了笔者套利（通过尽可能接近同时买卖以利用短暂价格差异，通常涉及"吃单"）是如何与他个人的做市活动以及所在城市高频交易公司的广泛交易交织在一起。他说："简单来说，地上看到钱，谁都会捡起来。"

　　拥有"能够坦然面对祖母"的正当性，对做市商而言并不是日常关切的重点，做市活动往往不够稳定的经济回报才更显紧迫。受访者 AG 说道，"算法以高于买入价不断卖出时，你能赚一点钱"，但"偶尔你会遭到碾压"。也就是说，做市算法在价格即将下跌时买入，或在价格行将上涨时卖出。没有哪位做市商声称可以完全免遭碾压，但他们都在尽力尝试，而且经常成功地确保由此产生的损失不会完全抵消源源不断的小额收益。为避免这种情况，做市算法必须将其"库存"（即总交易头寸）控制在合理的小规模。AE 表示："你必须主动控制你的库存。"如果库存开始增加，做市算法会"调整"其买入或卖出报价以减少库存。例如，如果其买入订单被执行过多，它会降低卖出报价，使其更具吸引力。如果这仍无效，它可能开始吃单，通过与订单簿中的现有买入订单交易来减少库存。做市算法偶尔需要执行吃单，这一需求体现了做市与吃单之间的分界从不绝对。

　　此外，几乎所有的做市算法都利用了前几章讨论的信号，例如"期货领先"，来预测短期价格走势，并利用这些预测来降低被"碾压"的风险。正如 BL 所说："市场是动态的，你需要知道它何时会发生变动，否则你将以糟糕的价格持有库存。"这些信号需要被"压缩"，正如 BM 所描述的，这意味着为了指导算法的交易方式，这些信号必须被简化为单一指标。尽管"压缩"的数学形式多种多样，但受访者一致表示，目前最常用的方法仍然是早期 Automated Trading Desk 在高频交易初期所采用的一种方式。本质上，算法通过线性回归方程将信号组合起来，其中(如第 3 章所述)一组预测变量(即信号)各自被赋予权重，以最佳方式共同预测单一因变量的值。受访者用不同的术语来指代这个因变量，比如"公允价值"(fair value，受访者 AF 和 AQ)、"公平价格"(fair price，受访者 AE)、"微观价格"(microprice，受访者 AN)，甚至"完美价格"(perfect price，受访者 AM)——但最常见的称呼是"理论价值"(theoretical value)。[1] 然而，这两个词不宜被过度解读；在交易中，这个术语仅指对所交易金融工具短期价格的预测，即"你在不久的将来可以合理预期成交的价格"(受访者 AF)。一家位于伦敦的做市公司 XTX Markets 甚至公开宣传回归分析在这种预测中的重要性。笔者原本以为它的名字是商业中常见的准缩写，但当看到它刻在玻璃上时，笔者意识到 XTX 实际上是指回归分析中的一种普遍操作，即数据矩阵与其"转置"的乘法。

"在队列中占据有利位置"

读者须知，本节内容略显技术性。由于其主要分析要点将在第 7 章讨论，如有需要可跳过本节。做市的目标是通过反复的小额收益实现盈利，这当然要求其他交易者对做市算法的买单和卖单进行成交。一个显而易见的提升成交机会的方法是价格竞争：以比他人更高的价格挂出买单，或以更低的价格挂出卖单。然而，价格竞争的可能性受到市场"最小价格变动单位"(tick size)的强烈影响。最小价格变动单位要么由政府法规设定，例如，在美国股票交易中，价格为 1 美元或以上的股票，其最小变动单位为 1 美分；要么由相关交易所或其他交易场所决定。如果最小变动单位较小(如在 Island 平台上，或在外汇交易场所实行类似股票价格十进制改革后)，做市算法确实可以通过价格竞争占据优势。然而，许多市场(例如许多期货合约、国债和股票)"受限于最小变动单位"：换句话说，最低卖价几乎总是比最高买入价高出一个最小变动单位，如图 6.1 的例子所示。由于交易场所的计算机系统会拒绝以中间价格挂出的买单或卖单，做市算法无法直接通过价格竞争取胜。在这种情况下，提高买入价(例如在图 6.1 的订单簿中，将买入价调整为 29.50 美元)将构成"吃单"行为，即与最低卖单成交，而不是

---

[1] 并非所有的高频交易公司都试图估算理论价值。例如，受访者 AI、AQ、AU 和 BP 透露，他们的算法在预测时并未采用这一方式。

"做市"行为。

那么,在受限于最小变动单位的市场中,当价格变动时会发生什么呢?例如,假设在图 6.1 的订单簿中,所有以 29.50 美元出售的卖单都被成交,导致这一价格"层级"(市场参与者通常如此称呼)耗尽,最低卖价变为 29.51 美元。做市算法很可能希望以 29.50 美元的价格挂出买单,购买相关股票。因此,正如一位前做市商(受访者 DB)所说,"在队列中占据有利位置"变得至关重要,因为新的价格层级——29.50 美元的买单,正在形成。如前文所述,在大多数活跃的市场中,某一价格的买单或卖单会形成一个基于时间优先级的队列。例如,第一个到达撮合引擎的买入订单,将在新的最佳买入价 29.50 美元处被执行。[1] 因此,做市算法的买单和卖单尽可能靠近队列前端显得尤为关键。位于队列前端的订单不仅更容易成交,受访者还指出,位于或接近队列末尾的订单在不利情况下被执行的风险更大。用本章后文使用的术语来说,这样的订单很容易变得"过时"并被"狙击"。例如,当某一价格层级"崩溃"时,买单被执行或取消且未被替换,通常预示着价格即将下跌,此时买入显然是不利的时机。

队列位置在成功的做市策略中至关重要,这意味着下单速度是关键。受访者 AX 表示:"队列位置非常重要……你必须迅速进入。"然而,在美国股票交易中,争夺队列前端的竞争还涉及一系列复杂的因素。[2] 这些因素源于美国股票交易当前的核心监管规定——2005 年的《全国市场系统规则》。该规则在第 3

---

〔1〕 在少数市场,例如,芝加哥商品交易所的欧洲美元期货市场,撮合算法采用"按比例"分配机制:成交按照订单簿中可执行买卖价格的规模按比例分配。另一个复杂因素是订单到达交易所计算机系统的时间记录点,是在撮合引擎处还是在系统外围(如订单网关处)等。

〔2〕 获取有利排队位置的另一种策略是"铺设订单"(受访者 GH)。例如,在图 6.1 所示的订单簿中,一种算法可能会在 29.49 美元买入的同时,也在 29.48 美元、29.47 美元、29.46 美元、29.45 美元等多个价格点位下单。如果价格上涨,这种策略则显然无益;但如果价格下跌,29.48 美元则可能成为最高买入报价,那么此前已存在的该价格买单可能会成为时间优先队列的首位。这一"铺设订单"策略,即在多个价格层级输入买卖价格,确实被高频交易所采用,至少被全球领先的做市商之一使用。此外,如本章后文所述,在某些外汇交易场所,由于其计算机系统设置了"最短报价存续期",即禁止订单在一定时间内被取消,因此该策略也在外汇市场中应用。例如,受访者 BM 所属的期货交易公司也试图在不依赖极端速度的情况下获取有利排队位置,其方法是在非最优价格水平提交订单,并仔细跟踪价格变动时这些订单的表现。然而,与只是在新价格水平形成时快速加入相比,"铺设订单"需要在市场中持有更多订单,因此,如果价格剧烈波动(可能因为影响金融工具的新闻,或是由于"市场冲击交易",即本章后文描述的大规模"扫单"),则可能会造成严重损失。不过,快速的交易技术可以使订单迅速撤销,从而降低这一风险。另一种风险较小但技术要求较高的策略是,算法在"第二层"价格水平下单,而不是在多个价格层级下单。例如,在图 6.1 的订单簿中,意味着买入价设在 29.48 美元,卖出价在 29.51 美元。理想的情况是,价格变动使得该层级成为最高买入报价或最低卖出报价,算法的订单因此排在队列前列。这一策略在期货交易中被广泛采用,受访者 BM 透露,这导致交易者争相在价格变动后立即加入第二层报价。这种竞争使得该策略在技术上颇具挑战性。BM 还指出:"当交易者争相进入第二层报价时,他们仍希望市场向远离他们的方向移动若干跳点后再回归,否则,即便下单速度快,该订单仍可能因为排在许多合约之后而没有优先权。"

章中有所提及，并将在第 7 章中进一步讨论。在《全国市场系统规则》中，美国证券交易委员会作为股票市场监管机构，试图同时实现两个目标：确保交易所和其他交易场所之间的竞争，同时保持这些不同交易所之间的一致性。《全国市场系统规则》实现这一目标的主要方式，正如一位深度参与其中的监管者（受访者 RV）所说，是通过"虚拟连接市场"，而不是采用备受争议的中央限价订单簿。第 3 章讨论了 20 世纪 70 年代关于中央限价订单簿的冲突，即便在过去 1/4 多世纪后，"可怕的中央限价订单簿……仍然让人热血沸腾"（受访者 RV）。

为了实现市场的虚拟连接，《全国市场系统规则》制定并持续实施了"订单保护"机制。受保护的订单是指在任何特定时间点，美国所有股票交易所中某一特定股票的最高买入价（可能涉及多个买单）以及最低卖价（可能涉及多个卖单）。其他交易所不得以低于这些受保护买单或卖单的价格执行交易，否则将被视为非法的"穿仓交易"。相反，它们必须将订单转至包含这些受保护订单的交易所执行。[1]同时，交易所的订单簿不得显示与全国最佳买入价相同的卖单，或与全国最佳卖价相同的买单，否则会导致"锁定市场"，这也是被禁止的行为。

然而，《全国市场系统规则》的订单保护规则存在一个难题：它们隐含地假设了一个牛顿式的理想世界。在这个世界中，交易公司或交易所的计算机系统能够瞬时感知远方的事件，从而实时比较所有交易所的价格。布迪什指出："《全国市场系统规则》……实际上假设交易所之间的延迟为零。"（Budish, 2016：2）但现实中的交易世界并非如此。如第 1 章所述，它更接近"爱因斯坦式"的特征：在这个世界中，微小的时间差异也至关重要，受到爱因斯坦"信号传播速度无法超越真空光速"这一原理的严格约束。因此，观察者所能感知的内容本质上取决于其位置，而相较于《全国市场系统规则》所假定的时间框架，在高频交易的超短时间尺度下，这一限制尤为显著。

受访者 BD 向笔者深入剖析了高频交易的"爱因斯坦式"特性对算法做市的

---

[1] 在《全国市场系统规则》出台之前，交易所上市股票的跨市场成交（trade-throughs）已被禁止，但对该禁令的执行力度并不严格。其依赖于被跨市场成交影响的专业做市商或交易所提出投诉，而投诉成功的结果仅是由违规方向该做市商或交易所支付少量赔偿金。跨市场成交似乎是电子通信网络阿基佩拉戈（Archipelago）的算法投诉工具 "The Whiner"（"抱怨者"）自动投诉的主要类型（见第 3 章）。作为一个电子通信网络而非注册交易所，阿基佩拉戈最初不享有跨市场成交保护，但在 2000 年，该公司收购了太平洋证券交易所的股票交易牌照，这意味着其挂牌股票报价应受到跨市场成交的保护。

影响,尤其是在《全国市场系统规则》禁止"锁定市场"的约束下(为保持一致,笔者将下文示例中的价格调整为与图6.1相符)。假设一个算法在纳斯达克位于新泽西的数据中心交易某只股票,此前描述的情景出现了:纳斯达克订单簿中该股票所有29.50美元的卖单全部完成成交且未获补充,因此做市算法试图以29.50美元挂出买单。然而,它面临一个难题:同一股票几乎必然也在纽约证券交易所的数据中心以及由BATS和Direct Edge创建、现由芝加哥期权交易所所有的交易所群中交易。前者距纳斯达克约50千米(合31英里),后者位于NY4和NY5数据中心,距纳斯达克约25千米。由于这一股票交易"三角区"(如图1.4所示)的高度整合,其他交易所的29.50美元卖单很可能已成交或即将成交。即使忽略第5章提到的额外延迟,如光纤尾效应,成交消息传播的最快速度也受限于真空光速,传至纳斯达克撮合引擎至少需要80微秒。按照高频交易的标准,这是一段相当漫长的时间。

在这80微秒或更长的窗口期内,若做市算法尝试在纳斯达克订单簿中提交普通的29.50美元买单,纳斯达克的系统会予以拒绝。因为从系统电子感知的角度看,其他交易所仍有29.50美元的卖单。这些卖单是全国最低价,因而受到保护。此时,29.50美元的买单会被视为"锁定市场",违反《全国市场系统规则》。一些做市算法只能被动等待,直到其他交易所卖单消失的消息传至纳斯达克。它们可能需要反复提交买单,寄希望于最终被接受并靠近队列前端,但这无疑使其处于显著的竞争劣势。

受访者DB指出:"截至2019年,美国股票交易中争夺队列前端的核心在于'仅挂单日间跨市场扫单指令(Intermarket Sweep Order)'。"跨市场扫单指令是一种带有电子标识的订单,表明提交该订单的公司还同步向其他所有交易所发送了指令,用以执行并清除在这些交易所订单簿中受保护的订单,否则,接收跨市场扫单指令的交易所若通过撮合引擎将该订单加入订单簿,则可能导致穿仓交易或锁定市场。需要略作说明的是,"日间"(day)表明该订单在交易日有效,直至取消,而非"立即成交或取消"型订单。"仅挂单"(Post-only)则意味着若加入订单簿会导致"吃单"(即与已有订单成交),撮合引擎会自动取消该订单。做市算法利用仅挂单订单,避免在订单簿快速变动时意外"吃单"。[1]

---

[1] 请参见下一段,了解公司为何可能希望避免意外的"吃单"。

在与上述场景类似的情况下,使用仅挂单日间跨市场扫单指令争取队列前端,本质上是一场预测博弈。以纳斯达克数据中心的做市算法为例。为确保跨市场扫单指令合规有效,该算法必须在确知其他数据中心 29.50 美元卖单消失前,提前向这些数据中心发送成交指令。尽管第 5 章提到过,借助私有毫米波链接,交易公司可比纳斯达克系统更快获悉卖单消失的信息,但爱因斯坦式光速限制依然不可逾越。因此,卖单是否已消失只能基于概率判断。若卖单仍在,做市算法则可能遭受显著损失,用做市商的术语来说,它会"不慎跨过价差",不仅无缘折扣,还要支付额外费用。[1] 在美国复杂的股票交易中,跨市场扫单指令的使用颇为常见,这种决策对做市算法而言虽属常态,但它们始终需在潜在损失与跻身时间优先级队列前端的收益间谨慎权衡。[2]

DB 指出,在美国股票高频交易做市中,仅挂单日间跨市场扫单指令的使用对成功至关重要。此前,AE 等高频交易受访者也曾提及跨市场扫单指令的重要性,但当时笔者对做市机制的理解尚浅,未能充分把握其深层影响。并非所有高频交易公司都能使用跨市场扫单指令,原因在于,要启用跨市场扫单指令标识,公司必须在美国证券交易委员会注册为经纪自营商(据我所知,所有较大的高频交易公司均已注册),或者通过允许使用该标识的经纪自营商提交买卖订单。这进而要求高频交易公司或经纪自营商建立 DB 所谓的"合规基础设施"(Compliance Infrastructure)。在交易瞬息万变的环境下,仅靠人力无法证实跨市场扫单指令使用的合规性。所需的是一个精密的实时技术系统,能够即时获取并记录合规所需的市场数据。这一要求即便对大型高频交易公司也可能构成挑战,而对小型经纪自营商而言则尤为艰巨。[3] 一位小型经纪自营商向笔者透露:

> 我们有个客户……想启用跨市场扫单指令。他们自己搞市场数

---

　[1] "跨越价差"(crossing the spread)是"吃单"的另一种说法,这一术语强调了吃单相较于做市更为昂贵。在图 6.1 的订单簿中,最低的吃单买价是 29.50 美元,而做市买价则是 29.49 美元或更低。

　[2] 基于 2010 年的数据,Madhavan(2012)报告称,美国股票交易中有 28%、交易所交易基金交易中有 21% 都采用了独立算法订单。McInish, Upson & Wood(2012)则报告称,在标普 500 股票交易中,独立算法订单使用率更高,达 40%~45%。

　[3] 2015 年 9 月,Latour Trading LLC——与理论家布鲁诺·拉图尔(Bruno Latour)无关,是美国领先的高频交易公司 Tower Research 的子公司,由一位曾在法国兴业银行工作的交易员领导,因此得名"la tour"(或"Latour")。由于未完全遵守《国家市场系统监管规定》而与美国证券交易委员会达成 800 万美元的和解协议。详情参见 https://www.sec.gov/news/pressrelease/2015-221.html,访问日期:2019 年 7 月 29 日。

据,所以就算他们能给我们一份市场快照(里面有证明合规所需的数据),这也不够。我们得全程掌控快照获取的过程。我们不仅需要审查他们的代码,还要确保客户不能在没经过我们同意的情况下擅自修改代码。(受访者 YF)

对于从事美国股票交易的高频交易公司来说,无法使用跨市场扫单指令无疑是一大劣势。AE 坦言,"这里发生了巨额财富转移",原因在于使用跨市场扫单指令的公司能够占据队列中的有利位置。[1]

吃单Ⅰ:"汲取全球信息"

现在,让我们从"挂单"转向"吃单"。相比之下,吃单的形式更为多样。有一家特定公司体现了挂单方式的主要差异,其当前极为成功的方法与笔者采访的大多数做市商截然不同。然而,若详细探讨该方法,难免会使该公司在高频交易领域暴露身份。所有高频交易的吃单策略都旨在识别订单簿中现有买单或卖单成交后可能盈利的机会,但实现方式的差异显著,这将在本节及后续两节中探讨。

一种方式是吃单算法处理比挂单算法更多的数据,或以数学上更精妙的方式加以分析。若采用这种方式,吃单算法能优化挂单算法的价格预测,便会孕育盈利空间。这些机会并非接连不断,但受访者(如 BY)透露,一旦出现,吃单算法交易的常用金融工具数量远超挂单算法。在美国股票交易中,这种吃单方式也利用了上一节讨论的跨市场扫单指令。在高频交易者中,量化精深的吃单备受推崇。受访者 BW 称其为一种"追求",他曾效力于一家主要采用下一节所述的较简单吃单策略的公司,但这种追求要求极高。"这种策略入门更难",他说:"操作更复杂,要投入更多资本,持有时间更长,风险考量也有点不一样。就是这类难题。"

受访者 CV 举例说明了这种高要求交易形式——"汲取全球信息并转化为预测下一次价格变动",如在芝加哥商业交易所数据中心交易 10 年期美国国债期货的算法。该算法综合分析这些期货的买单、卖单和交易模式,以及同一数据

---

[1] 受访者 AE 在 2011 年 12 月表达了这一观点。自那时以来,交易公司使用独立算法订单的能力已更加普遍,这可能减少了它们之间的"财富转移"。不过,笔者尚未找到关于这一问题的量化数据。

中心内其他国债和利率期货的交易动态。它通过微波链接接收新泽西两个数据中心(见图4.1)交易的基础国债买卖数据;通过Hibernia Atlantic的超快跨大西洋电缆获取英国主权债券期货(在伦敦郊外的数据中心交易)和德国同类期货(在法兰克福FR2数据中心交易)的交易信息;日本政府债券数据则来自跨太平洋光缆及更多微波链接。该算法持续整合这些信息,预测其交易期货的价格,并在有利可图时执行吃单。

这些信息对大型高频交易公司的挂单算法同样可得。然而,挂单算法往往需保持极高的速度,因此须避免过于复杂,以确保在时间优先级队列中靠前,并避免报价过时遭到狙击(下一节将详述)。就职于一家高度复杂做市公司的受访者CB表示:"我们加减乘除做得极为出色。"意指速度惊人,"但我们不涉足高深的数学和量化"。相比之下,吃单很少需要排队。受访者BY指出,吃单算法"不必争夺队列位置,因此可能有稍多时间对市场的真实动向进行量化评估"。一位以挂单为主的受访者加入一家专注于吃单的公司后惊讶地发现,"他们的机器相当慢"。他回忆道,在之前的挂单公司,"我们会嘲笑这种机器,但它们在吃单算法中照样赚钱"。

因此,在某些吃单形式中,速度的重要性不及挂单那么极端,这一发现与直觉不符,却与金融经济学文献(Brogaard et al., 2015)一致。然而,受访者CV警告说,速度的较低优先级仅在另一家吃单公司"开始与你竞争"之前有效,即发现并利用相同预测模式。更广义地说,本节探讨的计算复杂、量化精深的吃单位于光谱一端,而下一节讨论的吃单则位于另一端。

吃单Ⅱ:狙击过时刻价

如第2章所述,芝加哥商业交易所数据中心的大额交易或其核心订单簿内容的显著变动,通常预示着本地及全球范围内的变化,这些变化会迅速使许多做市算法的买单或卖单变得过时(即"过时刻价")。若此情景发生,吃单算法无需复杂建模,只需简单狙击从明显过时的买单或卖单交易获取的利润。多位受访者及布迪什对这种简单而超快的吃单形式均有描述(Budish et al., 2015),它的典型特点体现在ES(对应标普500指数的股指期货)价格突然涨跌之际。如今,这通常发生在不到1/100秒,引发SPY(对应的交易所交易基金ETF,如第2章所述,是追踪同一指数的复合股票)及基础股票价格的同向波动。值得一提的是,若SPY的做市算法未能及时取消现有买单或卖单,吃单算法便会迅速狙击。其他在高频交易中被普遍认为具有预测价值的简单信号(见表 3.2 和表 4.4)的重大变化,同样会催生狙击机会。如第 1 章所述,阿奎利纳(Aquilina)、布迪什和奥尼尔(O'Neill)利用伦敦证券交易所的电子信息数据,测量了这些速度竞赛的普遍性。此类竞速在金融经济学家可得的数据中通常隐匿无踪。[1]令人震惊的是,他们发现该交易所前 100 只主要股票每天平均经历 537 次速度竞赛。换言之,每只股票在交易日的每分钟平均遭遇一次竞赛(Aquilina et al., 2020:3—4)。

狙击在高频交易中掀起了一场速度竞赛,其重要性不亚于甚至可能超过做市算法争夺队列前端的竞争。[2]这场狙击竞赛在挂单算法与吃单算法之间展开:前者试图取消过时刻价(即因信号如 ES 变动而定价失准的买单或卖单),后者则力图狙击,即成交这些过时刻价。这场竞赛的紧迫性迫使相关高频交易算法以纳秒级速度运行,其需求构成了高频交易日常经济学的核心。例如,它催生了为建造或应用第 5 章所述微波、毫米波或大气激光链接付费的动机,在多数情况下这也必不可少。此外,这场竞赛不再使取消订单成为琐碎的行政事务,而是对做市经济至关重要的环节。

在这场竞赛中,无线连接的使用凸显了挂单与吃单算法交互的物质本质。令人惊讶的是,雨——这一极其平凡的物质现象,有时也会干扰算法的互动。尤为特别的是,从芝加哥商业交易所数据中心向新泽西股票交易数据中心传输期货价格的微波链接,可能在雨中失灵,对交易而言这种事件颇为引人注目。例如,受访者 CC 告诉我,每当微波链接中断,他所在高频交易公司的办公室会响起警报,对交易员发出警示。雨对高频交易算法交互的影响分为两个截然不同的阶段。

第一阶段的痕迹(2011—2012 年)由经济学家什基尔科和索科洛夫(Shkilko & Sokolov, 2016)在价格数据中发现。如第 5 章所述,当时多家高频交易公司建立了芝加哥至新泽西的微波链接,主要用于狙击仍依赖光纤电缆的做市算法的过时刻价。当雨造成微波链接中断时,这些挂单算法得以恢复做市而不被狙击,

---

[1] 正如阿奎利纳、布迪什和奥尼尔指出,识别交易竞速需检测"获胜"和"失败"算法的行为。后者"不会影响订单簿状态,因为它们失败了"(Aquilina et al., 2020:3),因此在订单簿数据中不可见。相关失败行为包括因无匹配订单而被取消的"吃单"即时或取消(immediate-or-cancel)订单,以及因已执行而取消失败的"做市"订单。有关方法见详情(Aquilina et al. 2020:14—23)。

[2] 这两个竞速过程是交织在一起的,因为(如本章前文所述)排在队列末尾的订单比排在队列前列的订单更容易被"挑选"。

什基尔科和索科洛夫证明,流动性的标准指标在此期间暂时改善。

第二阶段始于通信供应商麦凯兄弟开通的芝加哥—新泽西微波链接,第5章已做介绍。此后,麦凯与私有链接展开激烈的速度竞赛,并持续优化该链接。麦凯链接被做市公司广泛采用,为其算法提供了一定程度的抗狙击保护。在这一阶段,雨对算法交互的影响似乎有了逆转。如今,若暴雨导致麦凯链接中断,做市公司也无法确信吃单算法采用的私有链接是否有效。因此,在麦凯工作的斯特凡·泰奇及另一受访者 OW 说道,做市算法不得不"扩大价差"。用市场参与者的术语来说,即降低买单价格、抬高卖单价格,从而降低被狙击的风险。但是,这也削弱了流动性的一个标准指标。

如第5章讨论,微波传输对雨的脆弱性并非固定物理效应,而是随频率的升高而不断加剧。第5章提到,美国商用频率中最可靠的是 6GHz,但该频段在芝加哥—新泽西测地线附近过于拥挤,同一频率的微波信号会相互干扰。因此,贴近测地线需就使用对雨更敏感的高频段,如 18GHz 和 23GHz。然而,雨对算法交互的影响在欧洲似乎不存在。芝加哥—新泽西测地线的欧洲对应物是从大伦敦至法兰克福 FR2 数据中心的微波路线,该中心同时承载欧洲期货交易所的期货交易和德意志交易所的股票交易。麦凯兄弟在构建伦敦—法兰克福链接时,主要使用了低于 10GHz 的频率,因而斯特凡·泰奇指出,雨的影响微乎其微,欧洲的做市算法无须像美国同行那样在暴雨时扩大价差。

吃单Ⅲ:猫鼠游戏

吃单算法不仅能利用挂单算法未能及时取消过时刻价的漏洞获利,还可以通过预判其可预测行为赚取收益。例如,许多挂单算法使用线性回归方程,将广泛认可的信号(见表 3.2 和表 4.4)整合为价格预测,这种方式可能带来可预测性。受访者 AJ 指出,识别有利可图的"吃单"机会,常常涉及算法预测其他算法的预判:"你认为(价格预测)在 1 分钟、30 秒、1 毫秒甚至 10 分钟后会怎样?"若吃单算法能预知典型的预测结果,便可推测其他算法的反应。例如,做市算法若在交易 ES(对应标普 500 指数的期货),很可能接收到 NQ 市场(同样在芝加哥商业交易所数据中心交易,对应纳斯达克 100 指数的期货)的信号。若吃单算法通过分析 NQ 订单簿中买单与卖单的平衡,预测其市场动态,并预判 ES 做市算法的价格预测如何因这些变动调整,便偶尔能发现 ES 中即将出现的"(订单)簿失衡",从而捕捉可预测的报价变动并从中获利(受访者CG)。

更精妙的是,吃单算法若能"预判这个家伙(特定做市算法)的下一步动作",便可玩一场有利可图的"猫鼠游戏"(CG)。例如,若能识别并持续观察某个特定做市算法,就可能推测其何时接近库存上限(即在特定股票或其他金融工具中能持有的最大头寸),并开始"微调"价格以削减库存。复杂的吃单算法可提前建立头寸,预期以盈利方式针对这些微调价格清算。这种微调及交易盈利通常幅度甚微(约在最小价格增量级别,如每股1美分,见图6.1)。然而,若识别出的算法行为反复且频繁,这些微利便可累积成可观收益。

吃单算法成功与特定挂单算法玩"猫鼠游戏",或许是所有吃单形式中计算要求最高的。金融市场数据量庞大(本书通常对聚焦的市场作匿名处理),传统统计方法如线性回归难以在海量数据中识别特定算法的特征,需借助更先进的机器学习技术,此外,还需强大的多计算机网络来实施这些技术,有时多达千台以上。该网络可在离线状态下运行(必要时程序可在夜间或周末执行)以搜寻特征;研究得出的吃单算法需简化,而且必须如此,以便在单台计算机上快速运行。尽管如此,这些算法并不简单。速度竞赛孕育的尖端技术,在此并非追求纳秒级反应,而是支持更复杂的计算。CG一语道破:"速度让你在别人处理简单事务的同一时间内完成复杂任务。"

受访者BM说:"我们有一个交易员的朋友在那家(高频交易公司)的交易台工作。"BM认为,算法的"猫鼠游戏"传统上仰赖人类智慧,依赖人类的能力去察觉公司"(订单)规模、时机、价格水平及对冲方式等线索"的能力,而这也是公司算法的典型特征。如前文所述,机器学习技术也能隐式探测其他算法的可预测行为。受访者DD描述了"随机森林"这种常见的机器学习方法,可应用于互联计算机网络的离线"训练",以提升其公司交易系统从订单簿变化中推测期货价格变动的精准度。[1] DD指出,这一问题本质上涉及其他算法的行为:

> 它(随机森林)只是学会了(假设价格即将变动的情况下)适合交易的时机。很多人也是这么干的。这是个有趣的博弈过程,因为你要琢磨:如果这是你的交易阈值,其他人也在分析同样的数据,他们很可能也得出相同的阈值。那么,你希望(自家系统的阈值)提前触发,还是滞

---

[1] 随机森林技术由加州大学伯克利分校的利奥·布雷曼开发(Breiman,2001)。

后触发呢？考虑到大家行为模式都相似，你该如何调整？这本身就是一场博弈。"

DD表示，随机森林的使用显著提升了公司交易利润。他认为，这得益于其隐式学习其他算法的阈值和行为，至少在总体层面上如此。他说，"这正是它的作用"。

CG提到，利用机器学习识别特定算法行为的"猫鼠游戏"交易，随着交易所系统的技术进步而更加容易实现。他说，"多数人的(计算机)系统具有高度确定性"。例如，高频交易公司系统对传入信号(如发送新订单至交易所)的响应时间因公司而异，但对单一公司而言通常较为恒定。这就塑造了一个潜在的可识别特征，但过去因交易所时间测量不一致及系统"抖动"(处理订单时间的准随机波动，见第7章)而被掩盖。然而，凭借原子钟与全球时间标准"协调世界时"(Coordinated Universal Time)的精确同步，加上交易所系统更高的确定性(越来越多的系统采用C++编程，以在物质层面更充分控制计算过程，有时还辅以现场可编程门阵列，详见第5章)，这些干扰因素大部分已被消除。

非法算法？市场影响交易、报价匹配与欺骗性报价

据笔者观察，上述"猫鼠游戏"形式的吃单仍属罕见。前两种吃单形式——量化精深的价格预测吃单与狙击过时刻价，很可能占据了挂单与吃单高频交易算法交互的大部分。如前文所述，复杂的预测备受推崇。相比之下，狙击却常被视为难登大雅之堂。一位受访者直言，若一家高频交易公司以此为重心，则其"商业模式在道德上难以自圆其说"。在芝加哥的一次交易员大会上，一家以成功狙击闻名业内、却正与银行构建双边交易关系的高频交易公司的成员坦言，需努力消除"高频交易背负的污名"。[1]

其他算法行为也时常引发争议。其中之一是影响市场的交易，即算法自发利用自身行为对其他算法的潜在影响。这可以视为"猫鼠游戏"吃单的延伸。例如，若吃单系统深入洞悉另一家公司的算法，便可通过特定交易策略，诱导该算法产生可供利用的特定反应。这种洞察可能源于深度复杂的研究或依赖人类智慧，比如来自不同公司间流动的交易员。一位交易员告诉笔者："我了解他们的

---

〔1〕他举的污名化例子是"你整天只想着套利现货和期货"，即利用短暂的价格差异，例如，美国国债与国债期货之间的套利。

系统运转机制,也清楚他们的决策逻辑。"然而,他认为,与其以显而易见的手段去利用另一家公司的算法对特定信号的反应——如"狙击(即通过交易去影响)那些明显的信号",不如采取"他们短期难以察觉的狙击方式"。做市商,尤其是小型公司,确实担忧"有人会深挖我们的操作模式,摸透我们如何退出",也就是掌握其算法如何削减库存并清算头寸。受访者 BM 表示:"一旦他们弄清楚需要多大力气推我们吐货,这种洞察力就可能被用来对付我们。"这里的"推"是指以对公司不利的价格进行交易,"吐货"则指被迫以不利价格清算头寸。

受访者 AC 和 CS 描述了一种不太高明的影响市场交易的形式,即识别订单簿中大量买单或卖单由小型公司发送的情况,这些公司在价格逆向波动超出一定幅度时会"止损"(CS)或"吐货"(AC)。若一家资金雄厚的公司算法捕捉到这种"弱手时刻",便可"扫荡"或"刷单"(CS)订单簿。例如,通过在多个价格层面对所有买单执行交易,压低市场价格,迫使"弱手"算法以暂时低价清算库存,从而从这些低价与"刷单"卖出均价的差额中获利。部分受访者质疑此策略的可行性。CJ 认为,主流金融市场的参与者很少有资金如此紧缺,能被轻易逼出交易头寸。然而,一位受访者坦承他曾"剖析"别的用户,并在弱手时刻扫荡订单簿;笔者采访的一组监管者也表示,他们在市场数据中观察到与此策略吻合的事件。CS 同样目睹过此类操作,但他指出,这种策略的利润往往出乎意料的微薄:

> 令人惊讶的是,你能看到那些刷单,也知道它们规模惊人,涉及几百万美元的潜在价值。但仔细一看,有一笔交易的实际利润仅仅在 2 000 美元左右。(CS)

许多市场参与者认为,这类扫荡或刷单行为并不合法。受采访的监管者倾向于认为,若其目的在于逼迫他人吐货,则可能构成非法市场操纵。不过,监管者对扫荡者的行动鲜有干预,他们把更多精力放在下述"欺骗性报价"上。

合法性问题不仅限于算法吃单。至少在过去,存在一种备受争议的"挂单"策略,似乎是在订单簿中最佳买入价的大额订单停留一段时间后,实施"报价匹配"。在最小价格变动单位较小的市场,例如,十进制改革后的外汇交易场所,报价匹配算法会以高出大额买单一个价格单位的价格挂出买单。若该买单被执行,算法便获得一种"免费期权":价格上涨则获利,下跌则通过对原始买单执行交易,将损失控制在一个价格单位内,但前提是该买单仍存在。[1] 报价匹配的全盛期似乎是相对缓慢的人类交易员仍通过专用终端或键盘鼠标手动输入大额订单的时代。

外汇市场交易商对高频交易算法的诸多不满源于这些算法涉嫌报价匹配,这种不满推动了第4章涉及的市场结构变化的逆转,特别是下文提及的十进制部分回滚。类似的不满也出现在机构网络公司系统用户中,因其买单或卖单在Island上被报价匹配。机构网络公司系统与Island的客户群泾渭分明:Island的小额订单执行系统掠夺者秉性使得许多老牌大公司避而远之,而机构网络公司主要服务于机构投资者、交易商和经纪人。因此,一位受访者告诉说,甚至能在Island上以略逊价格成功匹配机构网络公司的买单和卖单。这些报价在Island上执行频率颇高,其报价匹配算法"每天稳定赚取5 000至20 000美元,几乎毫无风险"。报价匹配引发的争议明显一边倒,笔者不曾见过任何为其合法性公开辩护的行为。事实上,一位曾与人合作开发报价匹配算法的受访者给它取了个颇具非法意味的内部名称"跟踪者"[据他所说,"一天市场关门早,(X)和我去了酒吧,想出了这个"],因其会随镜像订单价格变动而调整报价。

然而,跟踪者无疑是合法的。真正让合法性显著趋向违法的,是广泛存在的"欺骗性报价"。最初,即使在电子市场,大多数欺骗性报价由人类交易员手动操作而非算法完成。即便今天,使用算法虽然常见,但按高频交易的标准仍然缓慢且简单。从某种角度看,欺骗性报价类似合法做市,涉及向订单簿输入买单和卖单。欺骗性的人或算法在一侧放置大额订单(如图6.2中卖出3 000股和1 800股的卖单),在另一侧放置通常小得多的订单(如买入100股的买单)。这些大额订单改变了订单簿中买单与卖单的平衡,也就是高频交易中最普遍的信号。在图6.1中,买单与卖单大致均衡,无明显涨跌预测依据,而在图6.2中,欺骗者的卖单使订单簿发生"倾斜"。其制造的卖单优势可能被高频交易算法解读为价格将跌的信号,促使这些算法卖出。多半通过"吃单",即执行订单簿中已有买单,例如,欺骗者报价$29.49的买单。随后,欺骗者取消大额卖单或反向操作,诱导高频交易算法预测价格上涨,从而以有利价格卖出刚购入的股票。[2]

---

〔1〕 Harris(2003:248—250)对报价匹配及其风险有清晰描述。
〔2〕 高频交易算法已不断优化,以降低被欺骗的风险。受访者未详细讨论防御措施,但我推测,文本中的简单欺骗手段如今难以欺骗先进的高频交易算法。

竞买					卖出				
$29.49	100	100*	200		$29.54	100	200	100	3000*
$29.48	50	30			$29.53	50			
$29.47	100				$29.52	40	50	1800*	
$29.46	50	100	100	100	$29.51	50	50	200	
$29.45	200				$29.50	100	100	100	

注：欺骗性的订单标有星号。欺骗性的人或算法在订单簿中加入了两笔大额卖单（分别卖出 1 800 股和 3 000 股），但会在执行前撤销。由此造成的订单簿失衡（卖单股票数量远超买单），可能使高频交易算法预期价格下跌，从而"卖给"欺骗者那笔买入 100 股的买单。

图 6.2　含"欺骗性报价"的订单簿

交易场中类似的欺骗手法往往被容忍，有时甚至受到赞誉，堪比扑克中成功的虚张声势（受访者 MG 和 RJ）。然而，随着电子市场的兴起，人们对欺骗性报价的态度发生了转变（Arnoldi, 2016）。尽管一些倾向自由主义的高频交易受访者仍为其辩护，但这种观点如今已属少数派。至少在规模较大、根基稳固的高频交易公司中，对欺骗性报价的敌意已相当普遍。过去，这些公司中曾有交易员或团队实施欺骗性报价，如今他们却敏锐地意识到，若交易员使用此类算法，将面临重大法律风险。实际上，高频交易公司常因欺骗性报价而蒙受损失，因为欺骗者主要利用的就是高频交易算法的僵化特性。多名高频交易受访者曾向交易所和监管机构举报此类行为，甚至在后续法律行动中出庭作证。第 7 章将会提到，美国针对欺骗性报价的法律已有所调整，部分法律行动以刑事起诉的形式展开，至少已有一例监禁判决。在一个案例中，甚至连为欺骗者编写算法的编程公司负责人也遭到起诉，尽管最终未被成功定罪。尽管仅有极少数涉嫌欺骗者面临刑事追责，且并非所有案件都获定罪——例如，证明意图颇为困难，但如今交易所和监管机构在侦测与惩治欺骗性报价方面，远比十年前更为积极主动。

专业化、"硬编码"与算法生态

现在,从合法性算法行为的争议边界,转而探讨其核心议题——"挂单"与"吃单"。原则上,做市算法同时进行吃单操作并无障碍,因为它可依托第 5 章所述的卓越技术架构来运行,并以相当精深的预测模型为基础。采访揭示,有些算法在价格预测介于最高买价与最低卖价之间时挂单,而若预测显著超出这一区间则转为吃单。然而,挂单与吃单的融合远不如预期那般普遍。尽管并非总是如此,但是交易团队乃至整个公司通常会专注于其中一种。例如,在一家由独立交易团队构成的分隔型公司中,一位职位较高、熟知各团队策略的受访者透露,这些团队往往专注于挂单或吃单,两者兼顾的很少。

> 我觉得,"始终需要持有"(做市算法得不停地为买单与卖单做决策)与"偶尔持有"(吃单算法只需抓住吃单获利的间歇性机会)之间,存在着本质差异……出于某种原因,它们两个很难真正融合到一起,而不损害对方的特性。(AG)

> 这(挂单和吃单)好比汽车和卡车:它们属于截然不同的领域……偶尔会有交集,但总体上不会,这是普遍共识。(MG)

金融经济学关于高频交易的文献也佐证了挂单与吃单的专业化现象。不同公司之间算法交易中挂单与吃单的比例可能存在巨大差异,而且随着时间的推移,这些差异会趋于稳定。一家公司某月主攻挂单、次月转向吃单的情形颇为少见。[1]

为何挂单与吃单呈现一定程度的专业化?受访者 AG(如前文所述,他在一家兼具吃单与挂单团队的公司担任要职)指出:"这几乎是两种截然不同的思维模式。"数学上复杂的吃单需仰赖他所谓的"极端量化分析""你往往聚焦于统计边缘的信号……试图从海量噪声中提炼信号。"反之,做市(如同前述)是一项由来已久的人类实践,为自动化挂单提供了蓝本,早期努力通常不涉及深度量化研究。正如多位受访者指出,模拟并"回测"(利用存档市场数据测试)吃单策略更为简便,因其针对订单簿中既有买单与卖单执行交易,而挂单策略则需向订单簿

---

[1] 参见 Baron, Brogaard & Kirilenko(2012);Hagströmer & Nordén(2013);Benos & Sagade(2016)。例如,Benos & Sagade 利用监管数据将伦敦证券交易所的高频交易参与者分类为"被动"(做市商)、"中性"或"激进"(流动性获取者)。"激进型高频交易者在 82%的时间里吃单,而被动型高频交易者仅在 11%的时间里吃单。"(2016:63)

增添买单与卖单。因此,在挂单中:

> 你没有办法(事先)知道自己的交易会怎样影响市场……只有亲身经历市场,才能真正理解其中的奥秘……我不是说"挂单"策略不能"吃单",或者不知道什么时间该跨越市场(也就是"吃单"),只是这本来就不是他们(挂单专家)的本职专长,所以他们在开发阿尔法信号(复杂的量化预测指标)方面,就不如专门吃单的人厉害,因为后者基本上以这种方法论为核心。(受访者 AG)

在挂单或吃单中体现的"认知"专业化,还可因这两种活动的差异化技术需求而得以强化。大规模做市本质上可被视作一项工程事业,它要求公司所具备的交易系统不但可以快速响应(以确保有利队列位置,而且在未受下文所述速度屏障保护的情况下仍能免遭狙击),也能够异常稳健;做市算法需持续撤销过时刻价的买单与卖单,并以微调价格替换新订单。一家跨多种金融工具做市的公司,会同时持有各种大量的订单(如下所述,此问题在期权做市中尤为极端),因此,其交易系统若短暂冻结一两秒,都可能酿成灾难。

相比之下,如前文所述,吃单者往往无需如此迅捷的技术系统(以狙击过时刻价为主业的除外,他们确实依赖速度),且对吃单系统稳健性的需求通常较低。借助即时成交或取消订单,吃单公司能将市场订单量降至最低。可以说,吃单者得以专注于高频交易的数学精髓,而非工程细节;而挂单者则需倚重卓越工程能力。部分做市公司在量化精深的价格预测上亦表现不俗——我的采访显示,这种需求随时间递增——但并非所有公司都精于此道。因此,认知与技术的专业化,或许能解释为何挂单者鲜少同时成为量化精深的吃单者,而后者通常也不尝试兼任做市角色。然而,这两种专业化并不会阻碍一家以做市为主的公司从事较简易的套利或狙击过时刻价。虽受访者对此都未明说,但采访暗示,做市公司确实常如此操作,尤其是那些技术最迅捷的公司。[1]

构建一套支持大规模做市的技术系统,可能带来深远而持久的影响。在早期此类真正规模较大的系统中(此处并非 Automated Trading Desk 的系统,而是下一波高频交易中某公司部署的更为庞大的系统),挂单的优先级在某种程度上

---

[1] 如前所述,做市算法可能会无意间充当流动性获取者。当快速做市算法根据信号调整报价时,可能(若未使用"仅做市"订单)会抢占较慢做市商的过时报价。"你在别人的报价上方报价……提交双向买卖盘,结果恰好与别人的双向买卖盘交叉……你就'获取'了。"(受访者 OJ)

被硬编码或"固化"了,从而削弱了公司交易员开发能够成功"吃单"的算法的能力。[1] 系统对订单的放置与撤销并非交易员所能直接掌控。他们影响订单布局的唯一简便途径——例如,引导系统转向吃单,便是调整系统用于计算交易中的金融工具"理论价值"的公式:

> 你几乎控制不了订单放置,只能控制估值,而订单布局在某种程度上暗藏其中。所以,要想吃单,你得编造一系列荒诞的事件,让自己宣称价格(比当前市场价)高出 5 美分,希望这样有可能让策略转向吃单。你只能这么指望了。(受访者 AF)

即使交易员输入的估值公式导致公司系统吃单,其库存管理功能往往也会在交易头寸盈利前过快清仓:

> 如果你想偏离系统最初的设计初衷,就得费很多心力去阻止它的习惯性行为。你刚进入一个头寸,它马上就想在另一边下单(来削减库存)……我想拿着(这个头寸)五分钟(等它盈利),不行,你做不到。当然也不是完全做不到,但得重写代码……那可是难上加难。(受访者 CE)

这家公司的做市规模极为庞大,以至于其众多交易算法不仅通过交易所的订单簿与其他公司的算法进行互动,还会在公司内部系统中相互交织。如果其交易员部署了一个旨在参与某只特定股票交易的算法,很可能该公司的一个或多个挂单算法也在同时参与该交易。为了防止这些算法在活跃的交易所发生自相交易,该高频交易做市公司开发了一套软件系统,以防止其算法在活跃的交易所中相互交易。如果某个吃单算法的订单被提交到交易所后,可能与公司自身已经挂在订单簿上的另一个买价或卖价成交,那么该价格将被取消,且吃单订单不会被发送。

这家公司使用其内部自我交易预防软件,导致其高频交易算法在自家系统内相互作用。受访者 AF 表示,尝试执行吃单的操作无意中产生了一个涌现效应,反而提升了公司做市算法的盈利能力。做市算法之所以能获得一定程度的

---

[1] 该公司交易中"吃单"的比例确实很低,这一事实通过 Menkveld(2013 年)的计量经济学研究得到了间接证实。该研究在文献附录中提及,并在第 3 章中结合 Chi-X 进行了引用。的受访者关于 Chi-X 的描述表明,Menkveld 研究的焦点高频交易公司很可能正是讨论的这家。Menkveld 报告称,"绝大多数"交易"是被动的(即做市)","在 Euronext 中占比 78.1%,在 Chi-X 中占比 78.0%"(2013:730)。

保护,免受更广泛市场中吃单算法的冲击,这是因为公司自有的一个吃单算法很可能会在做市订单被抢走前将其取消。因此,相比原本可能的情况,做市算法被碾压的频率减少,利润得以提升。公司的交易员根据算法的盈利表现获得奖励,这无形中激励他们继续优先发展做市策略。而那些尝试开发吃单算法的人却发现,公司的自我交易预防系统阻断了这些算法发出可能高盈利的吃单订单。AF说道,有人会觉得,"哎,我的做市策略干得真不错"。而另一个人却抱怨,"我的撤单(吃单)策略总是没法成交(执行)"。

外汇交易的物质政治

这家做市公司系统成功塑造其吃单与挂单算法的方式虽属无心之举,现在我们将讨论算法交互中的刻意干预。本章末尾,我们将探讨股票与期权交易中的干预措施。然而,在金融市场,至少显性的干预通常需经美国证券交易委员会等监管机构的批准。相比之下,外汇交易的监管要宽松得多。如第4章所述,在一个(欧盟除外)金融监管仍主要属于国家层级的世界中,外汇交易是一项跨国活动。因此,外汇交易场所无需监管许可即可推行干预措施,这类干预因而颇为常见。

这些外汇交易物质干预的背后,是第4章所述高频交易企业对传统外汇交易商的挑战,这些交易商中规模最大的是主要银行,大多至今依旧如此。应对这一挑战的首个广为采纳的干预措施,是一种名为"最后观望"(last look)的自动化程序,其争议性极高。这一措施约起于2005年,源于银行对高频交易吃单算法利用其做市系统速度迟缓和技术缺陷获利的不满。面对普遍不满,电子外汇交易场所的运营者开始为银行及其他做市商的算法提供"最后观望":在交易系统确认涉及这些算法的交易前,会向银行系统发送通知,警示即将发生的交易,并给予短暂窗口期以供拒绝。在2013—2014年采访中首次了解"最后观望"时,受访者AT告诉笔者,银行系统通常获准的最后观望时限为"从五到十毫秒不等,最多可达数百毫秒,有时甚至长达几秒"。

"最后观望"令外汇市场中原本利润丰厚的高频交易吃单策略无以为继。例如,受访者AY在2013年5月指出:"因'最后观望',三角套利已无法运作。"[1]

---

[1] "三角套利"是利用短暂的价格差异,例如,通过美元兑换日元、日元兑换欧元,最后再将欧元换回美元获利。

"最后观望"与第4章所述银行对高频交易公司的"关闭"共同导致外汇市场中高频交易吃单算法活动显著相对下降——例如,受访者FN曾报告这一趋势,摩尔、施里姆普和苏什科(Moore, Schrimpf, & Sushko, 2016)也对此转变做了记录。受访者FW协助运营一家外汇交易所,其中交易商与高频交易的冲突特别常见,他回忆自己曾告诫高频交易公司必须转变策略:

> 我们告诉他们(高频交易者),与他们对话,直白地讲:"听着,没人(交易商)会容忍你们在他们的交易系统稍有故障时就频频碾压(狙击他们的过时刻价)……"最终,许多(高频交易公司)慢慢转型为做市商,掠夺性行为也收敛不少。

"最后观望"因此成为交易商及外汇交易场所管理者为遏制高频交易算法吃单策略所做努力的一部分,这一努力虽成效有限,却不可忽视。然而,其合法性却饱受正义。受访者BB颇具代表性,他是笔者采访的那些从股票或期货交易转向外汇领域的高频交易者之一。他回忆当初得知这一做法时,曾满腹狐疑:"这怎么可能是合法的?"即便在外汇交易商圈内,也不乏对这种看似坚挺却随时可撤回的报价方式的厌恶。例如,在采访一位交易商XI时,正向他询问"最后观望"的细节,他的同事FG推门而入。受访者说:"'最后观望'是外汇(FX)市场的核心一环。"话音刚落,他的同事就打断道:"这简直是个可憎的东西!"随后,他们展开了一场针锋相对的争论:

> XI:对于(FG)这样的纯粹主义者,我颇为认同……
>
> FG:确实(是个可憎的东西)!
>
> XI:某种程度上是的,(但是)对我们这样(一家大型交易银行)来说,帮助一家(仰赖交易商信贷支持的)高频基金……我认为它们理应获得流动性,但绝不应以……(银行)内部弱点(可能被利用)的代价为条件。

受访者透露,大约自2014年起,"最后观望"的应用逐渐萎缩,监管压力是原因之一。虽未像重塑美国股票交易市场结构那般对外汇交易大刀阔斧,但监管机构已着手处理具体问题。例如,2015年,巴克莱银行通过支付1.5亿美元罚款,与纽约州金融服务部达成和解[1],了结了一桩涉及其"最后观望"使用的指

---

[1] 参见 http://barclaysdfslastlooksettlement.com,访问日期:2020年5月31日。

控案——这些指控的真实性至今存疑(New York State Department of Financial Services 2015)。毋庸置疑，类似的严厉监管审查及潜在高额罚款的威胁，已显著抑制"最后观望"的使用。受访者 CJ 指出，"在'最后观望'窗口期内……你握有私人信息，比如某客户意欲卖出"。交易商要证明这些信息未被滥用，恐非易事。

"最后观望"是对交易商抱怨高频交易算法吃单行为的直接物质干预，直指挂单与吃单的交互。然而，这些算法的报价匹配及其他挂单行为同样招致不满。批评者指出，买单与卖单"转瞬即逝，使得市场流动性如镜花水月"(Stafford & Ross, 2012)，这种现象尤其掣肘银行交易员的活动，特别是那些仍依赖人工键盘输入的交易员。"这简直令人抓狂，市场交易难以干净利落地完成"，一位交易员向《金融时报》坦言："这每天困扰每天都在上演"(Ross & Stafford, 2012)。为了解决这一问题，当时外汇交易的主导平台 EBS 于 2009 年对其撮合引擎进行了调整，规定挂单一经录入，在 250 毫秒(约 1/4 秒)的最低报价寿命内保持有效，不可撤销，这一时限大致与人类最快的反应速度相当。

最低报价寿命是高频交易反对者频频提出的政策建议，但其似乎也会让做市算法暴露于更大的风险，遭到吃单算法的狙击。然而，受访者 GM 指出："高频交易员有妙招绕过它……他们以前的伎俩是在订单簿中分散报价。"换言之，他们提交的买单并非最高买入价，而是选择更低价位(卖单则高于最佳卖价)。一旦市场走势令高频交易算法的订单有成交之虞，它们便能在必要时即刻撤销，因为 250 毫秒多半早已流逝。GM 坦言："最低报价寿命(minimum quote lifespan)多少是个公关把戏。"正如 EM 所言，这是一种"妥协"，为的是安抚"那些哀叹自动化交易者总能技高一筹的手动交易员"。

然而，这些举措并未平息外汇交易商对高频交易公司不公平竞争的不满，这种情绪在 2011 年越发强烈。EBS(当时已不再由交易商银行持有，它们早在 2006 年就将其出售给伦敦经纪商间经纪公司 ICAP)推行十进制化，将价格最小增量缩减至原来的 1/10。如第 4 章所述，新兴交易场所如 Hotspot 已先行一步，而如同股票交易中的情景，老牌平台 EBS 和路透因此流失业务，错失交易机会，只因某新平台"以 1/10、1/20 乃至 1/30 的微小优势在我们内部报价"(受访者 GM)。

但 EBS 的十进制化却无意中(同样如股票交易)为高频交易公司压价交易

商创造了便利。正如当初面对路透电子交易的潜在支配地位一样（见第 4 章），一群交易商银行联合起来，打造了一个新的交易场所，与 EBS、路透及其他既有电子平台抗衡。该联盟最初名为 Clean FX，后更名为 FX Pure，意在"消除速度优势"并"营造公平市场，使外汇风险对冲免受高频交易公司'抽税'之苦"（Taylor, 2015）。在经纪商间经纪公司 Tradition 的协助下，联盟于 2013 年 4 月推出新平台 ParFX。[1] ParFX 部分逆转十进制化（将价格最小增量放大 5 倍），且有别于其他交易场所，在交易达成后，向对手方披露的不仅是标识号码，还有公司真名。若某银行察觉高频交易公司表现出其所谓的"有毒行为"，它不仅可向 ParFX 申诉，还能向担任该公司担保的主经纪银行提出抗议，这或许更具效力。

然而，ParFX 最具影响力的特性无疑是其随机化机制。[2] ParFX 服务器对平台交易公司服务器发送的每条消息均施加 20～80 毫秒之间的随机延迟。受访者 FI 说，如果你为交易平台效力，高频交易公司总会追问平台的响应时间。他解释道："如果……你的回答是不知可否，那就打乱了他们的算盘。"ParFX 的随机化不仅对新订单施加延迟，也对撤销现有订单的操作进行推迟，这对高频交易做市至关重要。其目的在于阻遏交易公司在订单簿中抛出买单或卖单后，"抢在成交前撤回，就像将诱饵投进水里，又在鱼儿咬钩前猛地收回。如果总是能做到这么快，对鱼儿公平吗？"（FI）

由曾协助创立或深度参与 EBS 的银行打造 ParFX，进一步印证了受访者 HB 所说的那种普遍感受："（EBS 的）客户已经反叛了，它丢掉了海量的市场份额……海量的客户。"甚至在 ParFX 面世前，EBS "迫于银行压力"（Zhou & Olivari, 2013），已悄然部分回退十进制化。2013 年 8 月，虽形式与 ParFX 迥异，EBS 也引入了随机化：EBS 的撮合引擎将挂单与吃单打包成批，再按随机顺序执行。[3] "你得确保市场中每位参与者都有公平获取交易的机会"，支持随机化的受访者 HB 强调："否则，就别装模作样说这是个市场。"

由于在 2008 年被加拿大媒体公司汤姆森收购，路透那时候已更名汤森路

---

　　[1] 参见 http://edhoworka.com/a-brief-history-of-hft/，该网站提供了近期外汇交易场所发展的时间轴。本书在此基础上进行了整理，访问日期：2019 年 10 月 16 日。
　　[2] 在 2012 年 12 月的一篇《金融时报》文章中，经济学家拉里·哈里斯（Larry Harris）提出，"将所有订单的处理延迟一个极小的随机时间段（介于 0～10 毫秒之间）"将有助于维护交易公司之间的竞争（Harris, 2012）。然而，根据笔者的访谈，外汇交易中引入随机化是否受到哈里斯文章的启发尚不明确。
　　[3] 每个批次包含在 3～4 毫秒内到达的订单（Tabb, 2016）。

透。它采取了与EBS相似的举措,但其随机化实现方式却在细微却关键之处有所不同。[1] 2016年,路透在外汇交易系统内新增了一个模块,受访者GR详细讲述了它的运作方式。该模块逐一审视交易货币对的买单与卖单,分类为吃单或挂单后,纳入对应缓冲区。[2] 首个进入缓冲区的订单触发3毫秒的计时器,计时结束,缓冲区清空,其中的买单或卖单以随机顺序送往撮合引擎。[3] 这种随机化机制杜绝了最快的做市算法总是占据队列首位的现象。

然而,关键在于,路透模块并未对订单的撤销操作进行缓冲处理,而是将其直接发送至撮合引擎。这使得路透模块(与ParFX和EBS最初的随机化方式不同)直接干预了挂单与吃单算法的交互,借用股票交易术语,即形成了一种不对称的速度屏障。通过延迟吃单操作而不延迟"撤销"操作,路透模块为做市算法提供了坚实的防护。当市场波动时,做市算法有3毫秒(在高频交易中堪称漫长)的时间在被狙击前撤回或调整报价。在模块设计期间,不延迟"撤销"操作的提议在路透内部引发了激烈讨论。反对者警告称,这会使该模块成为另一种形式的"最后观望"——一个已饱受争议且路透平台从未采纳的程序(受访者GR)。支持者则辩称,该模块设计与"最后观望"存在本质差异,并最终赢得了支持。两者虽然都旨在保护挂单算法,但"最后观望"赋予挂单算法潜在盈利的私人信息,使其能够拒绝对其报价成交的订单,并利用未成交订单的内部信息谋利。

EBS也直接介入挂单与吃单的交互,调整了随机化程序以保护挂单者(这一干预似乎是因为担心"吃单"算法可能会利用即将启用的、超高速且造价昂贵的Hibernia Networks跨大西洋光纤电缆传输的价格数据,参见Detrixhe & Mamudi, 2015)。最初,撤销订单的消息与新订单一同被纳入EBS的批处理与随机化流程,但EBS的Mark Bruce向《欧洲货币》透露,这"为更多吃单者打开了套利挂单者的窗口,挂单者撤回报价的成功率大幅下降"(Golden, 2015)。因此,EBS决定不再对"撤销"操作施加随机延迟。此外,EBS还为做市公司推出了更

---

[1] 路透(Reuters)于2018年更名为Refinitiv。截至2020年撰写本文时,该公司已达成但尚未完成由伦敦证券交易所收购的协议。
[2] 针对不同价格的"做市"订单设有独立的缓冲区。
[3] 随机化是按公司进行的:来自同一公司的所有订单都会被归为一组,并且在算法转向随机排列公司名单中的下一家公司订单之前,仅执行该公司缓冲区中的一份订单。其原理在于防止公司通过提交大量相同的即时成交或取消(immediate-or-cancel)订单来操纵随机化机制,以提高某一特定订单的执行概率。详见Melton(2017)。

快、更昂贵的数据流版本EBS Ultra。"专为满足特定流动性(即做市)提供标准的EBS客户开放",Ultra数据流每5毫秒更新一次订单簿,远快于标准的10毫秒更新频率(国际清算银行,2018:6,注释6)。

速度屏障:减缓吃单,守护挂单

正如"最后观望"、路透模块与EBS Ultra的实例所表明的那样,保护做市算法始终是外汇交易物质政治中的核心议题。这种物质政治的形式同样贯穿于其他金融工具的交易,最显著的当属股票交易,期权(本章末尾将详细讨论)与期货也不例外。[1]然而,笔者的采访并未发现交易所干预保护挂单是出于认为挂单比吃单更具道德性的考量。相反,它们更担忧的是"空屏幕"(受访者GI),即没有买卖价格的订单簿,这将使交易所对交易员及机构投资者失去致命吸引力。不过,这种干预在广义上确实属于政治行为。正因为交易团体与公司中挂单或吃单各有专攻,交易所对两者交互的干预难免为这些团体与公司带来经济后果。

鼓励挂单的一种干预方式,确实直接指向经济层面:交易所(尤其在股票交易中)不仅不对提供流动性的挂单公司收费,反而向其支付小额"折扣"。首个高频交易风靡的电子交易平台Island便采用了这种折扣机制(见第3章)。曾深度参与Island的受访者AK坦言:"我们的系统渴求订单(提供流动性的),这对我们至关重要,值得花钱请人放上来。"[2]随着折扣机制的日益普及,争议也随之而起。批评者指出,这类款项常常被经纪人私吞而未惠及客户,或者扭曲了经纪人选择订单执行场所的判断(相关佐证见Battalio, Corwin & Jennings, 2016)。即便如此,这种吃单者付费、挂单者获交易所回报的定价模式,已在美国股票交

---

[1] 2019年5月,洲际交易所获得美国商品期货交易委员会批准,在黄金和白银期货交易中设置一个3毫秒的"减速带",以延缓执行"吃单"订单(Stafford, 2019a)。值得注意的是,这些期货的交易主要由芝加哥商品交易所主导,而洲际交易所似乎将这一"减速带"视为一种鼓励做市商提供流动性的方法,以增强自身在这些期货交易中的竞争力,从而与芝加哥商品交易所竞争。

[2] 正如第3章所述,在Island订单簿上执行交易的人工交易员或算法,每交易一股需支付0.25美分(Biais, Bisière & Spatt, 2003:6),而最初下单的交易员或算法则可从Island获得0.1美分/股的奖励。最初,Island提供的是"订单提交返佣"(order-entry rebate),奖励给那些运行交易系统并提交订单的公司,以此激励它们投入技术资源,实施并支持技术互联。之后,在乔什·莱文重新思考"即时性价格"(price of immediacy,即交易员直接接受已有报价所需支付的成本)和"流动性价格"(price of liquidity,即在订单簿上提交报价并赋予其他交易员一种金融市场意义上的"期权",即选择但无义务接受该报价的权利)后,返佣结构被调整为上述模式(参见莱文于2012年5月21日给作者的电子邮件)。

易中占据了主导地位。[1]

人们越来越关注通过直接的物质干预来强化对"挂单"的经济激励。目前，这类干预最引人注目的形式便是速度屏障，这一现象对金融交易领域的学者而言堪称乐事。社会理论家兼科学社会学家布鲁诺·拉图尔（Bruno Latour），对金融社会研究影响深远却为人低调，他曾以道路减速带为例阐释"物质政治"：与其依赖道德训诫或法律惩戒来减缓车流，减速带以物理方式直截了当地实现了这一目标。[2] 金融界最负盛名的速度屏障，当属迈克尔·刘易斯（Michael Lewis）在其 2014 年畅销书《高频交易员》（Flash Boys）中聚焦的并于图 6.3 展示的案例——美国新兴股票交易所 IEX 在某股票交易数据中心（NY5）布设的 38 英里（61 公里）光纤电缆线圈。所有流入 IEX 的订单及流出的市场数据均须经过此线圈，这一设计旨在将速度减缓 350 微秒。然而，IEX 线圈对挂单与吃单算法交互的干预力度有限，因为它对两者的减缓并无差别。[3] 尽管如此，这并未能平息美国市场参与者围绕 IEX 订单减缓线圈是否应阻止其作为交易所向美国证券交易委员会注册的争论。最终，IEX 大幅调整系统构造以安抚批评者后，美国证券交易委员会批准了其注册。

然而，美国股票交易的物质政治并未因美国证券交易委员会认可 IEX 速度屏障而画上句号。市场参与者称其为"对称速度屏障"，因为它对挂单与吃单算法一视同仁地进行减缓。截至撰稿时，对该物质政治的争议焦点已转向"不对称速度屏障"，如前文所述的路透模块，这类屏障仅延迟"吃单"算法，却不滞缓"挂单"算法的订单撤销，从而保护后者免遭狙击。首项此类提案于 2016 年由芝加

---

[1] 这一支付结构的最重要例外是"倒挂"（inverted）交易所，如纳斯达克的 BX、最初由 Direct Edge 设立的 ECN EDGA，以及由 BATS 推出的 BYX，这些交易所向"吃单"者支付返佣，并向"做市"者收费。这类交易所可能会吸引那些希望以更低成本"吃单"的交易员（或代表他们操作的经纪商）。有人担心，这可能使得倒挂交易所的做市商在经纪商执行机构投资者订单的过程中提前获得有价值的信息，但我对此并无确凿证据。倒挂交易所对市场结构最重要的影响（正如受访者 AF 指出的），可能在于它们在一定程度上打破了美国股票交易受制于固定 1 美分最低报价增量的限制，至少对那些能够跨交易所进行战略性操作的公司而言（另见 Chao, Yao & Ye, 2019）。手续费或返佣会略微增加或减少买卖的有效价格。因此，一个做市公司可以选择在支付"吃单"返佣的倒挂交易所出价或报价（尽管需支付该交易所的费用），从而在事实上略微改善与传统交易所上的等效报价，这也可能（如 AF 指出）使其在交易所的排队顺序变得不那么重要。

[2] "这里有一个简单的例子……在校园里强制车辆减速的减速带……驾驶员的目标被减速带转化为'减速以免危及学生'或'减速以保护汽车悬挂系统'。第一种解释诉诸道德……而第二种解释诉诸纯粹的自利和本能反应"（Latour, 1999: 187）。

[3] 线圈的主要作用是抑制某种形式的"吃单"行为。在 IEX 上，许多交易采用"中点匹配"（midpoint matching）机制，即交易在所有美国交易所的最高买价与最低卖价的中点成交。如果某个"吃单"算法检测到 IEX 系统计算出的中点价格已过时，则可能会尝试以此获利。然而，用于计算中点价格的数据源不会经过线圈，因此中点价格会在任何"吃单"订单通过线圈之前就已更新。

注：作者实地拍摄。

图 6.3　IEX 原始线圈，现陈列于其世界贸易中心 3 号楼办公室的玻璃柜内

哥股票交易所提出，该所规模不大，在美国股票交易中略处边缘。美国证券交易委员会职员初审通过，却遭共和党委员迈克尔·皮沃瓦尔反对，决议遂被搁置。2018 年 4 月，芝加哥交易所被纽约证券交易所母公司洲际交易所收购，其不对称速度屏障提案随后被撤回。

即便如此，此议题热度不减，因美国三大交易所"家族"——纽约证券交易所、纳斯达克及芝加哥期权交易所，各掌管多个交易平台（例如，芝加哥期权交易所管辖四所），这赋予它们灵活性，得以挑选一所交易平台，尝试调整市场结构，期望不同交易的物质布局能提振收益。2019 年 6 月，芝加哥期权交易所提议在新泽西 EDGA 交易所引入四毫秒不对称速度屏障（SEC,2019a）。将吃单延迟四毫秒，可让依赖芝加哥光纤的挂单算法在被无线连接吃单算法狙击前撤回过时刻价，然而此延迟超出了美国证券交易委员会对 IEX 线圈裁定的最大 1 毫秒容限。

芝加哥期权交易所寻求监管许可的策略颇具匠心。它提议,尽管 EDGA 订单簿中绝大多数买卖单仍由电子系统生成,却将其电子标注为"手动报价"。这将剥夺其在《全国市场系统规则》(Reg NMS)下的订单保护,却也免去该规则要求即时成交的义务。[1] 芝加哥期权交易所的不对称速度屏障提案激起强烈争议。一位受访者透露,某大型交易公司负责人曾致电芝加哥期权交易所,警告若实施此屏障,其公司将终止在芝加哥期权交易所旗下任何交易所的交易。这虽是传闻,未获独立佐证,但受访者确信此事的发生,足见议题敏感度。2020 年 2 月,美国证券交易委员会否决芝加哥期权交易所提案,理由是其未能证明仅减缓吃单而不影响挂单符合证券法公平对待参与者的原则(美国证券交易委员会,2020)。同年 12 月,IEX 亦向美国证券交易委员会提交提案,欲补强其对称速度屏障,退出事实上的不对称屏障,以保护"挂单"免受常见狙击方式侵扰。[2] 截至撰稿时,IEX 提案结局未明。

让我们以期权为例,结束关于速度屏障的讨论。期权种类繁多,做市与吃单的互动尤为重要。例如,大多数公司只有一种股票,但其期权可能有数十甚至数百种,包括看涨期权、看跌期权以及更复杂的品种,执行价格和到期日各不相同。据受访者 OW 透露,2018 年美国期权交易所交易的合约种类不少于 95 万种。交易所希望做市商为某只股票的所有期权报价,而不仅仅是少数几种,这使得做市算法在价格波动时尤为脆弱——它们可能需要撤销数百甚至上千个过时的报价,而吃单算法只需找到一个过时的报价执行即可获利。

受访者 OY 表示,期权交易所"当然不希望大型做市商倒闭",这催生了共同利益。"合作对双方都有利",OY 说道。交易所保护做市公司的重要方式之一是为其提供"清除端口"——一条直接连接交易所的专用线路,绕过其他网络干

---

[1]《全国市场系统规则》在政治经济学层面上的重要影响之一是将订单保护范围限制在"即时且自动"可执行的订单(SEC,2005:37620),从而剥夺了仅在交易大厅(如纽约证券交易所大厅)可用的报价的保护。然而,《全国市场系统规则》并未定义"即时"具体意味着多快。在 2005 年,这一问题或许并不明显,但围绕 IEX"减速带"的争议迫使美国证券交易委员会对此作出界定。

[2] 参见 SEC(2019b);另见 Bacidore(2020)。IEX 目前已使用"崩溃报价指示器"(crumbling-quote indicator),该指示器能够在其他美国交易所的订单簿中检测某只股票的某个价格挡位是否正在被清空,而这通常预示着即将发生价格变动。IEX 计划引入一种"自由裁量限价单"(discretionary limit order),当"崩溃报价指示器"表明该订单可能变得过时时,IEX 系统会自动取消并重新定价该订单。关键在于,崩溃报价指示器所依赖的数据不会经过 IEX 在 NY5 机房的线圈,而试图利用崩溃报价的"吃单"订单则必须经过线圈。因此,正如 Bacidore(2020)所指出的,这种结合"自由裁量限价单"与线圈的机制,实质上构成了一种不对称的"减速带",能够保护这些订单不被抢先执行。

扰,速度极快。该端口用于"批量撤销",即通过一条消息一次性撤销某类期权的所有买卖价格。普通撤销通常是按顺序执行,耗时较长,而批量撤销只需更改每个报价的一个二进制位,使其失效且不可执行。据 OX 和 OY 称,这比逐一撤销快得多。撮合引擎随后可以完全清除订单,而无需担心在处理过程中被狙击。交易所还经常为做市公司提供"自动批量撤销"——例如,当某类期权的某些报价被执行而系统未更新报价时,该机制会自动启动,保护做市商免受系统崩溃的灾难性后果。[1]

期权交易所还可以通过更隐蔽的方式干预做市与吃单的互动。例如,买卖订单有时会被分流到计算机系统中的不同路径,吃单路径会被故意放慢。OY 推测,"也许他们用新硬件运行做市业务,而其他订单网关则使用旧设备"。至少在过去,一些交易所为做市和吃单提供了完全不同的"应用程序接口"(application programming interfaces,API)。AF 举例说某交易所:

> 有一个报价 API(用于做市),但实际上没法用它来撤单(也就是吃单);还有一个订单 API 用于撤单,上面挂着一个关系数据库,序列化需要 100 毫秒……

AF 补充说,报价 API 比吃单者使用的订单 API"快两个数量级"。

这些细节提醒我们,金融的物质政治不仅限于围绕 IEX 或 EDGA 速度缓冲的争议,也不仅限于美国证券交易委员会等监管机构的裁决,它还深藏在金融黑箱的内部运作中,存在于交易所系统的某些特征中,这些特征可能永远不会公开,却对市场结构有着重要影响。

---

[1] 过去曾有保护做市商的措施,比如"报价锁定计时器"(quote-lock timers)。该计时器会在"吃单"订单执行前延迟一段时间(通常为 1/4 秒,但受访者 OY 透露有时长达 3 秒),以便让做市算法有时间取消报价。然而,这些计时器似乎已经不再使用。受访者 AF 认为,快速且精密的期权做市公司对报价锁定计时器感到不满,因为它们的算法更新价格报价后,往往必须等待较慢的做市商取消旧报价,才能生效。OY 指出,引入报价锁定计时器的初衷是鼓励原本在交易大厅操作的做市商向电子化交易转型,但随着电子做市系统变得更快、更智能,该计时器最终被认为已无必要。

第7章 结 论

1381年初夏,英格兰大地因平民起义而动荡不安,圣·奥尔本斯(St. Albans)镇民一举攻入其巍峨的本笃会(Benedictine)修道院,那是他们的封建领主、修道院院长的领地。幸运的是,一桩历史机缘将我们与那遥远岁月联系起来:负责修道院抄写与插图的僧侣,正是编年史家托马斯·沃尔辛厄姆(Thomas Walsingham),他还是多半事件的亲历者。他记载,人群怒斥院长,要求摆脱农奴枷锁,随后闯入牢狱,释放囚徒,继而直奔靠近回廊的"会客厅"(Parlour)。在那里,他们砸碎石质地板,携碎片而去。[1]

这件事的起因可追溯到50年前。当时,圣奥尔本斯院长成功禁止镇民使用手磨谷物。历史学家马克·布洛赫(Marc Bloch)写道,"镇上的磨石全被运到修道院,像战利品一样陈列"(Bloch,1967:158)。会客厅的地板就是用这些没收的磨石铺设的,即便过了半个世纪,人们的怨恨仍未消散。在中世纪欧洲,封建领主常试图禁止手磨,推广风车和水车磨谷以收取费用。尽管费体力,但农奴和佃户偏爱手磨,这一习俗根深蒂固。即便蒸汽磨坊出现后,手磨仍未消失。布洛赫

---

[1] 沃尔辛厄姆的手稿记录由托马斯·莱利编辑,并于1869年出版(参见第293和309页)。另见Oman(1906:93—94)和Bloch(1935);后者的英文译本见Bloch(1967:136—168,尤其是158页)。

指出,直到19世纪末,普鲁士村民仍在偷偷使用手磨,尽管地主已无权干涉,但是他们仍"觉得磨粮食时须避开他人目光"(Bloch,1967:159)。

市场结构的物质政治经济学

与磨谷物相比,本书探讨的议题显得更为抽象,至少不会直接关乎温饱问题。然而,圣·奥尔本斯僧侣没收磨石的行为,正是笔者定义的"物质政治经济学"的典型案例。首先,这是一场对物质世界的重塑;其次,它充满政治意味——法律的支撑使没收成为可能,时任院长"通过法庭胜诉"(Bloch,1967:158),而封建领主的特权与权力却框定了结果,震慑了反抗;最后,它牵动经济命脉,是对前文所述"市场结构"的干预。如果领主能清除庄园中的手磨,便可迫使佃户只使用领主的磨坊,"自然需要向磨坊和水流的主人支付高额费用",毕竟"在领地内阻止其他水车、风车甚至马磨的建造并非难事"(Bloch,1967:153)。

2019年8月,一场争议在《华尔街日报》展开,对外人而言,其复杂程度不亚于当年会客厅地板被毁事件。争议的导火索是纽约证券交易所数据中心屋顶新增的两根小巧白色无线天线,每根直径仅1英尺(Osipovich,2019a)。这座数据中心实用而现代,并非历史遗迹,天线的安装已获得当地分区委员会全票通过。[1] 新泽西的这一片区颇为富裕,如第5章所述,居民对社区建设有较大影响力。然而,正如该章提到的,数据中心位于低洼地带,从外围难以看到,屋顶那几根小天线更是几乎无法察觉。

对天线的抗议始于一通电话,随后升级为致美国股票交易监管机构(即美国证券交易委员会)的一封信,而发起者则是全球顶尖高频交易公司之一的富途(详见第1章)。纽约证券交易所数据中心屋顶新装的天线,能与中心场地内现有电杆上的天线互通无线信号。那根电杆连接着新泽西其他股票交易数据中心的通信网络。从数据中心到电杆的直连无线通道,将消除260米(约850英尺)的"光纤尾"——信号必须通过光纤电缆而非无线方式传输的距离,从而节省近半微秒传输时间(1微秒等于百万分之一秒)。[2] 富途反对的理由在于,分区委员会收到的申请表明,天线仅供单一通信商使用,"由纽约证券交易所指定"(Virtu Financial,2019b:1)。据《华尔街日报》记者亚历山大·奥西波维奇(Al-

---

[1] 参见 Virtu Financial(2019b)附录中的分区文件。
[2] 对光纤尾所节约的时间,我估算的依据来自 McKay Brothers(2020:3)。

exander Osipovich)转述,富途忧虑"交易公司恐怕要为接入(新)天线支付高昂的费用……没有更便宜的供应商能提供同样超快的接入速度",并视此为"不公"。奥西波维奇补充道,如果没有超快接入,交易公司的算法"将沦为猎物,被那些能以毫秒级速度更快地响应市场变动信息的竞争对手所压制"(Osipovich, 2019a)。

然而,纽约证券交易所并未如期启用屋顶天线加速传输(见其致美国证券交易委员会函件:King,2020),富途的抗议是否影响了这一决定尚不明确。但争议并未平息,焦点转向数据中心场地内电杆的空间优势。那里安装了洲际交易所数据服务分支(data-services affiliate of the Intercontinental Exchange,纽约证券交易所母公司)与大气激光先驱 Anova Financial Networks 合作的设备,用于市场数据传输及向交易公司出租带宽,使其纽约证券交易所数据中心的服务器能与其他中心的系统快速通信。其他机构"无缘"使用此电杆(King,2020:5),只能将设备置于场外电杆,距离数据中心约 200 多米(约 700 英尺)。[1] 虽然电杆间距并非传输速度的唯一决定因素(详见第 5 章),但它至关重要。

目前看来,连接较近电杆和数据中心的光缆将被盘绕以消除其优势,尽管关于需要盘绕多少仍存在分歧。即使在新冠疫情的背景下,这一争议仍在持续,这在一定程度上体现了前几章讨论的物质政治经济学问题。当交易的物质流程与基础设施遭遇明确干预时,其政治经济本质尤为凸显,这些干预多旨在保护如富途这样的做市算法免遭"吃单"算法的狙击。受访者 AF 直言,此类干预直接影响"谁赚多少",即使没有干预也是如此。交易的物质布局还有其他方面,至少在广义上具有政治意味。例如,第 5 章探讨的、有时激烈争论的问题:成交确认消息是否应在交易通过交易所数据流公布前发出。在此类议题上,算法不同的公司利益分化,偏好自然不同,且可能意外改变市场结构。回想受访者 DI 的观点:提前获知成交消息能维持竞争,让速度并非最优的做市公司仍能盈利。更广泛地说,即使是纯属偶然的物质现象也能影响市场结构,如第 5 章所述,截至 2010 年,拥有"黄金线路"(从芝加哥至新泽西的最快光纤通道)的多为做市商,这一事实几乎纯属偶然。

---

〔1〕 有关该争议的详情,请参见美国证券交易委员会网站上的评论:https://www.sec.gov/comments/sr-nyse-2020-05/srnyse202005.htm(访问日期:2020 年 6 月 1 日)。此外,我对距离的测量数据亦来自 McKay Brothers(2020)。

市场结构的物质性远非交易技术所能框定,如交易所的计算机系统或"黄金线路"。清算与结算体系同样举足轻重——它们负责登记、担保和处理交易,乃至转移资金与所交易证券或其他资产的所有权。清算与结算常被视为后台琐事而遭冷落,实则在确保"金融交易无争议落定"中扮演核心角色(Millo et al. 2005:23)。正因如此,受访者CC直言,"清算维系市场一体"。假如无缘市场的清算体系,你便形同被市场拒之门外。如第4章所述,类似Island的国债交易平台Direct Match便深陷此困境。

清算与结算在物质层面绑定的内容和方式至关重要。前几章讨论过的最清晰的例证莫过于期货与股票(尤其是美国股票)的差异。在期货领域,芝加哥商业交易所与欧洲期货交易所等巨头通常自行掌控清算所,这让新期货交易所在已有产品上抢占市场份额变得很难。相比之下,如第3章所述,美国股票市场存在一个单一集中、全国覆盖且易于访问的清算与结算体系,这极大地促进了像Island这样的新交易平台的崛起。清算看似是一个日常且平淡无奇的过程,重要性却不可小觑,以至于在欧盟乃至各国政府间,也卷入了关于其组织架构的争论。[1]

美国期货与股票在清算方面的差异,其根源在于20世纪70年代政治系统与期货交易所以及股票交易所之间互动方式的不同。借用安德鲁·阿博特(Andrew Abbott)的术语,可称之为"纽带"之别。第2章提到,期货的"纽带"较为具体,其改革深受期货交易所的影响。而在股票方面,如第3章所述,20世纪60年代末的"文书危机"为国会成员提供了更广泛的干预动机,其改革结果则远非股票交易所所能主导。这两者与政治系统的不同互动带来的一个重要后果是,前几章讨论的高频交易算法在交易股票与期货时可获得的信号(指引算法交易的数据模式)存在显著差异。由于美国主要股票在多个交易所交易,高频交易亟须以最快的速度获取其他交易所的动态信息;相比之下,许多金融期货仅在芝加哥商业交易所交易,导致从其他数据中心流入的信息重要性相对较低,而芝加哥商业交易所输出的数据流则至关重要。

---

〔1〕 自2018年1月起生效的欧洲《金融工具市场指令Ⅱ》(MiFID Ⅱ)规定了清算的新开放准入规定,旨在终结期货清算中所谓的"垂直整合模式"。但英国脱欧导致该规定推迟到2020年7月实施。据报道,在2019年12月,德国财政部(德国是欧洲领先期货交易所Eurex的所在地)大力推动在德国担任2020年欧盟轮值主席国期间重新审议这些规定,并在正式生效前进行调整(Wilkes, 2019)。后来,该规则的实施进一步推迟至2021年7月,这可能仅仅是由于新冠疫情的影响,目前尚不清楚来自德国施压的影响。

信息的政治

股票与期货的对比揭示,高频交易的物质实践因场景而异,这些实践的差异有时蕴含着政治意味:狭义上肇始于政治系统的演进,广义上受参与者的地位、权力、身份和经济资源的牵动,抑或反作用于此。以信息的可得性为例,当被问及早期高频交易公司 Automated Trading Desk 如何打造指引算法交易的数学模型时,受访者 BT 答道:

> 就像有人摆下几枚棋子,我心想,好,有了这些数据棋子,看看能怎么布局。接着冒出了新的数据流属性……我们面对多个独立交易所。随后棋子增多(意味着"信号"更丰富),我们便重新洗牌(调整模型)。再后来,订单簿深度(depth of book)出现了(电子订单簿中买卖价格更为详尽,不止最佳价位),事情陡然复杂起来……

这段话精妙地捕捉到两点。其一,高频交易算法决策所依赖的信息确实具有物质性(称为"数据流属性"),尽管它们并非固态物质,而是以电磁形式存在。算法处理的正是工程师眼中的一个信号,或一组信号。其二,信息的可得性,也就是受访者 BT 口中的"棋子",会随历史而变化。BT 的高频交易生涯足够长,见证了信息逐渐丰富的过程。

令人惊讶的是,高频交易算法所用信号的存在与可得性(如表 3.2 和表 4.4 所列,或 BT 在上述引文中提到的棋子),在很大程度上源于监管或市场结构的博弈。笔者无意夸大其词,并非所有信号都如此,[1]但美国股票高频交易所使用的三大信号类别确实如此:第一,"期货领先",即第 2 章所述事件的结果;第二,由 BT 提出的两种类型——"碎片化"或股票在多个场所交易衍生的信号;第三,"订单簿动态",即第 3 章所述订单簿逐步开放过程中释放的信号。作为过往冲突的结晶,这三大类信号如今已如硬编码般融入美国股票交易的庞大技术体系,堪称物质化的政治经济学。

需特别指出,有些"棋子"本可上桌却被雪藏:那些能构成交易关键信号的信

---

[1] 例如,可以考虑股票或其他金融工具价格的变化,这些价格与交易工具的价格存在相关性。在某种较为牵强的意义上,这类信号或许可以被视为博弈的结果。然而,这种相关性往往源于对公司按照经济行业类别的划分,因为市场参与者通常认为同一行业的公司面临相似的风险,甚至可能拥有类似的市场机会。关于公司分类的社会学分析,见 Zuckerman(1999,2000)及 Beunza & Garud(2007)。

息,却为交易所独享。例如,纽约证券交易所昔日的纸质订单簿(图 3.1 展示了一例,记载了经纪人姓名与公司缩写)与如今的电子订单簿(见图 1.5 和图 6.1)差异显著。后一类订单簿常见于股票、期货、国债、外汇的经纪商间电子交易平台,都是匿名。虽然交易所系统地记录每笔订单的提交公司,但这些信息并未录入更新消息流以供交易公司服务器构建订单簿镜像。即便是匿名的公司或账户标识,在此类交易所中也鲜被公开。因此,无法轻易判断一连串订单是否出自同一公司或算法,这样的事例也时有发生。实际上,如第 6 章所述,交易公司有时能略微揭开匿名面纱,这需要深入分析交易模式——要么借助闲聊中探得的情报,要么依赖复杂的机器学习。

正如第 1 章所强调的,此处推崇的物质政治经济学并非要取代金融的其他观察视角,例如,规范性视角或文化视角,而是为其增色。匿名性便是一例,其中规范偏好举足轻重。至少在股票与期货交易中,订单簿的匿名已逐渐成为一种规范力量。例如,2017 年,纳斯达克向市场参与者兜售两组需额外付费的特殊数据产品,却因包含标准数据流未公开的信息而引发争议。其中一项是 Pathfinders 服务,纳斯达克宣称其"实时揭示'聪明钱'在一只股票中的动向"(Nasdaq OMX,2009:1):

> 依托纳斯达克交易数据,Pathfinders 数据流持续追踪市场参与者的买卖行为,以识别"探路者",也就是那些在特定证券中大举买卖股票、预期价格长期涨跌的玩家。纳斯达克并未透露"探路者"身份,而是通过展示看涨与看跌"探路者"人数及其买卖总量,勾勒这一群体的情绪(Nasdaq OMX,2009:2)。

尽管 Pathfinders 数据流保留了匿名性,仅提供总数汇总,但将同一家公司的连串订单汇总的做法,却被批评为削弱了投资者"将大单拆分以掩盖意图、不露大户痕迹的努力"(Stockland,2017)。纳斯达克也表示,"近期部分客户对产品信息内容提出疑问"。尽管如此,纳斯达克仍旧认为这些担忧并无依据,并以收入微薄、升级成本高为由,撤回了相关产品(SEC,2017:5)。[1]

---

〔1〕 目前尚不清楚 Pathfinders 只有少量客户的原因。按照高频交易标准,当前纳斯达克系统用于识别此类探路者的滚动时间间隔较长(分别为 1 分钟、5 分钟和 60 分钟),而数据源向用户发送有关 Pathfinders 活动的警报信息也较慢(例如,在 1 分钟间隔的情况下,该信息在间隔结束后整整 1 秒才被发送,参见 Nasdaq OMX,2009)。这些特性可能限制了 Pathfinders 对高频交易公司的吸引力。

围绕 Pathfinders 的争议表明,电子订单簿的规范在披露与隐匿之间寻求平衡。这种平衡及其物质形态(重申第 1 章的观点,物质性与文化并非割裂)在不同市场中呈现出显著差异。在股票与期货交易中,订单通常全程匿名。然而,在专业外汇交易中,也难以做到完全匿名,原因如第 4 章所述,主要是缺乏成熟的中央清算机制。更有趣的是,股票与期货中崇尚匿名的规范偏好,在外汇交易中有时被颠覆,"披露姓名"(交易后彻底去除匿名)反而被视为透明的美德。受访者 FI 表示:

> 我们主张交易后全程透明。交易完成后,我们不仅会披露执行经纪人和主经纪银行的身份,还会公开客户的姓名……我们的想法是,如果你做外汇交易,负责任,合规矩,交易后公开姓名没什么不妥。

在某些外汇交易平台,交易后至少可以获知对手的标识号码。掌握这一信息的人,能够做到其他同类市场中难以实现的事情。尤为特别的是,他们通常能够察觉与某特定对手的交易是否屡屡亏损。如第 4 章所述,在外汇交易中,发现这种情况的参与者,尤其是规模庞大的银行,可以请求平台管理者调整系统,切断这一"掠夺性"对手的交易通道,至少使其无法与自己交手。"掠夺性"与"毒性"常出现在此类抱怨中,字里行间带有规范评判的意味。如果像某些外汇平台那样,不仅能够获知对手的标识号码,还能发现其姓名,那么受损害的市场参与者还可以联系据称掠夺性公司的主经纪商,敦促其约束客户行为。这种威慑之所以有效,是因为外汇市场缺乏中央清算机制,高频交易公司只能依赖主经纪银行的支持才进入专业交易机制。

算法之能与不能

"信号"及对手标识或姓名等信息的可得性,与交易算法的运作方式及其局限性密切相关。这同样是一个政治问题,既涉及广义上的政治,有时也涉及狭义上的政治系统,因为后者参与了塑造算法能力与限制的塑造。例如,在外汇交易中,由于拒绝对弈、威胁将参与者驱逐出交易平台以及赋予做市算法"最后观望"特权(详见第 6 章)的共同作用,算法的行动受到极大限制。在外汇市场中,至少简单的高频交易吃单策略已难以奏效,从而引发了从吃单转向高频做市的全面转变。

外汇交易的独特之处在于,大型银行等传统参与者能够在很大程度上监控并遏制高频交易算法的行为,但这些算法的活动从未被完全限制。如第6章所述,在以电子订单簿为核心的市场中,交易算法通过下单、撤单或改单来施展其能力。然而,这些行动的一大关键限制贯穿于本书所述的所有市场:那就是自动化市场中最简易的盈利手段,即欺骗性报价(spoofing)。第6章提到,欺骗性报价(至少其最原始形式)是指抛出大宗买单或卖单,如果顺利,这些订单在成交前被撤回,却能诱导高频交易算法——甚至其他算法,误判价格走势,从而对早已布下的小额订单出手。

尽管欺骗性报价在过去颇为常见,在某些场合甚至被默许(Arnoldi, 2016),但监管机构已开始日益严厉地打击这种行为。在美国不乏刑事追诉,至少有一人因此而锒铛入狱。受访者BM坦言,刑事追责的一个后果是,交易所再也没法对欺骗性报价睁一只眼闭一只眼。如果一个被交易所纵容的欺骗者最终入狱,那么,交易所的颜面何在?股票与期货交易市场受到的打击最严重,交易所已对其部署自动化系统,专门侦测欺骗行为。受访者BM表示,这些系统能够迅速捕捉到如第6章所示的简单老套的伎俩。然而,受访者CJ透露,这种行为并未绝迹,其手法已悄然变化(受访者BM)。老练的欺骗者不再依赖少数大单,转而操纵多笔小单,或通过不同账户操作;他们避免在订单簿中掀起大浪,仅制造微小的波动;更跨越多所交易所操作,规避自动侦测,使得单一侦测系统难以窥其全貌。

欺骗性报价的诱惑无处不在,然而对其侦破与惩处的投入却因市场而异。主权债券与外汇交易中,欺骗者伏法的案例屈指可数,不过原因并不在于这些市场中欺骗稀少。例如,国债交易,监管大权分属证券交易委员会、金融业监管局(Financial Industry Regulatory Authority)[1]、财政部及其市场代言人纽约联邦储备银行(Federal Reserve Bank of New York),权限割裂,导致惩处欺骗性报价的责任归属模糊难辨。

笔者:在现金债券市场,你能向谁举报(欺骗性报价)?

BM:现金市场,没有真正的负责人,无处举报。

监控与惩处欺骗性报价的力度参差不齐,这只是算法行动受限的一个方面。这些行动直接受制于交易所或其他交易平台的订单关口与撮合引擎。美国股票

---

[1] 金融业监管局成立于2007年,将此前分属于全国证券交易商协会和纽约证券交易所的自我监管职能合并。

市场尤为耐人寻味,因为政府对股票交易的监管已嵌入交易所的软件中,软件决定算法或人工订单是进入订单簿还是因无效被拒绝。如第 6 章所述,这使得一种独特的订单,即跨市场扫单(intermarket sweep order),在高频交易的成败中举足轻重。例如,它可帮助做市算法在订单执行的时间优先队列中抢占先机。关于这种订单的具体内容,第 6 章已详细讨论,此处不再赘述。值得强调的是,监管与政治博弈孕育了这种订单并赋予其重要地位。

如第 6 章所述,跨市场扫单是美国证券交易委员会为调和两项有时相互冲突的目标而设计的:一是激发交易所与交易场所之间的竞争;二是不必强制推行单一的全国性限价订单簿,但是能够维持美国股票市场的连贯性——不过,美国证券交易委员会已判定这一路径在政治上难以实现。如第 6 章所解释,2005 年美国证券交易委员会的《全国市场系统规则》是美国股票交易现行监管的基石,其核心在于订单保护。例如,禁止某交易所在其他地方有更优价格时成交。跨市场扫单的初衷是为了方便机构投资者等大规模交易,同时不违背订单保护的原则。

订单保护曾经是,甚至可能再次成为,一场赤裸裸的政治角力。美国证券交易委员会的五位委员均为政治任命,由总统提名并经参议院批准。其中最多三名委员来自同一党派,实际惯例会有两名共和党人和两名民主党人,主席与总统同属一个党派。2005 年,小布什执政期间,委员们围绕订单保护展开了党派之争。共和党人辛西娅·格拉斯曼(Cynthia Glassman)与保罗·阿特金斯(Paul Atkins)批评订单保护是市场参与者的无谓负担,甚至可能有害。受访者 EZ 透露,与其"强制规定路由规则",不如"干脆放松管制,尽责执行最佳价格的人,怎会忽视触手可及的更优价格?"民主党关联者罗尔·坎波斯(Roel Campos)与哈维·戈尔德施密特(Harvey Goldschmid)则坚定支持订单保护。《全国市场系统规则》最终通过,得益于 2005 年 4 月 6 日关键一票,美国证券交易委员会主席、华尔街资深人士威廉·唐纳森(William Donaldson)逆党派立场,支持订单保护与《全国市场系统规则》。他是布什总统任命的共和党人,但"具有贵族气派,不热衷于放松管制"(EZ)。

订单保护在美国证券交易委员会员工中曾广受欢迎。然而,即便支持者也未预料到其长期必要性。一位监管者(受访者 RZ)表示,"《全国市场系统规则》……目的是打破纽约证券交易所手动市场对电子竞争的束缚",后者通过监管权力,要求采用滞后的跨市场交易系统。RZ补充说,一旦电子竞争充分发展,"美国证券交易委员会内部许多人认为,三年后或许可以废除穿透规则(也就是订单保护),因为它的使命已经完成了"。然而,事与愿违,《全国市场系统规则》地位反而更加稳固。出于广义的政治原因,即便未完全涉及"党派之争",想从根本上撼动它也难如登天。RZ解释道,"每次有涉及《全国市场体系监管规则》的议题,都是一场零和博弈":

> 有赢家也有输家,得到好处的人拼命要守住《全国市场系统规则》和订单保护,有了损失的人拼命求翻盘。美国证券交易委员会的委员,后来要么是公务繁忙,要么就是没搞明白,都没有底气投身这场激烈的博弈。

即使是特朗普当选引发的政治剧变,对《全国市场系统规则》及其订单保护条款的影响也微乎其微。美国证券交易委员会提出的变动,大多涉及其他监管方面。[1]

正如高频交易信号深深嵌入美国股票交易演化的技术脉络中,《全国市场系统规则》的订单保护规则亦牢牢扎根于交易所的撮合引擎。这些引擎会毫不留情地拒绝任何看似(根据提供的信息判断)违反规则的订单。跨市场扫单之所以重要,在于其能稍许绕过这对算法交易的主要障碍。能以电子标识将订单标记为跨市场扫单的交易者,可以让撮合引擎受理原本会被拒绝的订单。然而,如第6章所述,并非所有算法都能使用这一工具,无法做到这一点很可能成为明显的短板。[2]

监管者、政治家与游说

政府监管对高频交易行为的影响因市场而异,这种影响在美国股票交易中最为显著。如前文所述,监管的订单保护规则已被编入交易所的撮合引擎。在美国和欧洲,股票交易的独特之处还在于,监管在很大程度上推动了交易场所之

---

[1] 2020年2月,美国证券交易委员会提议,授权多个竞争供应商提供官方市场数据"综合行情显示"(consolidated tape),并扩大其覆盖范围,使其不仅包含最高买入价和最低卖出价,还包括次优的五个价位,详见:https://www.sec.gov/news/press-release/2020-34(访问日期:2020年6月2日)。

[2] 尽管跨市场扫单是最引人注目的例子,交易所还提供其他特殊类型的订单,以帮助算法在《全国市场系统规则》的订单保护框架下争夺优势(特别是有利的排队位置)。这一制度带来了极大的复杂性。Mackintosh(2014)统计发现,美国证券交易所提供133种不同类型的订单,而这些订单往往可以组合,形成更为庞杂的复合订单体系。

间的竞争,这种竞争迫使交易所采用了适应高频交易的物质特性和收费结构。人们或许会预期,监管对竞争的推动会普遍存在。这与米歇尔·福柯(Michel Foucault)解读德国新自由主义者并从中提炼的新自由主义观点颇为契合,他们强调竞争"绝非自然天成……纯粹的竞争是市场的核心,但是只有通过积极的治理方法才能显现"(Foucault,2008:120-121)。然而,这种积极治理方法在交易市场结构上的作用范围,远比预期要有限得多。例如,如第4章所述,政府机构在主权债券交易中满足于维持一级交易商结构不变,同样,在期货交易中也鲜有复制股票交易中推动交易所竞争的措施。[1] 根据福柯的定义,"治理方法"超越了直接监管,涵盖了诸如自我技术(内在的自我约束和"企业家"自我的塑造)、知识形式(特别是对"人群"的认知)、技术程序等内容。然而,在前几章探讨的事件中,国家机构是否采取行动以促进竞争,仍然是一个关键因素。[2]

此外,以美国股票交易为例,即便拥有美国证券交易委员会这一强大的监管机构,如果简单地把监管看作市场结构的外部独立影响,那就完全错了。[3] 几位曾任美国证券交易委员会官员的受访者向笔者描述,该机构以前深受金融行业游说的冲击、金融危机和丑闻余波的震荡以及官方政治系统间歇性关注的波动。受访者RF透露:"(证券交易)委员会在重大问题上推进的能力,确实需要……金融行业中至少部分群体的支持。"在20世纪70年代关于单一中央限价订单簿提案的争论中,给予支持的金融行业群体很少,而且美国证券交易委员会最终没有尝试推行中央限价订单簿所蕴含的市场结构巨变,前文对此已作描述。前监管者RI感叹,中央限价订单簿之争"让我失去了升职机会",他被视为这一争议系统的支持者。当时的美国证券交易委员会主席告诉RI,他接到金融行业领导的电话,明确表示如果RI升任更高职位,会让他们感到不快。

《全国市场系统规则》与中央限价订单簿形成了有趣的对比。受访者RY表示,在起草《全国市场系统规则》时,政客们:

---

[1] 主要的例外是欧洲《金融工具市场指令Ⅱ》中关于期货清算的规定,详见上文注5。
[2] 关于政府治理(governmentality),参见Foucault(1991)。值得注意的是,尽管金融市场的参与者经常持自由市场和支持竞争的立场,但当这些立场损害其在市场中的既得结构性优势时,他们通常并不欢迎相关措施。在金融领域,日常政治经济学往往能压倒意识形态。
[3] 有关金融监管影响因素的研究已形成庞大文献,例如Goldbach(2015)、Mügge(2006)、Pagliari & Young(2016)、Thiemann(2014)、Thiemann & Lepoutre(2017)、Young(2015)。需要说明的是,本书的研究并未系统性地考察这些影响因素,而是通过"逆向推导"(working back)的方法,从高频交易及其演变过程中重要(或曾经重要)的监管举措入手(包括失败的举措,如中央限价订单簿),以理解塑造这些举措的过程。

受到了金融行业的强力游说,美国证券交易委员会也承受了一些国会议员的巨大压力。我们的立场受到了极大的考验。

然而,与中央限价订单簿的情况不同,金融行业在《全国市场系统规则》上的立场更加分裂,这给了美国证券交易委员会更大的行动自由。[1]此外,美国证券交易委员会的受访者表示,尽管在某些时期。例如,里根总统任期内,他们感到无法对市场结构进行重大干预,但根据笔者的研究,没有任何一件事件表明美国证券交易委员会完全被金融行业的利益所绑架。

同样,明智的做法是,不要过于字面化解读监管机构对市场结构改革的提议。据美国证券交易委员会官员透露,他们有时会提出一项明知会引发金融行业强烈反对的改革(因为能够预感最终难以实施),以此为策略,借机推动较为温和的改革。多位官员表示,这一策略在中央限价订单簿改革方案中也有所体现。它促成了一些更为受限的举措,例如,1975年启动的交易价格强制性披露制度(通过"综合行情显示系统");1978年启动的综合报价系统;用于公布注册交易所交易股票的最高买入价和最低卖价。对于那些仅熟悉股票交易的人来说,这些信息披露系统可能被视为金融市场的基本组成部分,几乎是其理所当然的特征。然而,值得注意的是,尽管美国股票交易价格和交易规模强制披露制度已经实施了近半个世纪,但是美国国债市场仍未建立类似的透明机制,交易商们对此始终强烈抗议,理由是这类披露制度将极大增加他们对冲和调整交易头寸的难度。[2]

笔者最喜欢的监管战术案例,是笔者称之为"星号之战"的事件。之所以特别喜欢这个例子,是因为它揭示了金融领域中那些看似平凡却影响深远的经济机制。这场斗争发生在美国证券交易委员会订单处理规则的制定过程中。该规则的出台,对高频交易的兴起以及纳斯达克传统做市商模式的衰落产生了深远影响。其关键在于,它使Island交易平台及其他20世纪90年代兴起的电子股票交易平台上的价格(这些价格往往由高频交易算法设定)能够出现在纳斯达克广泛使用的报价屏幕上,从而改变了市场竞争格局。一位曾深度参与该规则制定的前监管官员(采访对象RH)透露,在应对金融行业对美国证券交易委员会

---

〔1〕 受访者称,纽约证券交易所曾受益于《全国市场系统规则》之前的订单保护制度,因此希望保留该制度;而纳斯达克此前未受该制度约束,因此不希望该制度扩大适用范围。

〔2〕 自2017年7月起,美国财政部债券交易必须向金融业监管局报告。然而,金融业监管局对这些报告保密,直到2020年3月才开始逐步发布按周汇总的交易数据。

第 7 章
结 论

市场结构改革的阻力时,他惯用的策略是,"如果我想推动这样一项小改动"(他做了一个表示微小变动的手势),"那么我就会提出这样一个大变革"(他做了一个象征更大变革的手势)。

"星号之战"的导火索是纳斯达克屏幕上价格的最小增量(最初为 1/8 美元,后来为 1/16 美元)与新兴电子交易平台(如 Island,其增量仅为 1/256 美元)之间的差异。这意味着,来自新兴平台的价格在纳斯达克屏幕上显示时必须进行四舍五入,这一点似乎没有争议。新兴电子平台上的价格通常仅比纳斯达克官方做市商的价格略优,幅度微小,例如,Island 平台的价格往往仅优于其最小单位 1/256 美元。受访者 RH 提出的建议是,当来自新兴电子平台的价格在纳斯达克屏幕上显示时,应添加一个星号以表示四舍五入。他用第二个手势表示该建议是"大变革",尽管对外人来说可能并不显得重大。他承认,自己并不真心支持这一提议。这是一个"糟糕的主意",但它起到了"分散注意力"的作用,并"占据了大量讨论空间"。这些星号可能会促使市场参与者在新兴平台上寻找略微更好的价格,甚至可能成为这些平台的广告形式,因此遭到了现有市场参与者的强烈反对。正如另一位受访者 RZ 所说,"纳斯达克……表示……我们无法接受星号"。最终,美国证券交易委员会放弃了强制添加星号的要求,但至少在 RH 看来,由于现有参与者专注于阻止星号,美国证券交易委员会更容易实现其主要目标:将新兴电子平台的价格纳入纳斯达克的屏幕显示中。

至少在本书所述事件中,官方政治系统对金融监管的介入可分为两种截然不同的类型。第一种颇为常见,即政治人物受特定金融利益集团游说,转而向监管者施压。第二种虽然罕见却可能影响深远,通常发生在危机或丑闻波及甚广时,国会议员预见金融体系改革可带来广泛的政治回报(不仅限于竞选捐款)。正如 RY 所说:"国会的介入意愿取决于选民的关注度。"对算法交易演变影响最深的事件,是 20 世纪 60 年代末的"文书危机"及股票经纪人破产事件。伴随公众巨额资金损失的威胁,国会的改革努力在 1975 年《证券法修正案》(Securities Acts Amendments)中达到顶峰,该法案至今仍是美国证券交易委员会法律权力的立法基石。

2008 年金融危机银行几近倒闭,催生了新一轮国会深入改革的浪潮。但此轮改革在本书中并未占据重要位置,因其最大影响落在笔者研究范围之外的市场——利率互换市场，而高频交易在该市场的尝试至今大多未获成功。[1]然而，如上文所述，对欺骗性报价的法律打击，很大程度上依赖于2008年后国会改革的推动。表面上看，这令人困惑，因为欺骗性报价在危机中并未扮演重要角色，但国会的广泛改革为监管者开辟了处理看似无关事务的政治窗口。受访者SD提到，在2010年，商品期货交易委员会(Commodity Futures Trading Commission)协助起草了复杂的《多德—弗兰克华尔街改革与消费者保护法案》(Dodd-Frank Wall Street Reform and Consumer Protection Act)，当时因感到打击欺骗性报价的权限不足，于是趁机在法案中明确禁止期货市场的欺骗性报价。笔者采访过的律师一致表示，该法案的部分条款极大便利了对欺骗者的刑事追诉，从而大幅推动了对此行为的打击。

此外，政治系统的影响不仅限于游说努力、危机或丑闻驱动的短暂政治参与，抑或是监管者偶尔的巧妙策略，还能带来结构性效应。本书讨论的金融市场发展中，最关键的一点在于美国国会委员会的结构——特别是参议院的委员会设置，如何支撑着美国金融市场监管的分裂格局，即证券交易委员会负责股票及其他证券，而商品期货交易委员会负责期货交易。如第2章所述，合并美国证券交易委员会与商品期货交易委员会的提议(甚至只是调整其监考职责，让美国证券交易委员会监管股票指数期货)从未成功，即使发起者是通常颇具分量的财政部。芝加哥商业交易所延续了其20世纪70至80年代领军者利奥·梅拉梅德推崇的与华盛顿紧密联系的方针。然而，真正的制度性根源似乎在于，商品期货交易委员会隶属于强势的参议院农业委员会，无论成员或党派如何更替，后者始终不愿削弱自身的权力。如第2章所探讨，这种监管制度上的差异至少在一定程度上影响了高频交易算法交易股票时最重要(至今仍至关重要)的市场信号——"期货领先"。

---

[1]《多德-弗兰克法案》(Dodd-Frank Act)于2010年出台，旨在推动将互换交易纳入中央清算，并要求其在类似交易所的互换执行平台上进行交易(Ziegler & Woolley, 2016)。来自多家高频交易公司的受访者表示，他们预计互换交易的发展与期货交易更为类似，并已制定或正在制定将高频交易扩展至互换交易的计划。然而，他们也指出，由于监管障碍及既有市场参与者的抵制，互换交易市场依然保持着经纪商—客户市场和银行间市场的二元结构。虽然这并非主要因素，但鉴于前文关于匿名性的讨论，值得注意的是，互换交易中普遍存在"交易后名称披露"(post-trade "name give-up")，即去匿名化，这可能导致对冲基金及其他投资管理公司不愿参与更适合高频交易的银行间市场。正如Rennison(2014:17)采访的一位对冲基金经理所言，投资者可能担心如果被发现直接参与银行间市场，所依赖的经纪商可能会对其实施报复。在高频交易为主要业务的公司中，只有总部位于芝加哥的大型对冲基金城堡投资在互换交易市场占据重要地位。然而，城堡投资凭借其庞大的资本基础和资产管理业务，并非典型的高频交易公司。

日常政治，日常经济

然而，需要强调的是，政治系统对金融市场结构的直接介入并非常态。可以说，市场结构的政治博弈通常是"局部化"的。这里的局部并非指地理范围，而是指博弈的参与者大多数是(甚至全部是)该市场的内部参与者。[1] 这种局部政治博弈在本书讨论的各类市场中普遍存在，其典型表现是现有利益集团与新兴挑战者之间的持久角逐。社会科学领域的读者可能会联想到第1章讨论的场域理论，强调的正是市场竞争这一特征。这种角逐通常围绕外部观察者难以察觉的事项展开，例如，最小价格单位(tick size)或市场清算系统的准入机制等。

换言之，金融领域的政治博弈基本以日常经济活动为焦点，关注那些常规、平淡却累计可观的盈利方式。因此，笔者将"星号之战"这场关于是否标记价格四舍五入的激烈争斗视为某种寓言。这场争议的焦点在于，许多情况下价格的微小差异甚至不到半美分。然而，纳斯达克的做市商们清楚地意识到，星号的存在将对其常规盈利模式构成重大威胁。

笔者在第1章已勾勒出高频交易经济的日常本质。高频交易的利润率通常偏低。采访显示，赢单的利润实际上多半仅为一个最小单位(美股为每股1美分)，即便是顶尖的高频交易算法也并非百发百中。由于大多数高频交易规模较小，通常仅涉及百股，因此每次交易的平均利润微乎其微。高频交易只有在交易量巨大的情况下才能实现盈利。因此，高频交易从业者必须密切关注最琐碎的经济细节——交易费用及其他成本、技术与通信费用、清算开支等，原因在于这些成本很容易吞噬微薄的总收入。来自学术界的研究者，由于竞争形式迥异，容易低估这些细节对高频交易公司的深远影响。在最早采访的一位高频交易从业者时，给笔者一种无声的绝望感。采访中笔者以为他只是赶时间，但不久后他的公司倒闭了，他在与笔者交谈时成本已经开始压垮收入。

笔者探访的一家成功高频交易公司有个规矩，新人(包括博士)必须从地位较低的运营岗位做起，负责监控和管理订单提交、执行、记录及交易清算，这能让新人摸清交易的潜在收益和日常开销，这些开销的结构深深影响着高频交易。

---

[1] 过去，纽约证券交易所、芝加哥商品交易所和芝加哥期货交易所等面对面交易的市场，曾是局部空间政治博弈的中心，尤其是在电子期货交易转型等议题上，交易员之间的分歧时常十分激烈。然而，随着交易所的"去互惠化"(demutualization，即交易所向上市公司转型)以及交易大厅的衰落或关闭，这种局部空间政治的影响在很大程度上被削弱，尽管并未完全消失。

例如,大多数交易所的费用分级,交易量越大,费率越低。几位受访者表示,即使没有利润,高频交易算法交易也可能划算。业内称之为"平手"(不赚不亏),这是一个实用的结果,能够撑起公司的总交易量,从而挤进低费率档次。

最后再强调一次,"日常"并不意味着小事。即便是像费用分级这样看似简单的事情,其影响也可能非常深远。在许多市场中,曾经是挑战者的高频交易公司,如今已成为老牌玩家,通过分级费用阻挡新一代挑战者,原因在于老牌公司交易量大、资源多,每笔交易的成本也更低。有时候,规模甚至能弥补速度上的稍逊一筹。[1]此外,小钱多次积累也能变成大数目。经济学家埃里克·布迪什、罗宾·李和约翰·希姆计算出,2015年美国股票交易的"套利租金",即信号大幅变动时做市算法与吃单算法争抢的资金,年总额在31亿~37亿美元之间(2019:40)。[2]阿奎利纳、布迪什和奥尼尔等人估算,全球股票市场的年度"奖金"约为50亿美元(2020:4)。[3]其他金融工具——如期货、国债、上市期权和外汇,尚无类似数据,但全球各类金融资产的年总额很可能远超50亿美元。

美国股票交易速度竞赛的奖金31亿~37亿美元,几乎是高频交易年利润的3倍(见Meyer, Bullock & Rennison, 2018),这一差异凸显了高频交易日常经济学的另一面。根据访谈,高频交易公司的总交易收入实际上被多方共享,包括高频交易公司自身、交易所以及提供技术、通信链路和其他相关服务的供应商。布迪什等人估算,2015年美国三大股票交易所集团的"速度技术收入"(即向市场参与者出售快速数据、出租交叉连接电缆和无线通信链路以传输订单簿变动信息和交易算法指令,并在自有或租赁的数据中心出租机柜以使交易服务器尽可能靠近撮合引擎)在6.75亿~7.90亿美元之间,而在2018年这一数字上升至8.74亿~10.24亿美元(Budish et al. 2019:40)。对于这些成本,许多高频交易受访者表达了强烈不满,他们指出,正是他们的大量交易活动生成了这些数

---

[1] 一位受访者透露,他所在的高频交易公司曾一度"掌握了Arca所有FIX端口的40%"。FIX是一种电子交易协议,较之Island交易平台的Ouch协议更"冗长",因此速度较慢,但在金融市场中仍被广泛使用。Arca,即原先的Archipelago(阿基佩拉戈),是2005年被纽约证券交易所收购的电子通信网络,详见第3章。该公司在端口资源上的主导地位意味着,其交易系统"对内部用户而言速度更快……因为它占用了大量交易所带宽"。尽管一家公司可能在个别订单的执行速度上更胜一筹,但如果无法承担较多端口的费用,在后续订单的执行上仍可能因带宽受限而落于下风。因此,该高频交易公司能够在总体交易速度上超越竞争对手。

[2] Budish et al. (2019)并未直接测量"套利租金"(arbitrage rents),而是通过其对美国三大交易所集团"速度技术收入"(speed technology revenues)的估算,并结合交易公司间及交易公司与交易所之间的博弈论模型,进行推断。

[3] 关于Aquilina et al. (2020)的关键方法论创新,详见p173注释[1]。

据,而他们却不得不为此付费。与此同时,交易所方面则坚决维护其收费标准。这种分歧或许构成了本章开头提到的电线杆和屋顶天线争端等具体冲突的背景因素。

交易所通过出售快速数据及其传输线路(包括有线电缆和无线链路)所获得的收入,反过来限制了其引入第6章所述的非对称速度障碍的可能性,更别提支持布迪什等人提议的市场结构转型(Budish, Cramton & Shim, 2015; Budish, Lee & Shim, 2019)。布迪什等人建议将连续交易模式转换为高频但离散的拍卖模式,可能每毫秒1次,甚至每50微秒1次,理由见注释。[1] 无论采用哪种方式,这类措施都很可能降低对极限速度的激励或需求,但同时也可能让交易所收入缩水。因此,这类措施目前仅在外汇交易中成为主流,原因在于银行(其系统普遍较慢)仍在其中发挥重要影响。

在股票和期货交易中,对非对称速度障碍的认真探讨,至今多局限于全球金融边缘的交易所或产品上。然而,这种限制未必会一直持续。本书(尤其第3章)展示了交易方式(如高频交易)与特定物质和经济配置的交易所如何形成互助的"纽带"(该术语见第1章)。采访清楚地表明,一些颇具规模的自动化做市公司,要么在经济上难以支撑,要么不愿追逐极致速度。这种交易方式是否会与非对称速度障碍的交易所、第6章路透模块的变种或者布迪什式高频拍卖机制重新构建类似的纽带呢?现在下结论还为时过早,但不能排除这种可能性。纽带最初的表现之一,是高频交易公司自建或投资对高频交易友好的交易平台。最近的采访发现,两家厌倦高频交易速度竞赛的自动化做市公司,也投身于拥有缓解此类竞争特质或规则的交易所。其中之一是欧洲新交易所 Aquis,它并未设置速度障碍(受访者EA指出,这在欧洲"最佳执行"规则下可能带来麻烦),而

---

[1] 乍看之下,每50微秒进行一次拍卖似乎难以有效缓解交易中的速度竞赛。然而,正如第5章所述,芝加哥—新泽西之间的三条竞争性超高速微波通信链路,其传输速度的差距已缩小至仅1微秒(或即将缩小至这一水平),而高频交易在其他方面的速度优势如今已被测量到纳秒级别。在这样的时间尺度上,50微秒已是相当长的一段时间。设想一个在新泽西某个数据中心执行交易的算法,并假设它连接芝加哥的通信链路速度最快。在当前的市场机制下——交易可在任何时刻发生,当股票指数期货价格变动时,这一算法始终占据优势。而在布迪什提出的方案下(即便是最高频率的50微秒拍卖形式),一微秒的速度优势决定交易结果的概率仅为1/50。其余时间里,一微秒的速度优势几乎无关紧要,因为许多相对较慢的交易算法都有机会在拍卖发生前赶上。那些不拥有微波链路的交易公司可以租用麦凯兄弟的通信带宽,该公司提供的链路正是上述三条超高速微波链路之一。然而,受访者CJ指出,在许多受到最小报价单位(tick size)限制的市场中,从速度竞争转向价格竞争的可能性是有限的。这些市场的买卖价差通常等于最小允许的价格增量。因此,尽管最小报价单位的设定看似只是市场组织中的一个细节,实际上却具有重要的经济影响。它是"日常政治经济学"的一个典型案例。

是直接禁止了自营交易算法的"吃单"行为。可见,交易公司乃至算法,不仅可以适应现有环境,还能重塑环境,推动适合自己的发展方向。

交易的资金安排,影响的不仅仅是交易者。很可能,在前几章所探讨的交易变革的早期阶段,很可能为金融市场中的"终端投资者"(end investors)节省了大量资金。这里的终端投资者,即养老基金、共同基金、保险公司以及靠投资获得收益和资本增值的个人。若其他条件不变,这种成本的节约预计将带来经济效益并提升社会福祉。然而,之所以需要强调"其他条件不变",是因为交易成本降低可能会产生更广泛的影响。例如,最终投资者或其资产管理者可能仅仅通过增加交易量来回应这一变化。更广义地说,更低的交易成本可能会助长短期收益导向的市场行为,进而带来社会经济隐患,但这些问题超出了本书的讨论范围。以美国股票交易为例,交易场所竞争加剧,交易费用大降。同时,最低报价增量从 1/8 美元降至 1 美分,使得新兴自动化做市商大幅缩小了此前较高的买卖价差,即做市商买入股票的最高价与卖出的最低价间的差距。这一转变发生在 20 世纪 90 年代末至 21 世纪初,几乎铁定削尖了交易成本。关于交易成本的时间序列估算,可参考 Angel, Harris & Spatt(2013:23)。

然而,交易成本是否持续下降的幅度却远不明确。比如,安吉尔、哈里斯和斯帕特的数据显示,2006 年后成本无明显持续下降。或许,如布迪什等人所言,高频交易速度竞赛的成本上升,已开始部分抵消信息技术持续进步带来的节约(Budish et al. 2015:1555 & 1593—1594)。笔者没见过这方面的确凿数据,但此问题显然很重要。

当然,以速度竞赛为核心的金融系统,很可能会在速度技术上投入过多,从而造成社会资源的浪费,这一点确实难以忽视。正如第 5 章所述,一些以速度竞赛为业务基础的人也意识到了这一点。例如,富途是一家极为成功的高频交易公司,但在其向美国证券交易委员会投诉那两根新装天线的信中,它提出无线速度竞赛需要被遏制:

> 也许该给数据中心间定个固定延迟时间了。所有供应商都能用固定无线延迟线路连通主要数据中心,付一样的费用……与其花钱再缩短 1 微秒,不如投在别处,让公司在非延迟领域竞争。(Virtu Financial,2019b:4)

必须指出,金融系统还存在其他形式的浪费,比如高薪投资经理和中介机构为价值存疑的服务收取过高的费用,肯定比速度竞赛成本大得多(见 Arjaliès, Grant, Hardie, MacKenzie & Svetlova,2017)。还有不少关于金融体系现行组织方式的重要问题要考虑,比如它是否会激励企业高管短期内推高公司股价,哪怕长期看来这种行为对公司、员工、公众或环境有害。但如前文所述,速度竞赛的成本并非微不足道。此外,普通的经济学推理以及布迪什等人(2015)提出的模型表明,这些成本最终由终端投资者承担。具体来说,做市公司需要设定好买卖价,确保价差(最高买价与最低卖价的差额)足以弥补其开支和被抢单的损失,而价差则构成了终端投资者的成本。

笔者的研究并非为了判断高频交易对经济是否有益,也不是为了提出政策建议(这两个目标需要不同的方法),但认为布迪什提出的频繁批量拍卖或第6章提到的路透模块等提议值得考虑,它们能够缓解高频交易的双重速度竞赛:一是做市算法争夺队列前排的竞赛;二是做市与吃单算法争抢过时刻价的竞赛。[1] 相比之下,单纯减慢吃单算法的非对称速度障碍只能减轻第二种竞赛,对第一种竞赛作用有限。[2] 笔者也理解像受访者 AF 这样的人对明显非对称干预的不适感,他说这会影响"谁赚多少钱"。布迪什的提议尤其值得关注,因为它不明显偏向某类市场参与者,尽管如果成功实施,则可能会大幅削减抢过时刻价的收入。

从明盘市场到双边关系?

高频交易的双重速度竞赛所带来的成本,促使专注于做市业务的公司或交易团体——即便是高频交易做市商,将重点从所谓的"明盘"市场(lit markets,即订单簿对所有参与者可见的市场)转向私人交易安排。在欧洲股票交易市场,双边"系统性内部撮合"模式正逐步崛起(Cave,2019)。在这一模式下,高频交易公司不仅仅限于匿名的公开市场交易,而是直接与身份明确的客户进行股票买卖。这种双边关系也为高频交易公司提供了一种盈利模式,使其能够在外汇和国债交易市场中与传统大型银行共存,而非直接竞争。对交易商而言,与高频交易公司建立双边关系具有吸引力,因为这为他们提供了一种方式,可以消化其在

---

[1] 富途公司提出的固定、均等的无线传输时间仅仅针对速度竞赛的某种具体表现形式,并未触及其深层原因。

[2] 受访者 OX 和 OY 指出,速度缓冲机制在一定程度上减少了排在订单队列末尾的算法被"截杀"的劣势,而"截杀"现象多发生于此类订单。

客户交易中积累的头寸。过去,这种头寸转移通常发生在明盘交易商间市场,如EBS、路透、eSpeed和BrokerTec等。与此同时,高频交易公司能够提供更具竞争力的价格,因为在这些双边交易中,其被"狙击"(即被高速交易对手利用信息优势获利)的风险远低于公开市场。

这种"狙击"风险的降低,一方面是由于交易商的系统通常比高频交易公司的系统更慢;另一方面则源于这些双边交易中对过度盈利行为的明确限制。回想第4章中受访者CA的惊人表述,他的高频交易公司的算法会"在盈利过多时锁定(自动关闭)。换句话说,如果我们赚得太多,我们就会停止与高盛交易"。对于像笔者这样的经济社会学家而言,在当今超高速电子市场中发现这样一种交易安排,其中的参与者刻意避免过度盈利,无疑是一件令人惊讶且颇具研究价值的事。然而,这种交易模式可能会带来一定代价。正如金融记者吉莲·泰蒂(Gillian Tett)所指出的,"基于公共市场的20世纪民主资本主义愿景"正逐步瓦解(Tett, 2019)。这种变化涉及多个层面,而其中一个尚未引起足够关注的趋势,可能是这些公开市场正逐步被更加不透明的私人双边交易网络所取代。与股票交易中的"暗池"类似,这些双边交易的价格本质上仍依赖于更公开的市场,因此,这种模式的扩展可能会削弱其所依赖的市场价格基准。[1]

不受控的物质性

本书重点探讨了金融的"物质政治"。但这种政治并非简单地由主动、有意的人类决定如何操控被动物质。[2] 例如,将金融的大型技术系统单纯视为人类意图的产物,或认为它们完全受人掌控,都是错误的。这些系统可能会表现出超出设计者和建造者预期,甚至他们并不希望出现的行为。因此,即便是看似合理的系统干预措施(如布迪什等人提出的频繁拍卖机制),也必须谨慎对待。对大型复杂系统的任何干预都可能带来意想不到的后果,因此,最稳妥的做法是先通过有限、可逆的实验进行测试。

交易大型技术系统的非受控物质性最著名的例子便是"闪崩"——价格突然大幅下跌后又迅速反弹。每当这种情况发生,最初的怀疑往往指向高频交易或

---

〔1〕 如前文所述(见第1章),暗池是一种私人交易场所,其订单簿对交易参与者不可见。
〔2〕 熟悉该方法的读者会知道,这种理解完全不同于行动者网络理论的立场,而后者正是分析物质政治的重要方法。

更广义的算法交易。其中最极端的一次发生在 2010 年 5 月 6 日下午 2:40,美国股市在几分钟内猛跌 6%,到 3:00 基本回升。然而,个别股票的价格却出现了极端波动。例如,全球咨询公司埃森哲的股价从约 40.50 美元暴跌至 1 美分,而苹果股价则从约 250 美元瞬间飙升至 10 万美元(CFTC/SEC,2010:83,86)。

要归结出 2010 年闪崩的单一原因几乎不可能——它是多种因素共同作用的结果。尽管官方调查极为彻底(CFTC/SEC 2010),但至今仍无明确一致的解释。触发点似乎是一个简单的执行算法(而非高频交易算法),在芝加哥商业交易所的数据中心(正是第 5 章提到的 Cermak)快速大规模抛售标普 500 指数期货。然而,仅凭这一触发点很难解释东海岸股票交易数据中心的混乱状况。根据 CFTC 和美国证券交易委员会的官方调查,以及奥尔德里奇等人对 5 月 6 日交易者的访谈记录(Aldrich et al. 2017),那天下午流入交易公司系统的数据流频繁绕过自动完整性检查,导致系统或自动关闭,或被人为关停。正常定价的订单因此被清空,新进入的市场订单(即按当时最优价格成交的订单)有时以极端价格执行,例如 1 美分或 99 999.99 美元。

未能通过数据完整性检查,很可能加剧了那次大规模、快速算法卖单的影响,使其成为表面上的触发因素。奥尔德里奇等人报告称,某个股票交易场所向官方综合报价系统的报告存在延迟,涉及 SPY(即第 2 章提到的经济上与闪崩起点——标普 500 期货合约——密切相关的 ETF)的交易。高频交易公司并不依赖较慢的官方数据流进行交易,但会使用它来核对从交易所获取的更快的直接数据流。当价格已迅速下跌时,综合报价系统中旧价与新价混杂,导致 SPY 价格剧烈波动,而这种情况在更快的私人数据流中并不明显。奥尔德里奇等人认为,这种数据差异导致数据完整性检查失败(Aldrich et al. 2017)。SPY 是其他股票交易的重要参考指标——受访者提到,尤其是那些买不起或不愿花大价钱购买芝加哥最快期货数据的公司更为依赖 SPY。SPY 交易数据的完整性检查失败,可能引发自动化股票交易系统的广泛关闭,进而导致市场陷入无序交易。如果这一推测成立,这就是一个耐人寻味的例子:个体层面的谨慎和规则遵循(如数据完整性检查)反而可能引发大规模、不可控的市场混乱。

在创作本书期间,即便在 2020 年 3 月新冠疫情引发的极端市场动荡期间,美国股票交易也未再出现类似 2010 年闪崩那样严重的市场失序。Osipovich(2020)指出,市场基础设施的稳健性有所提升,这很大程度上得益于 2010 年闪崩后的监管强化，尤其是 2014 年美国证券交易委员会推出的 Reg SCI(系统合规与完整性法规)。[1] 然而，2014 年 10 月 15 日上午 9：33，美国国债市场经历了一场类似但程度较轻的闪崩——国债价格在短时间内大幅飙升(以国债市场的标准来看，这一涨幅极为异常)，并在 12 分钟内回落。尽管国债经销商间市场的订单簿并未像 2010 年股票市场那样彻底清空，但这场史无前例的价格波动仍引发了监管机构的高度关注。调查未能找到某笔大额交易等明确的触发点，但初步证据显示，算法驱动的"吃单"交易彼此强化，可能基于价格趋势识别模型——上涨时买入、下跌时卖出。[2] 类似的机制在 2010 年闪崩中也有所体现——算法交易"模仿对手"(Borch，2016：371；另见 Borch，2020)并相互影响(见 CFTC/SEC，2010：48，56)。

与 2010 年类似，2014 年国债市场的价格飙升事件在官方调查中仍未得出定论，调查人员承认，"那短时间内驱动持续高频交易的动态仍是个谜"(财政部等，2015：33)。2020 年 3 月国债市场同样经历了剧烈动荡，但关键压力并非源于自动化交易本身，而是因资本约束导致的交易商流动性枯竭，使其难以吸收平仓压力或应对客户大规模变现的卖单。为缓解这一压力，纽约联邦储备银行直接购入大量国债，以帮助交易商缓解流动性紧张(Schrimpf 等人，2020：5)，尤其是在市场压力最严重的那一周的最后一天，即 2014 年 3 月 13 日(星期五)。

2010 年和 2014 年的"闪崩"事件尽管发生得极快，但仍在人的感知范围内，并伴随着剧烈的价格波动。此外，还有证据表明，市场中存在更快、更小但同样突如其来的价格波动，而且发生频率远高于人们的想象。物理学家尼尔·约翰逊等人提出了"超越人类反应时间的新机器生态"理论，认为这些波动可能源于算法"群体"间的相互作用(约翰逊等人，2013：1)。一位受访者提到了一种合理的机制，重点关注所谓的"容量参与"算法之间的互动。这类执行算法的设计初衷是为了买卖大笔股票(或其他金融工具)，它们会将订单拆分成多个小份，并与目标股票交易总量的波动保持一定比例。AD 解释道：

> 这本身没有问题，直到比如四个这样的算法同时提交买单，一个成

---

[1] 2010 年闪崩后，监管机构加强了"熔断机制"(即当股价剧烈波动时暂停交易，以便交易员检查是否有相关新闻解释价格变动，并留出时间调整或重启算法交易系统)。然而，很难确定这些熔断机制在多大程度上保护了自动化市场。2020 年 3 月，市场层面的熔断机制触发了四次，而在某些波动剧烈的交易日，个别股票的熔断次数甚至达到数百次(Osipovich，2020)。

[2] 参见 Department of the Treasury et al. (2015：23，24，以及图 3.5 和图 3.6)。

交就会带动其他几个成交,反过来又推动第一个,结果股价"嗖"的一下飙升,直到它们买完预定的数量,然后"噗"地回落,对吧?

如果想要利用这种互动,就不必"等着它自然发生",AD补充道:"我们可以主动进场,假装是一群这样的算法在互相交易,其他人看到市场动起来,就都会跟着跳进来,对吧?"(这种策略被称为"动能点火策略")。然而,针对交易算法互动模式的研究才刚刚起步。目前最具前景的方法由哥本哈根商学院的克里斯蒂安·博尔赫等人提出,他们将对交易者的实地调研结果融入软件代理,并在模拟市场中研究这些代理的行为(见 Borch,2020:251-253)。

尽管市场价格的突然波动可能涉及复杂的算法互动,但仍然可以归结出两种明确的原因。第一种,更常见的情况是人为错误(有时被称为"胖手指"错误),即在向执行算法输入价格和订单总量等关键参数时发生失误。第二种,虽然相对少见,但本书更关注的是高频交易或其他自动化交易系统出现的严重技术故障。正如第 3 章所述,程序代码中一个字符的错误就可能导致 Automated Trading Desk 遭受损失,若非人工交易员迅速察觉并关闭系统,后果则可能极为严重。(同样如第 3 章所述,速度竞赛是导致这一问题的关键背景,因为 ATD 在追求极致速度的过程中,移除了本可在人工察觉前自动停掉出错算法的风控机制。)BK 曾向笔者描述过类似的一幕。他的一位高频交易客户"软件出了岔子,程序有点失控,在所有外汇平台上同时进行交易,导致每个平台的信用额度都被刷爆"。这起事件最令人震惊的,不仅是高频交易公司本身损失惨重,连其主经纪商——一家大型银行——也因此遭受重大损失。如果 BK 讲述的案例与某专业媒体报道的事件对应,那次事故的规模大到足以令该银行最终退出外汇主经纪业务。[1]

2012 年 8 月 1 日上午,Knight Capital 发生了一起最为严重的技术故障,导致公司在短短 45 分钟内蒙受巨大损失(尽管 Knight 不算严格意义上的高频交易公司,但其电子做市业务占比不小)。纽约证券交易所当时推出了一个新系统来执行公众订单,Knight 在升级交易软件时出现失误,导致一个订单路由和股票交易服务器上的旧软件未能被正确替换。不巧的是,新软件重用了之前用于启动旧系统的电子"标志",结果,当新系统上线时,那台服务器上的旧系统也被意外激活,而追踪交易头寸的功能却被关闭。员工花了 45 分钟才查明问题并

---

〔1〕 受访者未透露涉及的高频交易公司或主经纪商的名称,但这一事件与 2014 年 5 月荷兰合作银行(Rabobank)关闭其外汇主经纪业务的案例高度相似(Szalay,2014)。

关闭出错的系统,而在此期间,它已累计下达了66.5亿美元的头寸,对Knight造成了4.6亿美元的灾难性损失。[1]最终,只有高频交易公司Getco通过紧急收购,才使Knight免于破产。

抖　动

不过,并非所有物质的不受控状态都是不利的。计算机系统中最常见的一种不受控现象——例如,处理和执行交易公司订单的交易所系统——就是"抖动",即执行相同或类似操作所需时间的随机或准随机波动。[2]抖动的悖论在于,尽管它通常被视为技术缺陷,但交易所系统的抖动可能有助于维持竞争。麦凯兄弟公司的斯特凡·泰奇表示,"抖动是一种平衡机制"(Tyc,2016)。如果速度优势小于系统抖动,其影响就微乎其微;但如果抖动足够大,第二快甚至第六快或第十快的公司仍有可能"抢到交易",从而维持运营,并可能赚取足够的利润来投资,提高速度。

交易所的软件开发人员和工程师一直致力于减少抖动,且常常取得显著成效。其中最极端的例子之一是芝加哥商业交易所。2012—2013年,笔者首次与芝加哥商业交易所的高频交易员交流时,他们对该系统颇有微词。2012年3月,一位交易员表示,如果另一家公司的往返时间(从接收数据到发出新订单或取消订单的时间差)是1毫秒,而他所在公司的速度为0.9毫秒,但"芝加哥商业交易所的随机处理时间差异可能高达10毫秒"……AJ说:"那么我把速度缩短到0.9毫秒又有什么意义?"然而,在此之后,芝加哥商业交易所的系统经历了一次彻底改造。如第5章所述,它采用了FPGA(现场可编程门阵列)技术。这种技术不仅速度快,而且确定性极高,抖动极小。改造完成后,2012—2013年对抖动的抱怨似乎消失了。芝加哥商业交易所的抖动减少程度尤为显著,而在高频交易活跃的市场,抖动总体上也大幅下降。

速度竞赛的问题不仅在于成本高昂,还在于随着系统变得越来越确定,竞争可能会固化,赢家始终是固定的。某家公司或少数几家公司如果始终能最快响应表3.2和表4.4列出的简单信号,它们就能长期占据优势。这一过程可能推

---

[1] 本书对该事件的描述参考了美国证券交易委员会的调查报告(SEC,2013a)。
[2] 之所以使用"准随机"一词,是因为将这种波动仅归因于物理世界的随机因素(如热扰动引起的电子运动)未免过于狭隘。更广义而言,抖动是指速度的波动性,而这种波动往往超出系统设计者的预期、控制范围,甚至可能超出其理解能力。

动了笔者研究期间高频交易行业的整合。近年来,市场上消失的公司包括 Getco、Chopper、Infinium、Teza、RGM Advisors 和 Sun Trading,此外,还有一些不太知名的企业。虽然仍有新进入者,但据观察,只有 Headlands Technologies 和 XTX Markets 的规模能与那些消失的公司相媲美。在美国股票市场,高频交易的整合尤为明显。2019 年,《金融时报》报道称,仅富途和城堡投资两家公司就占据了美国每日交易流量的约 40%(Stafford, 2019b)。虽然该报道并未说明数据来源,这一数字可能略有夸大,但如果这两家公司确实控制了美国股票市场交易总量的 2/5,那确实值得关注。如果确定性系统中的速度竞赛促成了这种市场格局,那么考虑彻底调整当前交易体系的物质结构或许是必要的。

其他物质政治经济

高频交易确实有其独特之处。笔者曾提到,它的物质性具有爱因斯坦式的特点——光速构成了硬性约束,时间以十亿分之一秒为单位计算。在这个世界里,空间位置至关重要,技术系统被精细设计和优化,以尽可能减少每一纳秒的不必要延迟。无法想象其他经济领域能完全具备这样的特性。

在本书中,笔者采用了物质政治经济的方法,关注物质世界的组织方式、可替代的组织可能性,以及现实中哪种组织方式得以实现的政治性及其经济后果。这些后果有时看似普通,例如,中介机构向市场其他参与者收取费用,或者从众多小额交易中累积可观收益。那么,物质政治经济的方法是否仅适用于具有爱因斯坦式物质性的高频交易,还是可以扩展到其他经济生活领域?笔者认为,它具有更广泛的适用性。因此,在本书结尾,简要探讨两个相关领域:一个无疑适用,另一个则可能适用,但需要进一步研究以明确其具体运用方式。

绝对适用的领域是去中心化加密货币,比如比特币和以太坊。脸书(Facebook)提议的 Libra 等加密货币情况有所不同,如果推出,至少在初期会以中心化方式运行,因此这里不作讨论。最明显体现物质政治经济适用性的,是如何激励部分加密货币用户验证每笔交易(包括相互验证的有效性),并参与将交易不可逆地记录到区块链这一总账上。比特币的匿名发明者中本聪为此设计了工作量证明机制。大约每十分钟,全天候运作,比特币矿工(笔者喜欢这个词带来的物质感)争相找到一个符合特定条件的交易哈希值,即小于某个目标二进制数的值(哈希是预设算法的加密转换)。胜出者将获得固定数量的新比特币作为奖励。从

2020年5月起,该奖励为6.25枚比特币,撰写本文时其价值约为6万美元。[1]

中本聪最初的愿景似乎是,任何比特币用户只需在笔记本电脑或其他普通计算机系统上安装必要的软件,即可成为矿工。这一愿景与谷物研磨的类比非常贴切:本质上,它类似于手工研磨。然而,比特币的"水磨"和"风磨"最终演变为ASIC(专用集成电路),这是一种为比特币挖矿等特定用途设计的硅芯片。挖矿ASIC在这一用途上的效率远超普通计算机。尽管比特币没有像圣·奥尔本斯修道院院长那样垄断ASIC的人,但中国公司比特大陆作为主导设计者,占据了约90%的市场份额(Liu & McMorrow,2019),而使用比特大陆ASIC的矿工往往组成庞大的矿池。尽管如此,加密货币世界对转向ASIC深感不满。事实上,比特币的主要竞争对手以太坊被设计为"抗ASIC",其哈希算法旨在防止开发出比普通计算机在以太坊挖矿中效率高得多的ASIC。

这种抗ASIC机制本质上也是一种物质政治经济策略,类似于维护手工研磨的努力。然而,以太坊的抗ASIC设计并未完全成功,当前市场上已出现高效的以太坊ASIC,尽管尚未达到比特币ASIC的主导地位。加密货币的物质政治经济性还体现在能源消耗上。到2020年6月初,比特币挖矿的全球总耗电量约为4.5吉瓦特(gigawatts),相当于一个小国的用电量。[2] 例如,德·弗里斯(De Vries,2018:804)指出,爱尔兰的用电量约为3.1吉瓦特。彼时,比特币的日均交易量约为30万笔,即每笔交易耗电约360千瓦时,相当于一台2千瓦的家用电暖器连续运行一周以上。[3] 这部分电力来源于可再生能源,但并非全部。例如,一些沙漠地区的比特币矿场(作为挖矿重镇)很可能部分依赖当地廉价而充足的煤电。

然而,比特币仍属于小众市场,而真正主流的是数字经济的核心企业,如谷歌(Google)、脸书、亚马逊(Amazon)及其中国同行。例如,脸书报告称,截至2020年6月,其系统(包括WhatsApp、Messenger和Instagram)拥有超过30亿

---

[1] 关于比特币挖矿的更全面而易懂的介绍,参见MacKenzie(2019e)。笔者所知最好的比特币技术资料来源,参见Narayanan et al. (2016)。

[2] 笔者的计算遵循了de Vries(2018)的方法论。首先,估算比特币网络的总算力(哈希率),这一估算基于目标难度以及找到满足目标要求的区块哈希值所需的平均时间——如今通常涉及两个nonce(随机数)参数,参见MacKenzie 2019e。其次,假设所有挖矿设备均为当前能效最高的型号,而且冷却系统不消耗额外电力。这两个假设意味着该估算应被视为比特币挖矿总电力消耗的下限。笔者从https://www.blockchain.com/charts/hash-rate(访问日期:2020年6月5日)获取了比特币网络总算力的粗略估算值(1亿TH/s,即每秒1亿太哈希。TH或太哈希指比特币哈希算法的万亿次运算)。用于估算的高效挖矿设备是比特大陆的S17e,假其性能符合官方规格(算力60TH/s,功耗2.7kW),数据来源为https://m.bitmain.com(访问日期:2020年6月1日)。

[3] 日均交易数据来源于https://www.blockchain.com/charts/n-transactions(访问日期:2020年6月10日)。

用户,约占全球人口的40%。[1]由于这些企业管理着庞大的用户群和数据流量,它们必须依赖大规模的物质基础设施。例如,谷歌在全球运营21个数据中心,脸书也拥有15个。[2]受访者DH说,谷歌的核心能力之一是自动化管理其庞大的服务器集群,能够识别并绕过发生物理故障的服务器,以确保计算速度(尤其是内存访问速度)足够快,从而避免用户因延迟而产生不良体验。脸书的运作方式可能类似。这类超大规模系统的自动化管理,与高频交易的物质挑战不同。用户通常可以接受约1秒的延迟,而高频交易的延迟甚至以百万分之一秒计算,但二者同样涉及物质性的挑战,且技术要求极高。

此外,当今数字世界中还存在一种无处不在的日常经济形态,即在线广告。广告无疑是谷歌和脸书的主要收入来源。与之不同,亚马逊通过大规模直接销售产品和服务盈利,但广告对其而言同样至关重要。从更广泛的社会视角来看,许多关键活动,尤其是新闻业,日益依赖在线广告收入。数字经济的巨头们,特别是谷歌,对广告生态系统中与其利益最相关的部分拥有显著的影响力。然而,对于规模较小、地位不那么核心的公司,例如《卫报》和《纽约时报》等报纸,情况则截然不同。与金融领域类似,在线广告行业也常涉及多层中介机构,且广告中介似乎能截留比金融中介更高的资金比例。例如,2016年,《卫报》曾尝试在其自身网站上购买广告位,结果发现在最不利的情况下其支付的费用中仅有30%最终转化为报纸的实际收入(Pidgeon,2016)。此后,《卫报》的境况有所改善(Davies,2018),但近期一项针对英国在线广告的研究表明,若非数字经济巨头的出版商在公开市场出售广告位,通常只能获得广告主支出的约60%,其余40%则被中介机构的费用及其他成本所吞噬(Adshead, Forsyth, Wood & Wilkinson,2019:13)。

在线广告的物质性变迁很可能与其中介密集的特性密切相关。过去,大多数公司需要广告代理商来制作电视广告或任何稍具复杂性的平面广告。但相对而言,广告的投放是一项简单且从容的商业交易。在线广告的早期阶段也往往

---

[1] 参见 https://newsroom.fb.com/company-info/(访问日期:2020年6月5日)。
[2] Cookie是存储在访问者浏览器(进而存储在其手机、平板或电脑的硬盘或内存芯片)中的小型文本文件,由网站所有者的系统(或在第三方Cookie的情况下,由其他公司)写入。当用户浏览器向网站发送请求时,这些Cookie会随请求一同传输,从而记录用户的浏览行为。关于Cookie及其在在线广告中的作用,详见Mellet & Beauvisage(2019)的分析。在广告领域,"像素"指的是广告中的微型透明组件。当用户的设备加载广告时,该像素被复制到用户的计算机、智能手机等设备中,并向广告商或数据收集公司回传信息。

较为直接,企业通常会提前协商在特定网页上展示广告的权利。如今,在所谓的实时竞价模式下,每次搜索或其他向特定用户展示广告的机会,都可能触发一次独立的、个性化的自动拍卖,而用户信息(如其位置、性别、年龄段、兴趣爱好、搜索历史等)对这一机会具有至关重要的价值。这些信息通常通过网页缓存数据(cookies)、像素和其他物质机制收集而来,发生在用户的浏览器、电脑、手机或其他设备与网站及应用程序的交互过程中。在这数以百万计的拍卖中,每次出价通常必须在约120毫秒内完成,这远远超出了人类竞标者的能力范围。

因此,广告主要么寻求中介机构昂贵的帮助来应对在线广告的复杂世界,要么干脆将广告活动交给该领域的巨头谷歌和脸书等来执行,这并不令人意外。在线广告中,供需关系往往并非完全独立的,例如,脸书的系统通常会代表广告主决定是否在其平台上竞标某个广告机会以及出价多少;谷歌的系统也常常如此。在欧盟实施《通用数据保护条例》以及"剑桥分析"公司(Cambridge Analytica)丑闻(该事件暴露了数千万脸书用户的信息,在他们未知情的情况下被获取)发生之后,该领域内公司之间的用户数据流动已远不如实时竞价早期那样自由。尽管这有助于提升隐私保护,但也可能进一步增强那些拥有庞大数据储备的大公司的市场支配力(CMA,2019)。

必须重申的是,在线广告是当今日常数字经济的基础。然而令人深思的是,除了业内人士,这一复杂且快速变化的物质领域仍然很少被人理解。为了增进我们对其的认识,所需的研究必须打开这个"黑箱",借用科学技术研究中一句虽传统却依然有力的口号:揭示那些隐藏于视线之外的内部机制。本书尝试对高频交易进行这样的探索,在此过程中,笔者希望"物质政治经济学"这一概念是一种有用的方法,能够揭示那些常常晦涩不明却充满冲突的过程。这些过程对塑造当今金融市场发挥过且正在发挥关键作用。此外,即便是对加密货币世界的一瞥,也足以表明它同样是一个充满激烈物质政治的领域。鉴于在线广告无处不在,其内在运作却依然惊人的不透明,显然是时候将物质政治经济学的探照灯投向这个世界了。

附录　关于高频交易文献的注释

迄今为止,关于高频交易最为知名的著作当属迈克尔·刘易斯(Michael Lewis)2014年的畅销书《高频交易员》(Flash Boys)。该书结合了顶尖的新闻报道(例如书中关于铺设从芝加哥到新泽西的直达光纤电缆的章节,本书第五章也有引用)以及对高频交易及其所谓"掠夺性策略"的批判(Lewis,2014:172)。其他涉及高频交易的通俗读物还包括帕特森(Patterson,2012)和斯坦纳(Steiner,2012)的作品。帕特森的书文风颇为生动,其中关于Island交易平台的讨论很好地展现了其诞生背景。瓦恩(Vaughan)2020年的著作则对本书第六章讨论的"欺骗性报价"(spoofing)行为作了生动描述,并详细记录了最为著名的诉讼案例,即伦敦期货交易员纳文德·辛格·萨劳(Navinder Singh Sarao)案的背景。此外,还有一些高频交易的"操作指南"类书籍,但均缺乏实质性深度,其中相对较好的可能是杜宾(Durbin)2010年的作品。

大概从2010年起,金融经济学家开始在期刊上大量发表关于高频交易的文章和工作论文。早期文献的主要目标是识别高频交易及其他算法交易形式(尤其在美国市场)日益普及对市场的影响。例如,基于早期文献,英国2012年的"远见计划"(Foresight Programme)研究报告描绘了一幅总体积极的图景:报告所称的"计算机交易"降低了交易成本,提高了市场效率和流动性。当然,该报告也警告可能存在"周期性流动性不足的更大风险",且"没有直接证据"表明高频交易加剧了市场波动性(UK Government Office for Science,2012:11—12)。部分基础研究(如被广泛引用的 Brogaard,2010)甚至指出高频交易的存在实际上可能降低市场波动性。

金融经济学关于算法交易的近期研究,一方面,更为清晰地对高频交易与其他算法交易形式作了区分;另一方面更,加聚焦于高频交易内部做市策略与流动性获取策略的核心分野。在2016年,通过撰写高频交易领域文献演进历程的综述,阿尔伯特·门克维尔德(Albert Menkveld)(读者可作深入查阅)发现"高频做市降低了交易成本",但他也指出,高频交易者能够预测并从中获利的是所谓"子订单流",即执行算法将机构投资者的大额订单拆分后产生的小额订单流。这种情况下的获利行为将提高这些投资者的交易成本(Menkveld,2016:19,11—12)。

有三个金融经济学文献对本研究影响特别显著。第一个是埃里克·布迪什(Eric Budish)及其同事(Budish et al. 2015, 2019; Aquilina et al. 2020)关于高频做市与流动性获取之间的互动关系研究,涉及由此产生的高频交易速度竞赛、交易所通过收取高速数据传输服务费获取租金的能力,以及这些速度竞赛最终由终端投资者承担的总成本。第二个是英国"远见计划"委托早期高频交易研究者乔纳森·布罗加德(Jonathan Brogaard)完成的报告。该报告借鉴了金融经济学的诸多文献(我推测也包括与高频交易者的对话),探讨了高频交易可能使用的信息类型及盈利来源(Brogaard,2011)。这帮助我设计了一系列在初期访谈中特别有效的提问话术,使受访者能够谈论高频交易算法采用的不同类别的"信号"。第三个是门克维尔德(Menkveld)2013年利用专门数据,对一家大型高频做市商交易行为的研究,发现该公司的优惠报价促进了新型"Island式"欧洲电子股票交易平台Chi—X作为传统交易所挑战者的崛起(见第三章)。门克维尔德的分析有助于我理解美国受访者描述的类似过程,我后来将这些过程视为连接交易与交易所这两个领域的"纽带"。"纽带"这个术语借用自安德鲁·阿博特(Andrew Abbott),详见第一章。

尽管本书借鉴了金融经济学,但其主要贡献并不在于这个专业领域,而在于更宽泛的、被称为"金融社会研究"的社会学领域。该领域有两个文献脉络尤为重要:第一个是法比安·穆尼萨(Fabian Muniesa)、苏珊·斯科特(Susan Scott)、尤瓦尔·米洛(Yuval Millo)、胡安·巴勃罗·帕尔多-格拉(Juan Pablo Pardo-Guerra)、德文·肯尼迪(Devin Kennedy)等人关于从人工交易向电子交易转变的研究,包括沃尔特·马特利(Walter Mattli)等人对这一转变背景的探讨。例如,穆尼萨对巴黎证券交易所这一转变过程的深度研究(见 Muniesa,2003),开创性地聚焦交易自动化的不同实现方式,包括交易所撮合引擎的算法对买卖报价的优先级处理和执行方式的差异,及其对供需匹配(特别是对衍生品合约、指数跟踪基金等至关重要的股票收盘价形成)的影响。帕尔多-格拉(2019)则深入研究了英国股票交易的自动化进程(本书基本未涉及),并探讨了美国的关键事件,特别是本书第三章也分析的 20 世纪 70 年代关于建立全国统一电子订单簿的争议。

金融社会研究领域已经产生了许多优秀的基于民族志方法的交易实践研究,如克努尔·塞蒂纳和布鲁格(Knorr Cetina & Bruegger,2002a & b)、扎卢姆(Zaloom,2006)、普雷达(Preda,2013;2017)以及贝恩扎(Beunza,2019)的研究。这类研究多聚焦于面对面交易或人工电子交易。但直接关注高频交易的研究正在形成第二条脉络,其中最系统的是哥本哈根商学院克里斯蒂安·博尔奇(Christian Borch)的团队,研究成员包括安-克里斯蒂娜·兰格(Ann-Christina Lange)、博希敏(Bo Hee Min)等。他们考察了高频交易者与场内交易者在身体参与市场形式和情绪管理上的异同(Borch, Hansen & Lange,2015;Borch & Lange,2017),发现最接近交易的核心岗位几乎全被男性占据,且部分公司存在严格的部门隔离。在兰格研究的主要公司中,多数交易员"孤零零地坐在工位上,有些甚至被隔墙分开……多数高频交易员安装了屏幕滤光片,只有正对屏幕才能查看代码"(Lange,2016:237)。索利斯(Souleles,2019)将此类发现发展为关于金融中"无知分布"的精彩论述。但该团队最具创新性的工作(第七章提及)是通过实际调查开发金融市场多主体模拟,揭示交易算法的互动机制(Borch,2020)。

另一位开展高频交易实际调查的研究者罗伯特·塞弗特(Robert Seyfert)(2016)指出,市场数据中的异常序列(如短时间内大量报价快速撤单)可能被不同"认知层面"的参与者做出不同解读:批评者视之为操纵性的"报价填充",旨在拖慢交易所系统或干扰竞争对手,而交易者多认为技术故障才是主因。马克·兰格莱(Marc Lenglet)和内森·库姆斯(Nathan Coombs)则研究了政府监管规则与算法交易实践之间的脱节问题,前者是基于经纪商工作经历和后续访谈,后者则是通过访谈去研究德国 2013 年《高频交易法》的实施情况(Lenglet,2011;Lenglet & Mol,2016;Coombs,2016)。但这些学者中最具物质性取向(也因此最接近本书所采用的方法)的是亚历山大·劳蒙尼耶(Alexandre Laumonier),他对高频交易微波传输路径(尤其在欧洲)的精准研究(见 Laumonier,2019 及其被高频交易者广泛关注的博客)为本书第五章提供了重要参考。

参考文献

Abbott, Andrew. 2005. "Linked Ecologies: States and Universities as Environments for Professions." *Sociological Theory* 23/3: 245–274.

———. n.d. "V: Ecologies and Fields." Available at http://home.uchicago.edu/aabbott/Papers/BOURD.pdf, accessed February 1, 2014.

Abolafia, Mitchel Y. 1996. *Making Markets: Opportunism and Restraint on Wall Street*. Cambridge, MA: Harvard University Press.

Adams, Charles W., Herbert R. Behrens, Jerome M. Pustilnik, and John T. Gilmore, Jr. 1971. "Instinet Communication System for Effectuating the Sale or Exchange of Fungible Properties between Subscribers." US patent 3,573,747, awarded April 6.

Adshead, Stephen, Grant Forsyth, Sam Wood, and Laura Wilkinson. 2019. "Online Advertising in the UK." Available at https://plumconsulting.co.uk/online-advertising-in-the-uk, accessed November 2, 2019.

AFME. 2017. *European Primary Dealers Handbook*. Available at https://www.afme.eu/globalassets/downloads/publications/afme-primary-dealers-handbook-q3-2017-3.pdf, accessed May 8, 2018.

Aldrich, Eric M., Joseph A. Grundfest, and Gregory Laughlin. 2017. "The Flash Crash: A New Deconstruction." Available at https://papers.ssrn.com/sol3/papers.cfm?abstract_id=2721922, accessed October 23, 2019.

Aldrich, Eric M., and Seung Lee. 2018. "Relative Spread and Price Discovery." Available at https://ssrn.com/abstract=2772142, accessed May 6, 2018.

Anderson, Niki, Lewis Webber, Joseph Noss, Daniel Beale, and Liam Crowley-Reidy. 2015. "The Resilience of Financial Market Liquidity." Bank of England Financial Stability Paper 34. Available at https://www.bankofengland.co.uk/financial-stability-paper/2015/the-resilience-of-financial-market-liquidity, accessed January 10, 2018.

Angel, James J. 2011. "The Impact of Special Relativity on Securities Regulation." Available at https://assets.publishing.service.gov.uk/government/uploads/system/uploads/attachment_data/file/289020/11-1242-dr15-impact-of-special-relativity-on-securities-regulation.pdf, accessed September 17, 2019.

Angel, James J., Lawrence E. Harris, and Chester S. Spatt. 2013. "Equity Trading in the 21st Century: An Update." Available at https://www.q-group.org/wp-content/uploads/2014/01/Equity-Trading-in-the-21st-Century-An-Update-FINAL.pdf, accessed September 21, 2020.

anon. n.d. "The WATCHER guide." Available at http://josh.com/watcherm.htm, accessed January 27, 2012.

———. 1992. "EBS, Minex, Dealing 2000–2 Face Off in Battle of the FX Matching Systems." *FX Week*, June 5, 1992. Available at https://www.fxweek.com/fx-week/news/1541043/ebs-minex-dealing-2000-face-off-in-battle-of-the-fx-matching-systems, accessed May 22, 2019.

———. 1995–97. "WATCHER News Frame." Available at http://josh.com/wnews.txt, accessed September 21, 2020.

anon. n.d. 1999. "Chicago's Fallen Giants Make Progress of Sorts." *Euromoney*, December. Available at https://www.euromoney.com/article/b1320g6pzb11nc/chicagos-fallen-giants-make-progress-of-sorts, accessed September 21, 2020.

———. 2000. "Online Foreign Exchange: At Last, FX Online." *Economist*, August 19. Available at https://www.economist.com/finance-and-economics/2000/08/17/at-last-fx-online, accessed September 21, 2020.

———. 2013. "First Female NYSE Member Dies." Available at https://www.politico.com/story/2013/08/muriel-siebert-dies-at-80-nyse-095893, accessed September 21, 2020.

Aquilina, Matteo, Eric Budish, and Peter O'Neill. 2020. "Quantifying the High-Frequency Trading 'Arms Race': A Simple New Methodology and Estimates." Available at https://www.fca.org.uk/publication/occasional-papers/occasional-paper-50.pdf, accessed September 21, 2020.

Arjaliès, Diane-Laure, Philip Grant, Iain Hardie, Donald MacKenzie, and Ekaterina Svetlova. 2017. *Chains of Finance: How Investment Management Is Shaped*. Oxford: Oxford University Press.

Arnoldi, Jakob. 2016. "Computer Algorithms, Market Manipulation and the Institutionalization of High Frequency Trading." *Theory, Culture and Society* 33/1: 29–52.

Aspers, Patrik. 2007. "Theory, Reality, and Performativity in Markets." *American Journal of Economics and Sociology* 66/2: 379–98.

Bacidore, Jeff. 2020. "The IEX D-Limit Proposal: It's Good . . . But What If It's TOO Good?" Available at https://www.tradersmagazine.com/am/the-iex-d-limit-proposal-its-goodbut-what-if-its-too-good/, accessed January 13, 2020.

Baker, Charles H. 1908. *Life and Character of William Taylor Baker, President of the World's Columbian Exposition and of the Chicago Board of Trade*. New York: Premier.

Bank for International Settlements. 2018. "Monitoring of Fast-Paced Electronic Markets." September. Available at https://www.bis.org/publ/mktc10.pdf, accessed June 16, 2019.

Baron, Matthew, Jonathan Brogaard and Andrei Kirilenko. 2012. "The Trading Profits of High Frequency Traders." Typescript, November.

Barrett, Michael, and Susan Scott. 2004. "Electronic Trading and the Process of Globalization in Traditional Futures Exchanges: A Temporal Perspective." *European Journal of Information Systems* 13/1: 65–79.

Battalio, Robert, Shane A. Corwin, and Robert Jennings. 2016. "Can Brokers Have It All? On the Relation between Make-Take Fees and Limit Order Execution Quality." *Journal of Finance* 71/5: 2193–2238.

Belden, Glenn, John J. Brogan, Thomas C. O'Halleran, Burton J. Gutterman, John R. Kinsella, Michael B. Boyle, Alvin Chow, Bruce Phelps, and James White. 1990. "Simulated Pit Trading System." Patent Application PCT/US90/00877. Available at https://patentimages.storage.googleapis.com/f4/a3/bc/31949972ac3c07/WO1990010910A1.pdf, accessed October 14, 2019.

Bell, Brian, and John Van Reenen. 2013. "Bankers and their Bonuses." *Economic Journal* 124 (February): F1–F21.

Benos, Evangelos, and Satchit Sagade. 2016. "Price Discovery and the Cross-Section of High-Frequency Trading." *Journal of Financial Markets* 30: 44–77.

Berkowitz, Stephen A., Dennis E. Logue, and Eugene A. Noser. 1988. "The Total Cost of Transactions on the NYSE." *Journal of Finance* 43/1: 97–112.

Bernanke, Ben S. 2004. "The Great Moderation." Available at https://www.federalreserve.gov/boarddocs/speeches/2004/20040220/, accessed January 9, 2020.

Beunza, Daniel. 2019. *Taking the Floor: Models, Morals, and Management in a Wall Street Trading Room*. Princeton, NJ: Princeton University Press.

Beunza, Daniel, and Raghu Garud. 2007. "Calculators, Lemmings or Frame-Makers? The Intermediary Role of Securities Analysts." Pp. 13–39 in *Market Devices*, edited by Michel Callon, Yuval Millo, and Fabian Muniesa. Oxford: Blackwell.

Biais, Bruno, and Richard Green. 2019. "The Microstructure of the Bond Market in the 20th Century." *Review of Economic Dynamics* 33: 250–271.

Biais, Bruno, Christophe Bisière, and Chester Spatt. 2003. "Imperfect Competition in Financial Markets: ISLAND vs NASDAQ." Available at http://papers.ssrn.com/abstract=302398, accessed April 27, 2011.

Birch, Kean. 2020. "Technoscience Rent: Toward a Theory of *Rentiership* for Technoscientific Capitalism." *Science, Technology, & Human Values* 45/1: 3–33.

Blitz, James. 1993. "Foreign Exchange Dealers Enter the 21st Century." *Financial Times* September 13: 19.

Bloch, Marc. 1935. "Avènement et conquêtes du moulin à eau." *Annales d'Histoire Économique et Sociale* 7/36: 538–63.

———. 1967. *Land and Work in Medieval Europe: Selected Papers*. London: Routledge and Kegan Paul.

Blum, Andrew. 2012. *Tubes: Behind the Scenes at the Internet*. London: Penguin.

Borch, Christian. 2016. "High-Frequency Trading, Algorithmic Finance and the Flash Crash: Reflections on Eventalization." *Economy and Society* 45/3–4: 350–78.

———. 2020. *Social Avalanche: Crowds, Cities and Financial Markets*. Cambridge: Cambridge University Press.

Borch, Christian, and Ann-Christina Lange. 2017. "High-Frequency Trader Subjectivity: Emotional Attachment and Discipline in an Era of Algorithms." *Socio-Economic Review* 15/2: 283–306.

Borch, Christian, Kristian Bondo Hansen, and Ann-Christina Lange. 2015. "Markets, Bodies, and Rhythms: A Rhythmanalysis of Financial Markets from Open-Outcry Trading to High-Frequency Trading." *Environment and Planning D: Society and Space* 33/6: 1080–1097.

Bourdieu, Pierre. 1984. *Distinction: A Social Critique of the Judgement of Taste*. London: Routledge

———. 1996. *The Rules of Art: Genesis and Structure of the Literary Field*. Cambridge: Polity.

———. 1997. "Le champ économique." *Actes de la Recherche en Sciences Sociales* 119/Septembre: 48–66.

Brady Commission. 1988. *Report of the Presidential Task Force on Market Mechanisms*. Washington, DC: US Government Printing Office.

Brandt, Michael W., Kenneth A. Kavajecz, and Shane E. Underwood. 2007. "Price Discovery in the Treasury Futures Market." *Journal of Futures Markets* 27/1: 1021–1051.

Braun, B. 2018. "Central Banking and the Infrastructural Power of Finance: The Case of ECB Support for Repo and Securitization Markets." *Socio-Economic Review*. Early online.

Brekke, Dan. 1999. "Daytrading Places." *Wired* 7.07/July. Available at https://www.wired.com/1999/07/island-2/, accessed September 21, 2020.

Breiman, Leo. 2001. "Random Forests." *Machine Learning* 45/1: 5–32.

Brogaard, Jonathan A. 2010. "High-Frequency Trading and its Impact on Market Quality." Available at https://secure.fia.org/ptg-downloads/hft_trading.pdf, accessed September 21, 2020.

———. 2011. "High-Frequency Trading, Information, and Profits." Available at http://www.bis.gov.uk/foresight, accessed November 11, 2011.

Brogaard, Jonathan, Björn Hagströmer, Lars Nordén, and Ryan Riordan. 2015. "Trading Fast and Slow: Colocation and Liquidty." *Review of Financial Studies* 28/12: 3407–3433.

Brogaard, Jonathan, Terrence Hendershott, and Ryan Riordan. 2014. "High-Frequency Trading and Price Discovery." *Review of Financial Studies* 27/8: 2267–306.

Budish, Eric. 2016. "Investors' Exchange LLC Form 1 Application (Release No. 34–75925; File No. 10–222)." Available at https://www.sec.gov/comments/10-222/10222-371.pdf, accessed May 28, 2018.

Budish, Eric, Peter Cramton, and John Shim. 2015. "The High-Frequency Trading Arms Race: Frequent Batch Auctions as a Market Design Response." *Quarterly Journal of Economics* 130/4: 1547–621.

Budish, Eric, Robin S. Lee, and John J. Shim. 2019. "Will the Market Fix the Market? A Theory of Stock Exchange Competition and Innovation." Available at http://faculty.chicagobooth.edu/eric.budish/research/Stock-Exchange-Competition.pdf, accessed March 11, 2019.

Callon, Michel. 1986. "Some Elements of a Sociology of Translation: Domestication of the Scallops and the Fishermen of St. Brieuc Bay." Pp. 196–233 in John Law (Ed.), *Power, Action and Belief: A New Sociology of Knowledge?* London: Routledge & Kegan Paul.

———, ed.. 1998. *The Laws of the Markets*. Oxford: Blackwell.

Canales, Jimena. 2009. *A Tenth of a Second: A History*. Chicago: University of Chicago Press.

Castelle, Michael, Yuval Millo, Daniel Beunza, and David C. Lubin. 2016. "Where Do Electronic Markets Come From? Regulation and the Transformation of Financial Exchanges." *Economy and Society* 45/2: 166–200.

Cave, Tim. 2018. "MiFID II: Electronic Liquidity Providers, the SI Regime and the First RTS 27 Reports." Available at https://tabbforum.com/opinions/mifid-ii-electronic-liquidity-providers-the-si-regime-and-the-first-rts-27-reports/, accessed September 23, 2020.

———. 2019. "Meet Your (Market) Maker: Europe's ELP SIs Gain Ground." Available at https://tabbforum.com/opinions/meet-your-market-maker-europes-elp-sis-gain-ground, accessed November 6, 2019.

CFTC/SEC. 2010. "Findings Regarding the Market Events of May 6, 2010: Report of the Staffs of the CFTC and SEC to the Joint Advisory Committee on Emerging Regulatory Issues." Washington, DC: Commodity Futures Trading Commission and Securities and Exchange Commission, September 30.

Chao, Yong, Chen Yao, and Mao Ye. 2019. "Why Discrete Price Fragments U.S. Stock Exchanges and Disperses Their Fee Structures." *Review of Financial Studies* 32/3: 1068–1101.

Christie, William G., and Paul H. Schultz. 1994. "Why Do NASDAQ Market Makers Avoid Odd-Eighth Quotes?" *Journal of Finance* 49/5: 1813–1840.

Christie, William G., Jeffrey H. Harris, and Paul H. Schultz. 1994. "Why Did NASDAQ Market Makers Stop Avoiding Odd-Eighth Quotes?" *Journal of Finance* 49/5: 1841–1860.

Chung, Joanna, and Gillian Tett. 2006. "MTS Chief Hedges Bets on Global Expansion." *Financial Times*, October 19: 43.

———. 2007. "Hedge Funds are at the Gates of the Eurozone's Cosy Bond Club." *Financial Times*, March 13: 15.

CMA. 2019. "Online Platforms and Digital Advertising: Market Study Interim Report." UK Competitions and Markets Authority, December 18, 2019. Available at https://assets.publishing.service.gov.uk/media/5dfa0580ed915d0933009761/Interim_report.pdf, accessed February 9, 2020.

Cohen, Kalman J., Steven F. Maier, Robert A. Schwartz, and David K. Whitcomb. 1981. "Transaction Costs, Order Placement Strategy and Existence of the Bid-Ask Spread." *Journal of Political Economy* 89/2: 287–305.

Collier, Joe. 2002. "Lowcountry Firm among High-Tech's Best." *State*, August 26. Available at https://www.thestate.com/news/business/article14327990.html, accessed September 21, 2020.

Committee on Agriculture and Forestry, US Senate. 1974. *The Commodity Futures Trading Commission Act of 1974*. Washington, DC: US Government Printing Office.

Coombs, Nathan. 2016. "What Is an Algorithm? Financial Regulation in the Era of High-Frequency Trading." *Economy and Society* 45/2: 278–302.

Cowan, Ruth Schwartz. 1983. *More Work for Mother: The Ironies of Household Technology from the Open Hearth to the Microwave*. New York: Basic Books.

Crawford, Susan. 2019. "How Corning Makes Super-Pure Glass for Fiber-Optic Cable." Available at https://www.wired.com/story/corning-pure-glass-fiber-optic-cable/, accessed November 27, 2019.

Crawford, William. B. 1994. "CBOT Says Goodbye to Globex." *Chicago Tribune*, April 16. Available at http://articles.chicagotribune.com/1994-04-16/business/9404160076_1_globex-cbot-chicago-mercantile-exchange, accessed June 17, 2011.

Cummings, Dave. 2016. *Make the Trade: A Kansas City Entrepreneur Takes on Wall Street*. Kansas City, MO: self-published.

Dahl, Roald. 1964. *Charlie and the Chocolate Factory*. New York: Knopf.

Danner, Mark. 2017. "What He Could Do." *New York Review of Books* 64/5: 4–6.

Davies, Jessica. 2018. "GDPR Will Ultimately Be Good for the Industry: Guardian CRO Hamish Nicklin on 2019 Plans." Available at https://digiday.com/media/gdpr-will-ultimately-good-industry-guardian-cro-hamish-nicklin-2019-plans, accessed November 5, 2019.

de Goede, Marieke. 2005. *Virtue, Fortune, and Faith: A Genealogy of Finance*. Minneapolis: University of Minnesota Press.

Department of the Treasury, Securities and Exchange Commission, and Board of Governors of the Federal Reserve System. 1992. *Joint Report on the Government Securities Market*. Washington, DC: Government Printing Office.

Department of the Treasury, Board of Governors of the Federal Reserve System, Federal Reserve Bank of New York, Securities and Exchange Commission, and Commodity Futures Trading Commission. 2015. "The U.S. Treasury Market on October 15, 2014." Available at https://home.treasury.gov/system/files/276/joint-staff-report-the-us-treasury-market-on-10-15-2014.pdf, accessed September 21, 2020.

Detrixhe, John, and Sam Mamudi. 2015. "A New Fast Lane for Traders Spurs Plan to Thwart Exploiters." Available at https://www.bloomberg.com/news/articles/2015-08-13/a-new-fast-lane-for-traders-spurs-plan-to-thwart-exploiters, accessed May 28, 2020.

de Vries, Alex. 2018. "Bitcoin's Growing Energy Problem." *Joule* 2/5: 801–809.

Donlan, Thomas G. 1988. "Terrors of the Tube: Computerized Traders vs. Market Makers." *Barron's*, November 7. Available at https://professional.dowjones.com/factiva/, accessed September 21, 2020.

Dourish, Paul. 2017. *The Stuff of Bits: An Essay on the Materialities of Information*. Cambridge, MA: MIT Press.

du Gay, Paul, Yuval Millo, and Penelope Tuck. 2012. "Making Government Liquid: Shifts in Governance Using Financialisation as a Political Device." *Environment and Planning C* 30/6: 1083–1099.

du Gay, Paul, and Michael Pryke, eds. 2002. *Cultural Economy: Cultural Analysis and Commercial Life*. London: Sage.

Duhigg, Charles. 2009. "Stock Traders Find Speed Pays, in Milliseconds." *New York Times*, July 24. Available at https://www.nytimes.com/2009/07/24/business/24trading.html, accessed September 21, 2020.

Durbin, Michael. 2010. *All About High-Frequency Trading*. New York: McGraw-Hill.

Einstein, Albert. 1920. *Relativity: The Special and the General Theory*. London: Methuen.

Equinix. 2012. "Chicago's Financial Hub." Available at https://carlarweir.files.wordpress.com/2013/03/equinix-chicago_metro_report_6-26-2012.pdf, accessed November 8, 2019.

Eurex. 2020. "Introduction of a Framework to Confine Speculative Triggering and Recalibration of the ESU Fee Limits." Eurex circular 010/2020. Available at https://www.eurexchange.com/exchange-en/find/circulars/circular-1752276, accessed September 21, 2020.

Falloon, William. D. 1998. *Market Maker: A Sesquicentennial Look at the Chicago Board of Trade*. Chicago: Chicago Board of Trade.

Fligstein, Neil. 2001. *The Architecture of Markets*. Princeton, NJ: Princeton University Press.

Fligstein, Neil, and Doug McAdam. 2012. *A Theory of Fields*. Oxford: Oxford University Press.

Flood, Chris. 2020. "Costs to Borrow ETFs Jump as Volatility Spikes." *Financial Times* FTfm supplement, March 23: 2.

Foucault, Michel. 1991. "Governmentality." Pp. 87–104 in *The Foucault Effect: Studies in Governmentality*, edited by Graham Burchell, Colin Gordon, and Peter Miller. Chicago: University of Chicago Press.
———. 2008. *The Birth of Biopolitics: Lectures at the Collège de France, 1978–1979*. Basingstoke, Hants: Palgrave Macmillan.
Gabor, Daniela. 2016. "The (Impossible) Repo Trinity: The Political Economy of Repo Markets." *Review of International Political Economy* 23/6: 967–1000.
Galison, Peter. 2003. *Einstein's Clocks, Poincaré's Maps: Empires of Time*. New York: Norton.
Garman, Mark B. 1976. "Market Microstructure." *Journal of Financial Economics* 3/3: 257–275.
Godechot, Olivier. 2007. *Working rich: Salaires, bonus et appropriation du profit dans l'industrie financière*. Paris: La Découverte.
———. 2012. "Is Finance Responsible for the Rise in Wage Inequality in France?" *Socio-Economic Review* 10/3: 447–470.
———. 2013. "Financiarisation et fractures socio-spatiales." *L'Année sociologique* 63/1: 17–50.
Goldbach, Roman. 2015. "Asymmetric Influence in Global Banking Regulation." *Review of International Political Economy* 22/6: 1087–1127.
Golden, Paul. 2015. "FX Industry Divided on Randomization." *Euromoney*, November 12. Available at https://www.euromoney.com/article/b12kn5fbwc7j5g/fx-industry-divided-on-randomization, accessed September 21, 2020.
Goldman Sachs. 2014. 2013 Annual Report. Available at https://www.goldmansachs.com/investor-relations/financials/current/annual-reports/2013-annual-report-files/annual-report-2013.pdf, accessed September 17, 2019.
Gorham, Michael, and Nidhi Singh. 2009. *Electronic Exchanges: The Global Transformation from Pits to Bits*. Amsterdam: Elsevier.
Greising, David, and Laurie Morse. 1991. *Brokers, Bagmen, and Moles: Fraud and Corruption in the Chicago Futures Markets*. New York: Wiley.
Hagströmer, Björn, and Lars Nordén. 2013. The Diversity of High-Frequency Traders. *Journal of Financial Markets* 16/4: 741–770.
Harris, Jeffrey H., and Paul H. Schultz. 1998. "The Trading Profits of SOES Bandits." *Journal of Financial Economics* 50/1: 39–62.
Harris, Larry [Lawrence E.]. 2003. *Trading and Exchanges: Market Microstructure for Practitioners*. New York: Oxford University Press.
———. 2012. "Stop the High-Frequency Trader Arms Race." *Financial Times*, December 27. Available at https://www.ft.com/content/618c60de-4b80-11e2-88b5-00144feab49a, accessed January 31, 2020.
Harris, Lawrence E., and Venkatesh Panchapagesan. 2005. "The Information Content of the Limit Order Book: Evidence from NYSE Specialist Trading Decisions." *Journal of Financial Markets* 8/1: 25–67.
Harvey, David. 1989. *The Condition of Postmodernity: An Enquiry into the Origins of Cultural Change*. Oxford: Blackwell.
Hautcoeur, Pierre-Cyrille, and Angelo Riva. 2012. "The Paris Financial Market in the Nineteenth Century: Complementarities and Competition in Microstructures." *Economic History Review* 65/4: 1326–1353.
Hendershott, Terrence, Charles M. Jones, and Albert J. Menkveld. 2011. "Does Algorithmic Trading Improve Liquidity?" *Journal of Finance* 66/1: 1–37.
Hendershott, Terrence, and Pamela C. Moulton. 2011. "Automation, Speed, and Stock Market Quality: The NYSE's Hybrid." *Journal of Financial Markets* 14/4: 568–604.
Hicks, Alan. 1998. *Foreign Exchange Options: An International Guide to Currency Options Trading and Practice*. Cambridge: Woodhead.

Hobson, John M., and Leonard Seabrooke. 2007. "Everyday IPE: Revealing Everyday Forms of Change in the World Economy." Pp. 1–23 in *Everyday Politics of the World Economy*, edited by John M. Hobson and Leonard Seabrooke. Cambridge: Cambridge University Press.

Huth, John Michael. 2018. "A Clear Market Fairness Issue Requires a Clear, Collective Response." Available at https://www.realclearmarkets.com/articles/2018/02/14/a_clear_market_fairness_issue_requires_a_clear_collective_response_103150.html, accessed December 9, 2019.

Ingebretsen, Mark. 2002. *NASDAQ: A History of the Market That Changed the World*. Roseville, CA: Forum.

Instinet. 1988. "Customer Computer to Instinet Application Layer Specification, Version 2.6." May 6. In interviewee BT's private papers.

———. 2008. "Instinet Adds Chi-X Europe Equity Participants." Available at https://www.nomuraholdings.com/news/nr/europe/20080110/20080110.html, accessed July 23, 2019.

Jessop, Bob. 2009. "Cultural Political Economy and Critical Policy Studies." *Critical Policy Studies* 3/3–4: 336–356.

Johnson, Neil, Guannan Zhao, Eric Hunsader, Hong Qi, Nicholas Johnson, Jing Meng, and Brian Birnan. 2013. "Abrupt Rise of New Machine Ecology beyond Human Response Time." *Scientific Reports* 3/2627: 1–7.

Kawaller, Ira G., Paul D. Koch, and Timothy W. Koch. 1987. "The Temporal Price Relationship between S&P 500 Futures and the S&P 500 Index." *Journal of Finance* 42/5: 1309–1329.

Kennedy, Devin. 2017. "The Machine in the Market: Computers and the Infrastructure of Price at the New York Stock Exchange, 1965–1975." *Social Studies of Science* 47/6: 888–917.

King, Elizabeth K. 2020. Letter to Vanessa Countryman, Securities and Exchange Commission, May 8. Available at https://www.sec.gov/comments/sr-nyse-2020-05/srnyse202005.htm, accessed June 1, 2020.

Kluttz, Daniel, and Neil Fligstein. 2016. "Varieties of Sociological Field Theory." Pp. 185–204 in *Handbook of Contemporary Sociological Theory*, edited by Seth Abrutyn. Basel: Springer.

Knorr Cetina, Karin. 2007. "Global Markets as Global Conversations." *Text and Talk* 27/5–6: 705–734.

Knorr Cetina, Karin, and Urs Bruegger. 2002a. "Global Microstructures: The Virtual Societies of Financial Markets." *American Journal of Sociology* 107/4: 905–951.

———. 2002b. "Traders' Engagement with Markets: A Postsocial Relationship." *Theory, Culture and Society* 19/5–6: 161–185.

Kovac, Peter. 2014. *Flash Boys: Not So Fast. An Insider's Perspective on High-Frequency Trading*. N.p.: Directissima Press.

Kynaston, David. 1997. *LIFFE: A Market and its Makers*. Cambridge: Granta.

Lange, Ann-Christina. 2016. "Organizational Ignorance: An Ethnographic Study of High-Frequency Trading." *Economy and Society* 45/2: 230–250.

Lange, Ann-Christina, and Christian Borch. 2014. "Contagious Markets: On Crowd Psychology and High-Frequency Trading." Available at http://www.nanex.net/aqck2/Contagious.Markets.pdf, accessed January 31, 2019.

Lariviere, David Alan, Bernard Pieter Hosman, Pearce Ian Peck-Walden, Ari L. Studnitzer, Zachary Bonig, and Manmathasivaram Nagarajan. 2018. "Message Processing Protocol which Mitigates Optimistic Messaging Behavior." US patent application 2018/0183901 A1. Available at https://patents.google.com/patent/US20180183901A1/en, accessed March 23, 2020.

Latour, Bruno. 1999. *Pandora's Hope: Essays on the Reality of Science Studies*. Cambridge, MA: Harvard University Press.

———. 2005. *Reassembling the Social: An Introduction to Actor-Network-Theory*. Oxford: Oxford University Press.

Laughlin, Gregory. 2014. "Insights into High Frequency Trading from the Virtu Initial Public Offering." Available at https://online.wsj.com/public/resources/documents/VirtuOverview.pdf, accessed September 16, 2019.

Laughlin, Gregory, Anthony Aguirre, and Joseph Grundfest. 2014. "Information Transmission between Financial Markets in Chicago and New York." *Financial Review* 49/2: 283–312.

Laumonier, Alexandre. 2019. *4*. Brussels: Zones sensibles.

Law, John, and Annemarie Mol. 2008. "Globalisation in Practice: On the Politics of Boiling Pigswill." *Geoforum* 39/1: 133–143.

Lemoine, Benjamin. 2013. "Les 'dealers' de la dette souveraine: Politique des transactions entre banques et état dans la grande distribution des emprunts Français." *Sociétés Contemporaines* 92/4: 59–88.

Lemov, Michael R. 2011. *People's Warrior: John Moss and the Fight for Freedom of Information and Consumer Rights*. Madison, NJ: Fairleigh Dickinson University Press.

Lenglet, Marc. 2011. "Conflicting Codes and Codings: How Algorithmic Trading Is Reshaping Financial Regulation." *Theory, Culture & Society* 28/6: 44–66.

Lenglet, Marc, and Joeri Mol. 2016. "Squaring the Speed of Light? Regulating Market Access in Algorithmic Finance." *Economy and Society* 45/2: 201–229.

Levine, Josh. n.d. "Island ECN 10th Birthday Source Code Release!" Available at http://www.josh.com/notes/island-ecn-10th-birthday, accessed August 13, 2012.

Levy, Jonathan Ira. 2006. "Contemplating Delivery: Futures Trading and the Problem of Commodity Exchange in the United States, 1875–1905." *American Historical Review* 111/2: 307–335.

Levy, Steven. 1984. *Hackers: Heroes of the Computer Revolution*. Garden City, NY: Anchor Doubleday.

Lewis, Michael. 1990. *Liar's Poker: Rising through the Wreckage on Wall Street*. New York: Penguin.

———. 2014. *Flash Boys: Cracking the Money Code*. London: Penguin.

Liu, Nian, and Ryan McMorrow. 2019. "Bitmain Civil War Breaks into the Open." *Financial Times*, November 8: 16.

Louis, Brian. 2017. "Trading Fortunes Depend on a Mysterious Antenna in an Empty Field." Available at https://www.bloomberg.com/news/articles/2017-05-12/mysterious-antennas-outside-cme-reveal-traders-furious-land-war, accessed November 24, 2018.

Lucchetti, Aaron. 2006. "Fast Lane: Firms Seek Edge Through Speed as Computer Trading Expands." *Wall Street Journal*, December 15. Available at https://www.wsj.com/articles/SB116615315551251136, accessed September 21, 2020.

Lucent Technologies. 1998. "True Wave® RS Nonzero-Dispersion Optical Fiber." Available at http://www.worldonecom.com/fibercable/truewave.pdf, accessed June 30, 2015.

MacKenzie, Donald. 1984. "Marx and the Machine." *Technology and Culture* 25/3: 473–502.

———. 2006. *An Engine, Not a Camera: How Financial Models Shape Markets*. Cambridge, MA: MIT Press.

———. 2014. "Be Grateful for Drizzle." *London Review of Books* 36/17: 27–30.

———. 2015. "Mechanizing the Merc: The Chicago Mercantile Exchange and the Rise of High-Frequency Trading." *Technology and Culture* 56/3: 646–675.

———. 2016. "Must Do Better." *London Review of Books* 38/9: 29.

———. 2017a. "A Material Political Economy: Automated Trading Desk and Price Prediction in High-Frequency Trading." *Social Studies of Science* 47/2: 172–194.

———. 2017b. "Capital's Geodesic: Chicago, New Jersey, and the Material Sociology of Speed." Pp. 55–71 in *The Sociology of Speed: Digital, Organizational, and Social Temporalities*, edited by Judy Wajcman and Nigel Dodd. Oxford: Oxford University Press.

———. 2018a. "'Making', 'Taking' and the Material Political Economy of Algorithmic Trading." *Economy and Society* 47/4: 501–23.

———. 2018b. "Material Signals: A Historical Sociology of High-Frequency Trading." *American Journal of Sociology* 123/6: 1635–1683.

———. 2019a. "How Algorithms Interact: Goffman's 'Interaction Order' in Automated Trading." *Theory, Culture & Society* 36/2: 39–59.

———. 2019b. "How Fragile is Competition in High-Frequency Trading?" Available at https://tabbforum.com/opinions/how-fragile-is-competition-in-high-frequency-trading/, accessed March 26, 2019.

———. 2019c. "Just How Fast?" *London Review of Books* 41/5: 23–24.

———. 2019d. "Market Devices and Structural Dependency: The Origins and Development of 'Dark Pools.'" *Finance and Society* 5/1: 1–19.

———. 2019e. "Pick a Nonce and Try a Hash." *London Review of Books* 41/8: 35–38.

MacKenzie, Donald, Daniel Beunza, Yuval Millo, and Juan Pablo Pardo-Guerra. 2012. "Drilling through the Allegheny Mountains: Liquidity, Materiality and High-Frequency Trading." *Journal of Cultural Economy* 5/3: 279–295.

MacKenzie, Donald, Iain Hardie, Charlotte Rommerskirchen, and Arjen van der Heide. 2020. "Why Hasn't High-Frequency Trading Swept the Board? Shares, Sovereign Bonds, and the Politics of Market Structure." *Review of International Political Economy*, early online.

MacKenzie, Donald, and Juan Pablo Pardo-Guerra. 2014. "Insurgent Capitalism: Island, Bricolage and the Re-Making of Finance." *Economy and Society* 43/2: 153–82.

MacKenzie, Donald, and Judy Wajcman, eds. 1985. *The Social Shaping of Technology*. Milton Keynes, England: Open University Press.

———, eds. 1999. *The Social Shaping of Technology*. Second edition. Buckingham, England: Open University Press.

Mackintosh, Phil. 2014. "Demystifying Order Types." Knight Capital Getco, September. Available at https://www.kcg.com/uploads/documents/KCG_Demystifying-Order-Types_092414.pdf, accessed October 1, 2016.

Madhavan, Ananth. 2000. "Market Microstructure: A Survey." *Journal of Financial Markets* 3/3: 205–258.

———. 2012. "Exchange-Traded Funds, Market Structure and the Flash Crash." Available at http://ssrn.com/abstract=1932925, accessed December 30, 2012.

Madhavan, Ananth, and Venkatesh Panchapagesan. 2000. "Price Discovery in an Auction Market: A Look inside the Black Box." *Review of Financial Studies* 13/3: 627–658.

Manning, Trevor. 2009. *Microwave Radio Transmission Design Guide*. Norwood, MA: Artech.

Marx, Karl. 1976. *Capital: A Critique of Political Economy. Vol. 1*. Harmondsworth, Middlesex: Penguin.

Mattli, Walter, ed. 2018. *Global Algorithmic Capital Markets: High Frequency Trading, Dark Pools, and Regulatory Challenges*. Oxford: Oxford University Press.

———. 2019. *Darkness by Design: The Hidden Power in Global Capital Markets*. Princeton, NJ: Princeton University Press.

Mavroudis, Vasilios. 2019. "Bounded Temporal Fairness for FIFO Financial Markets." Available at https://arxiv.org/abs/1911.09209, accessed May 28, 2020.

Mavroudis, Vasilios, and Hayden Melton. 2019. "Libra: Fair Order-Matching for Electronic Financial Exchanges." Pp. 156–68 in Association for Computing Machinery, *AFT '19: Conference on Advances in Financial Technologies, October 21–23, 2019, Zurich, Switzerland*. New York: Association for Computing Machinery.

McCormick, Liz. 2019. "The Treasury's Secretive Bond Whisperers Are More Crucial Than Ever." Available at https://www.bloomberg.com/news/articles/2019-01-29/treasury-s-secretive-bond-whisperers-are-more-crucial-than-ever, accessed September 21, 2020.

McInish, Thomas, James Upson, and Robert Wood. 2012. "The Flash Crash: Trading Aggressiveness, Liquidity Supply, and the Impact of Intermarket Sweep Orders." Available at

https://papers.ssrn.com/sol3/papers.cfm?abstract_id=1629402, accessed September 21, 2020.
McKay Brothers. 2020. Letter to Vanessa Countryman, Securities and Exchange Commission, March 10. Available at https://www.sec.gov/comments/sr-nyse-2020-05/srnyse202005.htm, accessed June 1, 2020.
Meeker, J. Edward. 1930. *The Work of the Stock Exchange*, rev.ed. New York: Ronald Press.
Melamed, Leo. 1977. "The Mechanics of a Commodity Futures Exchange: A Critique of Automation of the Transaction Process." *Hofstra Law Review* 6/1: 149–172.
———. 1987. *The Tenth Planet*. Chicago: Bonus Books.
———. 2009. *For Crying out Loud: From Open Outcry to the Electronic Screen*. Hoboken, NJ: Wiley.
Melamed, Leo, and Bob Tamarkin. 1996. *Leo Melamed: Escape to the Futures*. New York: Wiley.
Mellet, Kevin, and Thomas Beauvisage. 2019. "Cookie Monsters: Anatomy of a Digital Market Infrastructure." *Consumption Markets & Culture*, early online.
Melton, Hayden. 2017. "Market Mechanism Refinement on a Continuous Limit Order Book Venue: A Case Study." *ACM SIGecom Exchanges* 16/1: 74–79.
Menkveld, Albert J. 2013. "High Frequency Trading and the *New Market* Makers." *Journal of Financial Markets* 16/4: 712–40.
———. 2016. "The Economics of High-Frequency Trading: Taking Stock." *Annual Review of Financial Economics* 8: 1–24.
Meyer, Gregory. 2015. "Political Clout Counts." *Financial Times*, November 19: 11.
Meyer, Gregory, and Nicole Bullock. 2017. "Algo Traders Look Beyond Need for Speed in Quest to Gain Competitive Edge." *Financial Times*, March 31: 28.
Meyer, Gregory, Nicole Bullock, and Joe Rennison. 2018. "Speed Bump." *Financial Times*, January 2: 9.
Millo, Yuval. 2007. "Making Things Deliverable: The Origins of Index-Based Derivatives." Pp. 196–214 in *Market Devices*, edited by Michel Callon, Yuval Millo, and Fabian Muniesa. Oxford: Blackwell.
Millo, Yuval, Fabian Muniesa, Nikiforos S. Panourgias, and Susan V. Scott. 2005. "Organized Detachment: Clearinghouse Mechanisms in Financial Markets." *Information and Organization* 15/3: 229–246.
Ministero dell'Economia e delle Finanze. 2017. "The Secondary Market for Italian Government Securities." Presentation to World Bank Conference, Washington, DC. Available at http://pubdocs.worldbank.org/en/625091493405007505/bonds-conf-2017-Davide-WB-conference-Italy-experience-on-ETPs.pdf, accessed January 2, 2019
Moloney, Niamh. 2014. *EU Securities and Financial Markets Regulation*. Oxford: Oxford University Press.
Moore, Michael, Andreas Schrimpf, and Vladyslav Sushko. 2016. "Downsized FX Markets: Causes and Implications." *BIS Quarterly Review*, December: 35–51.
Morgenson, Gretchen. 1993. "Fun and Games on Nasdaq." *Forbes*, August 16: 74–80.
MTS Group. 2003. *The Liquidity Pact: Enhancing Efficiency in the European Bond Market*. Originally available at http://www.mtsgroup/newcontent/news/d_new/the_liquidity_pact_mts.pdf, accessed November 1, 2007.
Mügge, Daniel. 2006. "Reordering the Marketplace: Competition Politics in European Finance." *Journal of Common Market Studies* 44/5: 991–1022.
Muniesa, Fabian. 2000a. "Performing Prices: The Case of Price Discovery Automation in the Financial Markets." Pp. 289–312 in *Ökonomie und Gesellschaft, Jahrbuch 16. Facts and Figures: Economic Representations and Practices*, edited by Herbert Kalthoff, Richard Rottenburg, and Hans-Jürgen Wagener. Marburg: Metropolis.
———. 2000b. "Un robot Walrasien: Cotation électronique et justesse de la découverte des prix." *Politix* 13/52: 121–154.

———. 2003. "Des marchés comme algorithmes: Sociologie de la cotation électronique à la Bourse de Paris." PhD thesis: École Nationale Supérieure des Mines.

———. 2005. "Contenir le marché: La transition de la criée à la cotation électronique à la Bourse de Paris." *Sociologie du travail* 47/4: 485–501.

———. 2007. "Market Technologies and the Pragmatics of Prices." *Economy and Society* 36/3: 377–395.

———. 2011. "Is a Stock Exchange a Computer Solution? Explicitness, Algorithms and the Arizona Stock Exchange." *International Journal of Actor-Network Theory and Technological Innovation* 3/1: 1–15.

Narayanan, Arvind, Joseph Bonneau, Edward Felten, Andrew Miller, and Steven Goldfeder. 2016. *Bitcoin and Cryptocurrency Technologies: A Comprehensive Introduction*. Princeton, NJ: Princeton University Press.

Nasdaq OMX. 2009. "Market Pathfinders Data Feed." Originally available at https://www.nasdaqtrader.com/content, accessed November 16, 2017.

New York State Department of Financial Services. 2015. "New York State Department of Financial Services in the Matter of Barclays Bank PLC, Barclays Bank PLC, New York Branch: Consent Order Under New York Banking Law." Available at https://www.dfs.ny.gov/system/files/documents/2020/04/ea151117_barclays.pdf, accessed September 21, 2020.

Neyland, Daniel, Véra Ehrenstein, and Sveta Milyaeva. 2018. "Mundane Market Matters: From Ordinary to Profound and Back Again." *Journal of Cultural Economy* 11/5: 377–385.

O'Hara, Maureen. 1997. *Market Microstructure Theory*. Oxford: Blackwell.

Oman, Charles. 1906. *The Great Revolt of 1381*. Oxford: Clarendon.

Osipovich, Alexander. 2018. "High-Speed Traders Profit From Return of Loophole at CME." *Wall Street Journal*, February 12. Available at https://www.wsj.com/articles/glitch-exploited-by-high-speed-traders-is-back-at-cme-1518431401, accessed December 9, 2019.

———. 2019a. "NYSE Antennas Spark High-Speed Trader Backlash." *Wall Street Journal*, August 8. Available at https://www.wsj.com/articles/nyse-antennas-spark-high-speed-trader-backlash-11565272102, accessed August 13, 2019.

———. 2019b. "Thinning Liquidity in Key Futures Market Worries Traders." *Wall Street Journal*, March 25. Available at https://wsj.com/articles/thinning-liquidity-in-key-futures-market-worries-traders-11553515200, accessed December 24, 2019.

———. 2020. "Post-Flash Crash Fixes Bolstered Markets during Coronavirus Selloff." *Wall Street Journal*, May 5. Available at https://www.wsj.com/articles/post-flash-crash-fixes-bolstered-markets-during-coronavirus-selloff-11588671000, accessed May 5, 2020.

Pagliari, Stefano, and Kevin Young. 2016. "The Interest Ecology of Financial Regulation: Interest Group Plurality in the Design of Financial Regulatory Policies." *Socio-Economic Review* 14/2: 309–337.

Pardo-Guerra, Juan Pablo. 2010. "Creating Flows of Interpersonal Bits: The Automation of the London Stock Exchange, c. 1955–90." *Economy and Society* 39/1: 84–109.

———. 2019. *Automating Finance: Infrastructures, Engineers, and the Making of Electronic Markets*. Cambridge: Cambridge University Press.

Patterson, Scott. 2012. *Dark Pools: High-Speed Traders, A.I. Bandits, and the Threat to the Global Financial System*. New York: Crown.

Patterson, Scott, Jenny Strasburg, and Liam Pleven. 2013. "Speedy Traders Exploit Loophole." *Wall Street Journal*, May 1: 1–2.

Persaud, Avinash D. 2006. "Improving Efficiency in the European Government Bond Market." London: ICAP and Intelligence Capital. Available at https://www.finextra.com/finextra-downloads/newsdocs/icapnov2006.pdf, accessed January 2, 2019.

Philippon, Thomas. 2015. "Has the US Finance Industry Become Less Efficient? On the Theory and Measurement of Financial Intermediation." *American Economic Review* 105/4: 1408–1438.

Philippon, Thomas. 2019. *The Great Reversal: How America Gave Up on Free Markets*. Cambridge, MA: Belknap.

Philips, Matthew. 2013. "How the Robots Lost: High-Frequency Trading's Rise and Fall." *Bloomberg Businessweek*, June 10–16. Available at http://www.bloomberg.com/bw/articles/2013-06-06/how-the-robots-lost-high-frequency-tradings-rise-and-fall, accessed January 18, 2016.

Pidgeon, David. 2016. "Where Did the Money Go? Guardian Buys Its Own Ad Inventory." Available at https://mediatel.co.uk/newsline/2016/10/04/where-did-the-money-go-guardian-buys-its-own-ad-inventory, accessed August 7, 2019.

Pinder, Jeanne B. 1993. "Downtown's Empty Feeling." *New York Times*, May 9. Available at https://www.nytimes.com/1993/05/09/business/downtown-s-empty-feeling.html, accessed July 14, 2019.

Preda, Alex. 2009. *Framing Finance: The Boundaries of Markets and Modern Capitalism*. Chicago: University of Chicago Press.

———. 2013. "Tags, Transaction Types and Communication in Online Anonymous Markets." *Socio-Economic Review* 11/1: 31–56.

———. 2017. *Noise: Living and Trading in Electronic Finance*. Chicago: University of Chicago Press.

Quaglia, Lucia. 2010. "Completing the Single Market in Financial Services: The Politics of Competing Advocacy Coalitions." *Journal of European Public Policy* 17/7: 1007–1023.

Read, Donald 1999. *The Power of News: The History of Reuters*. Oxford: Oxford University Press.

Rennison, Joe. 2014. "The Great Swaps Market Carve-Up." *Risk*, March: 14–18.

Roeder, David. 2004. "Eurex Chief Insists Exchange in U.S. for Long Haul." *Chicago Sun Times*, April 23. Originally available at http://www.highbeam.com, accessed January 11, 2012.

Ross, Alice, and Philip Stafford. 2012. "Rage against the Machine as Forex Traders Fight Back." *Financial Times*, July 12: 32.

Rowen, Harvey A. n.d. "The Securities Activities of the Subcommittee on Commerce and Finance of the Committee on Interstate and Foreign Commerce United States House of Representatives 1971–1975." Available at http://www.johnemossfoundation.org/h_rowen.htm, accessed June 13, 2016.

Ruggins, Sarah M. E. 2017. *Building Blocks: A Historical Sociology of the Innovation and Regulation of Exchange Traded Funds in the United States, 1970–2000*. PhD thesis: University of Edinburgh.

S&P ComStock. 1990. "Interrogation Mode Specifications, Version 1.0.0." August. In interviewee BT's private papers.

Salzinger, Leslie. 2016. "Re-Marking Men: Masculinity as a Terrain of the Neoliberal Economy." *Critical Historical Studies* 31/1: 1–25.

Scott, Susan V., and Michael I. Barrett. 2005. "Strategic Risk Positioning as Sensemaking in Crisis: The Adoption of Electronic Trading at the London International Financial Futures and Options Exchange." *Strategic Information Systems* 14/1: 45–68.

Schifrin, Matthew, and Scott McCormack. 1998. "Free Enterprise Comes to Wall Street." *Forbes*, April 6. Available at https://www.forbes.com/forbes/1998/0406/6107114a.html#18473b5d5300, accessed September 21, 2020.

Schrimpf, Andreas, Hyun Song Shin, and Vladyslav Sushko. 2020. "Leverage and Margin Spirals in Fixed Income Markets during the Covid-19 Crisis." Bank for International Settlements, Bulletin No. 2, April 2. Available at https://www.bis.org/publ/bisbull02.pdf, accessed April 20, 2020.

Seabrooke, Leonard, and Eleni Tsingou. 2009. "Revolving Doors and Linked Ecologies in the World Economy: Policy Locations and Practice of International Financial Reform." Available at http://wrap.warwick.ac.uk/1849/, accessed December 27, 2014.

SEC. 1963. *Report of Special Study of Securities Markets of the Securities and Exchange Commission*. Washington, DC: Government Printing Office.

———. 1971. *Study of Unsafe and Unsound Practices of Brokers and Dealers*. Washington, DC: Government Printing Office.

———. 2005. "17 CFR Parts 200, 201, et al.: Regulation NMS; Final Rule." *Federal Register* 70/124: 37496–37644.

———. 2013a. "In the Matter of Knight Capital Americas LLC, Respondent." Available at http://www.sec.gov/litigation/admin/2013/34-70694.pdf, accessed May 7, 2014.

———. 2013b. "Self-Regulatory Organizations; The NASDAQ Stock Market LLC: Order Approving a Proposed Rule Change to Establish a New Optional Wireless Connectivity for Colocated Clients (Release No. 34–68735; File No. SR-NASDAQ-2012–119)." Available at https://www.sec.gov/rules/sro/nasdaq/2013/34-68735.pdf, accessed January 17, 2017.

———. 2015. "Self-Regulatory Organizations; New York Stock Exchange LLC: Notice of Filing of Proposed Rule Change to the Co-location Services Offered by the Exchange (the Offering of a Wireless Connection to Allow Users to Receive Market Data Feeds from Third Party Markets) and to Reflect Changes to the Exchange's Price List Related to These Services (Release No. 34–76374; File No. SR-NYSE-2015–52)." Available at https://www.sec.gov/rules/sro/nyse/2015/34-76374.pdf, accessed January 17, 2017.

———. 2017. "Self-Regulatory Organizations; The Nasdaq Stock Market LLC: Notice of Filing and Immediate Effectiveness of Proposed Rule Change to Amend the Exchange Fees at Rules 7023, 7044, 7045 and 7048 to Withdraw Four Rarely-Purchased Products From Sale (Release No. 34–82302; File No. SR-NASDAQ-2017–126)." Available at https://www.sec.gov/rules/sro/nasdaq/2017/34-82302.pdf, accessed August 2, 2019.

———. 2019a. "Self-Regulatory Organizations; Cboe EDGA Exchange, Inc.: Notice of Filing of a Proposed Rule Change to Introduce a Liquidity Provider Protection on EDGA (Release No 34–86168; File No. SR-CboeEDGA-2019–012)." Available at https://www.sec.gov/rules/sro/cboeedga/2019/34-86168.pdf, accessed October 7, 2019.

———. 2019b. "Self-Regulatory Organizations; Investors Exchange LLC: Notice of Filing of Proposed Rule Change to Add a New Discretionary Limit Order Type (Release No. 34–87814; File No. SR-IEX-2019–15)." Available at https://www.sec.gov/rules/sro/iex/2019/34-87814.pdf, accessed September 21, 2020.

———. 2020. "Self-Regulatory Organizations; Cboe EDGA Exchange, Inc.: Order Disapproving Proposed Rule Change to Introduce a Liquidity Provider Protection Delay Mechanism on EDGA (Release No. 34–88261; File No. SR-CboeEDGA-2019–012)." Available at https://www.sec.gov/rules/sro/cboeedga/2020/34-88261.pdf, accessed May 29, 2020.

Securities Acts Amendments. 1975. "Public Law 94–29, 94th Congress, June 4." Available at https://www.gpo.gov/fdsys/pkg/STATUTE-89/pdf/STATUTE-89-Pg97.pdf, accessed December 20, 2016.

Seligman, Joel. 1982. *The Transformation of Wall Street: A History of the Securities and Exchange Commission and Modern Corporate Finance*. Boston: Houghton Mifflin.

Seyfert, Robert. 2016. "Bugs, Predations or Manipulations? Incompatible Epistemic Regimes of High-Frequency Trading." *Economy and Society* 45/2: 251–277.

Shkilko, Andriy, and Konstantin Sokolov. 2016. "Every Cloud Has a Silver Lining: Fast Trading, Microwave Connectivity and Trading Costs." Available at https://ssrn.com/abstract=2848562, accessed July 19, 2017.

Smith, Jeffrey W., James P. Selway, and D. Timothy McCormick. 1998. "The Nasdaq Stock Market: Historical Background and Current Operation." NASD Working Paper 98–01. Washington, DC: NASD Department of Economic Research.

Smith, Neal. 1996. *Mr. Smith Went to Washington: From Eisenhower to Clinton*. Ames: Iowa State University Press.

Smith, Robert Mackenzie. 2015. "Client List Reveals HFT Dominance on BrokerTec." *Risk*, October: 4.

Smith, Robert Mackenzie. 2016. "Clearing Hurdles." *Risk*, July: 42–44.
Souleles, Daniel. 2019. "The Distribution of Ignorance on Financial Markets." *Economy and Society* 48/4: 510–531.
Stafford, Philip. 2017. "Suitors Unlikely to Pick Up LSE or Deutsche Börse on Rebound." *Financial Times*, March 31: 28.
———. 2019a. "Futures Exchanges Eye Shift to 'Flash Boys' Speed Bumps." *Financial Times*, May 30: 25.
———. 2019b. "MEMX Turns Up the Heat on US Stock Exchanges." *Financial Times*, January 10: 25.
Stafford, Philip, and Nicole Bullock. 2017. "High-Speed Traders Fight to Keep Edge." *Financial Times*, April 26: 26.
Stafford, Philip, and Alice Ross. 2012. "Forex Brokers Curb Ultra-Fast Traders." *Financial Times*, July 11: 32.
Steiner, Christopher. 2012. *Automate This: How Algorithms Came to Rule Our World*. New York: Penguin.
Stockland, Eric. 2017. "Enough Is Enough." *Traders Magazine Online News*, November 14. Available at http://e.tradersmagazine.com/news/ecns_and_exchanges/enough-is-enough-116932-1.html, accessed August 3, 2019.
Swanson, Steven D., and David K. Whitcomb. 2004. "Letter to ATD Shareholders." March 10. David Whitcomb, private papers.
Szalay, Eve. 2014. "Black Phoenix Glitch Highlights PB Dangers." Available at https://www.fx-markets.com/foreign-exchange/2346495/black-phoenix-glitch-highlights-pb-dangers, accessed June 20, 2020.
Tabb, Larry. 2016. "Speedbump Markets: Don't Get Burned." June 14. Available at https://tabbforum.com/opinions/speedbump-markets-dont-get-burned/, accessed September 21, 2020.
Tamarkin, Bob. 1993. *The Merc: The Emergence of a Global Financial Powerhouse*. New York: HarperCollins.
Taylor, Jack. 2015. "The Brit Beating the Forex Flash Boys in Less Time than the Blink of an Eye." Available at https://www.thetimes.co.uk/article/the-brit-beating-the-forex-flash-boys-in-less-time-than-the-blink-of-an-eye-2bct3mmmnl5, accessed June 10, 2019.
Tett, Gillian. 2019. "Family Offices Are Diving into New Markets." *Financial Times*, August 2: 11.
Thiemann, Matthias. 2014. "In the Shadow of Basel: How Competitive Politics Bred the Crisis." *Review of International Political Economy* 21/6: 1203–1239.
Thiemann, Matthias, and Jan Lepoutre. 2017. "Stitched on the Edge: Rule Evasion, Embedded Regulators, and the Evolution of Markets." *American Journal of Sociology* 122/6: 1775–1821.
Tomaskovic-Devey, Donald, and Ken-Hou Lin. 2011. "Income Dynamics, Economic Rents, and the Financialization of the U.S. Economy." *American Sociological Review* 76/4: 538–559.
Tyč, Stéphane. 2016. "Exchanges vs Networks: The Intensifying Competition between Determinism and Speed." Available at https://www.mckay-brothers.com/exchanges-vs-networks/, accessed August 12, 2019.
———. 2018. "Private vs Public Feeds: The Role of Transport." Available at https://www.quincy-data.com/trading-show-new-york-2018, accessed December 4, 2019.
UK Government Office for Science. 2012. "Foresight: The Future of Computer Trading in Financial Markets. Final Project Report." Available at https://assets.publishing.service.gov.uk/government/uploads/system/uploads/attachment_data/file/289431/12-1086-future-of-computer-trading-in-financial-markets-report.pdf, accessed December 28, 2019.
US Court of Appeals. 1993. "William Timpinaro, et al. v. Securities and Exchange Commission, 2F.3d 453." Available at https://law.justia.com/cases/federal/appellate-courts/F3/2/453/615751/, accessed September 21, 2020.
Van Valzah, Bob. 2018. "Shortwave Trading." Available at https://stacresearch.com/system/files/resource/files/STAC-Summit-13-Jun-2018-Shortwave-Trading.pdf, accessed June 16, 2020.

Vaughan, Liam. 2020. *Flash Crash*. London: Collins.
Virtu Financial, Inc. 2014. Form S-1: Registration Statement under the Securities Act of 1933. Available at https://www.sec.gov/Archives/edgar, accessed August 6, 2014.
———. 2019a. 2018 Annual Report. Available at http://ir.virtu.com/financials-and-filings/annual-reports-and-proxies/default.aspx, accessed September 12, 2019.
———. 2019b. Letter to Brett Redfearn, Securities and Exchange Commission. June 25. Available at https://www.virtu.com/uploads/documents/Virtu-Comment-Letter-06.25.19.pdf, accessed January 26, 2020.
Walsingham, Thoma. 1869. *Gesta Abbatum Monasterii Sancti Albani, volume III, A.D. 1349–1411*. London: Longmans, Green.
Weeden, Donald E. 2002. *Weeden & Co.: The New York Stock Exchange and the Struggle over a National Securities Market*. N.p.: privately published.
Weisberger, David. 2016. "Measuring Execution Quality: The Blind Men and the Elephant." Available at https://tabbforum.com/opinions/measuring-execution-quality-the-blind-men-and-the-elephant, accessed December 29, 2019.
Whitcomb, David K. 1989a. "Letter to Prospective ATD Shareholders." June 12. David Whitcomb, private papers.
———. 1989b. "Letter to ATD Shareholders." November 11. David Whitcomb, private papers.
———. 1990. "Letter to ATD Shareholders." October 28. David Whitcomb, private papers.
———. 1995. "Letter to ATD Shareholders." January 5. David Whitcomb, private papers.
———. 2001. "Letter to ATD Shareholders." April 8. David Whitcomb, private papers.
Wigglesworth, Robin. 2019. "Subdued Volatility and Worsening Data Fuel Unease on Wall Street." *Financial Times*, June 15–16: 19.
Wilkes, Samuel. 2019. "Germany Scrambles to Shut the Door on Mifid Open Access." Available at https://www.risk.net/regulation/7196266/germany-scrambles-to-shut-the-door-on-mifid-open-access, accessed January 16, 2020.
Wolf, Martin. 2019. "Saving Capitalism from the Rentiers." *Financial Times*, September 18: 9.
Wolfe, Tom. 1988. *The Bonfire of the Vanities*. London: Cape.
Wolkoff, Neal L., and Jason B. Werner. 2010. "The History of Regulation of Clearing in the Securities and Futures Markets, and Its Impact on Competition." *Review of Banking and Financial Law* 30/1: 313–81.
Young, Kevin. 2015. "Not by Structure Alone: Power, Prominence, and Agency in American Finance." *Business and Politics* 17/3: 443–72.
Zaloom, Caitlin. 2006. *Out of the Pits: Trading and Technology from Chicago to London*. Chicago: University of Chicago Press.
Zhou, Wanfeng, and Nick Olivari. 2013. "EBS Take New Step to Rein in High-Frequency Traders." Available at https://uk.reuters.com/article/us-markets-forex-hft/exclusive-ebs-take-new-step-to-rein-in-high-frequency-traders-idUSBRE97M0YJ20130823, accessed September 21, 2020.
Ziegler, Nicholas J., and John T. Wooley. 2016. "After Dodd Frank: Ideas and the Post-Enactment Politics of Financial Reform in the United States." *Politics & Society* 44/2: 249–280.
Zook, Michael, and Michael H. Grote. 2017. "The Microgeographies of Global Finance: High-Frequency Trading." *Environment and Planning* 49/1: 121–140.
Zuckerman, Ezra W. 1999. "The Categorical Imperative: Securities Analysts and the Illegitimacy Discount." *American Journal of Sociology* 104/5: 1398–1438.
———. 2000. "Focusing the Corporate Product: Securities Analysts and De-Diversification." *Administrative Science Quarterly* 45/3: 591–619.
Zuckerman, Gregory. 2019. *The Man Who Solved the Market: How Jim Simons Launched the Quant Revolution*. London: Penguin.